每天进步一点点

——胡平育人随笔（二）

胡　平◎著

中国财经出版传媒集团
中国财政经济出版社

图书在版编目（CIP）数据

每天进步一点点 ：胡平育人随笔. 二 / 胡平著. -- 北京 ：中国财政经济出版社，2022.10

ISBN 978-7-5223-1688-8

Ⅰ.①每… Ⅱ.①胡… Ⅲ.①教育—文集 Ⅳ.①G4-53

中国版本图书馆CIP数据核字（2022）第176199号

责任编辑：陈　冰　　　　责任校对：张　凡

责任印制：张　健　　　　封面设计：陈宇琰

中国财政经济出版社 出版

URL：http：//www.cfeph.cn

E-mail：cfeph @cfemg.cn

社址：北京市海淀区阜成路甲 28 号　邮政编码：100142

营销中心电话：010-88191522

天猫网店：中国财政经济出版社旗舰店

网址：https：//zgczjjcbs.tmall.com

北京中兴印刷有限公司印刷　各地新华书店经销

成品尺寸：170mm × 240mm　16开　21印张　271 000字

2022年10月第1版　2022年10月北京第1次印刷

定价：80.00 元

ISBN 978-7-5223-1688-8

（图书出现印装问题，本社负责调换，电话：010-88190548）

本社质量投诉电话：010-88190744

打击盗版举报热线：010-88191661　QQ：2242791300

前　言

教育是国家发展之大计，是全社会共同关注的焦点，是所有家庭关心的主题，也是所有受教育孩子最切身的幸福源泉。国家和人民把这么重要的使命赋予给教师，这是教师的荣耀，也是教师的使命与责任。

当代大学生资质非常好，很聪明，接受新事物能力强，获取信息能力强，信息面广，视野开阔。但是，普遍存在浮躁、不够务实踏实、不注意细节、不重视积累与沉淀等问题，特别是职院的学生，在这些方面的表现更加突出一些。这就对职院教师提出了更高的要求，不仅要注重对学生知识、技能的培养，还要注重培养学生做人做事的品质。

学生来自五湖四海，来自不同的家庭，带着独特的基因，带着各自的闪亮点，为了共同的理想，为了各自的梦想，聚集在一起，形成一个大家庭。作为他们的人生导师，在我的眼中，没有一位学生是差生，没有一位学生是笨人，没有一位学生应该不犯错，没有一位学生内心是一片荒漠，没有一位学生是不可教育的。否则，教育就失去了意义，教师就没有存在的必要。教育的目的，就是通过发现学生、关爱学生、引导学生、引领学生、感染学生、感化学生，最终培养出德智体美劳全面发展的社会主义建设者和接班人，培养出有思想、有理想、有价值感、有意义感、有幸福感、有快乐感的社会公民。

作为个体，教师的精力是有限的，教师的能力是有限的，教师能教给学生的知识与技能是有限的，教师能为学生做的具体工作也是有限的。但是，教师给学生的关爱，却可以在学生身上无限放大，给他们带来无限的温暖与无穷的力量；教师教给学生做人做事的品质，造就学生的人生基座和底色；教师的一言一行，都是给学生的示范，都是学生的榜样；教师的人格魅力影响、带动周围一大批群体，使所有人共同关心学生的成长，共同关注教育事业。

作为教育工作者，对于教育的观察、教育的探索、教育的思考，不仅仅在学校里、在工作中，还在生活的点点滴滴里，在观看影视阅读书籍的感悟中。可以说，工作中处处有教育元素，生活中处处有教育哲学。本书收录了我的100篇育人随笔，大部分内容来自我在浙江工商职业技术学院任职期间的工作案例，及由此延伸的关于教育的思考，还有小部分内容来自于生活，尤其关注母亲对孩子的影响。以此，希望母亲重视家庭教育，呼吁全社会重视母亲素养工程。

教育的本质是一个人的思想影响一群人的思想，一个人的人格感染一群人的人格，一个人的行动影响一群人的行动，一个人的爱激发千万个孩子的爱。

我才疏学浅，敢于出版教育著作，源于对教育事业的热爱，感恩在育人过程中的成长与进步，也希望借此得到广大读者的指教和帮助。

胡　平

2022年7月于宁波

目录

第三篇　温暖的早晨

第四篇　永远相信孩子

第五篇 为了那孩子

第一篇

老师的价值

老师的价值

我们的学生学习基础不是很好。在基础教育阶段，因为成绩不够好，经常被教育：你看你的同学，你看我同学的孩子，你看邻居家的孩子……以致我们的学生多少有些自卑，总觉得自己不如本科生聪明、能干，总觉得自己不受待见、不被看好。

每每带班之初，在一个班上课之始，我都会向学生强调：在我眼中，没有一位学生是笨的、蠢的、差的、坏的；在我的心里，所有的学生都是好学生，都是可以变得更好的学生，都是很有前途的学生，都是有理由自信的学生。

不只是为了鼓励学生，我才这样对学生说。我真心认为每一位学生都有自身的优势，都有自己的闪光点，都是一个很特别的、对这个世界来说很有意义的个体。

我们希望学生努力学习，我们希望学生不要犯错，我们希望学生懂得很多，我们希望学生成熟。但是，如果学生真的自觉到不需要老师教导，如果学生从来都不犯错，如果学生什么都懂，如果学生已经很成熟，教育就没有意义了，老师就没有价值了。

所以，作为教育工作者，不应该有这样的思想：学生应该一教就会，最好天生就会；学生应该一点就通，最好什么都懂；学生应该一管就好，最好什么都不用管；学生应该好学，一好百好。如果这样，教师这个职业就没有必要设置了。

习近平总书记强调："教师承载着传播知识、传播思想、传播真理，塑造灵魂、塑造生命、塑造新人的时代重任。"不管什么样的学生，教师都应该有这样的信念：每一位学生都是可以教育的。不管他的学习基础如何，不管他的学习能力怎样；不管他的学习态度如何，不管他的行为习惯怎样；不管他来自普高，还是来自职高；不管他来自城里，还是来自偏远的农村；不管他来自什么样的原生家庭，不管他经历了怎样的成长过程，每一位学生，都带着一份积极向上的理想，都带着一份追求美好生活的愿望来到这所学校，我们有责任、有义务培养他们，把他们变得更好。

德国著名哲学家雅斯贝尔斯说："教育的本质是一棵树摇动另一棵树，一朵云推动另一朵云，一个灵魂召唤另一个灵魂。"甚至有一些学生，他们的家长把他放弃了，他也自我放逐了。而作为老师，还是要看到他灵魂深处的孤独、无助、渴求、良善与积极向上的分子，要接纳他、关怀他、帮助他、引导他、陪着他，成为他迷茫路上的一盏明灯，激发他向上的动能。

大学老师，和学生在课堂上见面的时间很少，除了要充分利用这有限的时间外，还要尽可能地在课外多花时间引导学生。只要老师找学生谈心，学生通常都很开心很乐意向老师敞开心扉，几乎没有例外。学生感受到老师的关爱后，就会变得很主动很积极，平时不善于表达的学生，也很会说话了；平时很沉默的学生，也滔滔不绝了。

老师不应该对学生有这样的认知与界定：学生应该怎样，不应该怎样。而是承认，我们的学生就是这样，这就是他，不管他身上有多少缺点，有多少毛病，有多少问题，他都是我的学生。我应该对他一视同仁，在某些时候，还要对他更加关心、关爱和帮助。我的使命就是让学生变得更加自律、勤奋、善思、理性、睿智；我的责任就是使学生更有责任感，对自己负责，对社会负责，对国家负责；我的价值就是帮助学生实现人生价值，帮助社会和国家培养更多有用的人才。

老师要实现人生价值，首先，要加强自身的学习，提高修养、修炼智慧，成为学生的榜样，以渊博的知识引领学生，以高尚的人格魅力感染学生，以博爱的胸怀感化学生。其次，教师要切实帮助学生实现他们的人生价值、社会价值，通过学生的成长与进步来体现教师的价值。

2020年3月2日

老师的重要性

一位学生在随笔中写道："高中三年做了三年的班干部，毕业后，恰逢教师节，我给高中班主任发信息：'老师，教师节快乐，祝您身体健康，工作顺利！'收到的却是'对方不是您的好友，请添加对方为好友'的红色感叹号，顿时心里感觉拔凉拔凉的。一气之下，删除好友，一百多个好友，就只剩下寥寥几个。删除清空所有朋友圈，并关闭朋友圈，社交关系简简单单，挺好的！"

难怪，我班同学基本上都加了我的微信，他没有，他只加了我的QQ。

我对他说："我不会删除学生的微信，你可以加我。"他很快就加了。

在征得他的同意后，我把他的这篇随笔发到朋友圈。这篇随笔，他主要写他做自媒体的原因、过程及效果，并且还说，要把赚到的钱拿去做公益。

读了他写的这一段话，我的第一感觉是老师对学生太重要了。老师一个不经意的举动，一句不经意的话，可能对学生产生极大极深的影响。

也许是老师不经意地删了学生的微信，也许是老师故意删了学生的微信。删学生微信时，老师可能没有想那么多，只是想学生毕业了，以后不会有很多交集了，就把学生的微信删了。却没有想到，这种行为给学生敏感的心灵造成了至深的伤害。

学生对老师是有期待的，也是敏感的。学生普遍希望从老师那里得到重视、鼓励和认可。老师删除学生的微信，即使不是忽视学生的存在，也是忽视了学生的感受，伤害了学生敏感的自尊。

我也会清理朋友圈，每每只有昵称，又没有交集的，我都会删除。但是，我会根据微信的昵称和他们发朋友圈的内容来判断他们是社会人还是学生。只要是学生，我都保留下来。现在，我一边加微信，一边实名备注，并且加上标签。我总感觉，对于学生，无论是在校的还是毕业了的，始终都要特别关注。点一个赞，评论一句，问候一声，对他们都是一种激励、一种鼓励、一种温暖。

平时，我和学生说，加别人微信后，要第一时间打招呼，我们和社会人士见面，面对面加微信，都打招呼："李老师，幸会。"然后，把自己的姓名及手机号码发过去，请对方惠存。很多学生加我们微信和QQ时，都不报姓名，更不打招呼。如果当时没有及时更改备注姓名，时间一久，就会忘记这是谁。

俄国卓越的教育家乌申斯基说："教师个人的范例，对于青年人的心灵，是任何东西都不可能代替的最有用的阳光。"可以说，教师的第一工作，是保护学生敏感的自尊，鼓励学生、激发学生。有许多次，我表扬学生作业做得好，我夸奖学生的随笔写得好，我认可学生的爱心行动，学生都给予了我热烈的回应，这也从侧面反映了学生发自内心地渴望得到老师的重视、鼓励和认可。反之，老师对学生一个蔑视的眼神、一句不耐烦的话语、一个应付的行为，都会给学生带来深深的伤害。因为老师负有育人的使命与责任，如果老师不尊重学生、看不起学生，当判官把学生打入成不了材的地狱，就会挫败学生的自尊，打击他们的积极性。

"老师是人类灵魂的工程师。"老师的重要性，不只在于老师在讲台上传道、授业、解惑，还在于老师的一言一行对学生的引领、对学生的鼓励、对学生的关怀、对学生的认可。老师不要把讲台与做人做事割裂开来，以为讲台就是讲台，讲台上，老师是老师；讲台下，老师是普通人。的确，讲台下，老师是普通人。但是，对学生来说，讲台下，老师仍然是老师。学生在校时，老师是学生的老师；学生毕业后，老师仍然是学生的老师。古有“一日为师，终身为父”；今天仍应有“一日为师，终身为师。”在校的学生需要老师关心、教导，毕业后的学生仍然需要老师的关注、尊重。他在更高一个阶段的学习中取得了好成绩，老师在他的微信朋友圈中点一个赞，是对他的肯定与激励；他工作后，结婚了、有孩子了，老师道一声祝贺，老师的祝福会让他倍觉感动与幸福；他苦闷了，老师问候一声，也许不能给予实质性的帮助，却可以给他温暖，给他崛起的动力。

2019年春节，我和先生回湖北去看望我的高中语文老师倪老师，他已经80多岁了，头脑不是特别清醒。我们去时，他躺在床上。看到我们时，他要起床，并且要家人帮他洗漱干净，穿戴整齐。因为出车祸，他头上有凹陷，他戴上帽子，颤颤巍巍地拄着拐杖接待我们。这就是老师的风范！那时，我们特别感动。一位已经是风烛残年的老人，还是那么优雅地见他三十多年前的学生。

在学生面前，老师始终要有老师的风范，始终要做学生的楷模。哪怕将来学生青出于蓝胜于蓝，老师在人格上、在言行上仍然要成为学生的榜样，这是老师的使命，也是教育的传承。

2022年5月30日

看见学生

很多老师都有这种感觉，在学校很调皮的学生，到社会上后，很怀念学校、感恩老师。我也有这种感觉，在学校令我头痛、想踢他几脚、患了强迫症似的盯着要他学习的学生，工作后不久就变得很懂事，很理解老师。

我上届有一位湖南籍的学生，在疫情期间，不想天天打卡报到，退出班级群，我好不容易才把他哄回来。他不想做毕业设计，我想了好多办法，才让他做毕业设计并参加答辩；专升本他考上了，还考的是二本，他不想去，我劝说他上，真是苦口婆心，那长长的一段话，都成了一篇文章。毕业不多久，他就和同学说："回头想，胡老师真够累的，当初带我们，真心不容易。"像他这样的学生，还有好几位。

学生才离开学校不久，对老师的态度前后判若两人。原因只有两个：第一，在学校，老师看见了这位学生，对他付出了很多；第二，参加工作后，这位学生体会到人生不容易，懂了老师对他的良苦用心。

从心理学角度看，越是调皮的学生，从心理上越需要被老师看见，越需要得到老师的认可。有些学生调皮捣蛋的目的就是为了吸引老师和同学对他的关注，一旦他被关注了，他就获得了存在感和满足感。不爱学习的学生、懒散的学生，如果没有被老师关注到，就可能产生被忽视被轻视的感觉，他们在学校找不到存在感，从而也就没有归属感和集体荣誉感。苏联著名的革命家、教育思想家加里宁说："须知天地间再没有什么东西比孩子的眼睛更加敏捷，更加精细，对于人心理上各种细微变化更富于敏感的了，再没有任何人像孩子的眼睛那样能把握一切细微的事物。”不要以为只有老师在观察学生、了解学生，学生也在时刻观察老师的一言一行、一举一动，敏感地捕捉老师对他的态度与评价。

所以，教师要多走进学生中间，了解学生，看见学生。了解他们的日常、他们的学习、他们的生活、他们的心理、他们的情感；看见他们的快乐、他们的痛苦、他们的忧伤、他们的迷茫、他们的理想。

在现行高考体制下，职院的学生在中学阶段成绩普遍差于普通高校的学生，他们没有受到足够的关注与重视。因为成绩总不如同学、不如邻家的孩子，他们多少有一些自卑。因而，更需要职院的老师看见他们、关注他们、鼓励他们。

曾经，我在一位同学写的文章后面点赞留言，说他文笔好，鼓励他继续写下去。他非常感动，给我写了很长的一段话，说我是他的伯乐。曾经，我在课堂上表扬一位学生作业做得认真，做得好。她非常感动和开心，给我写了很长的留言，希望做我的小助手。这位学生是一位孤儿，由外婆和舅舅抚养。深入学生中间，我们会发现，很多学生从小缺少爱与温暖。只要老师走近他们，给予学生一些鼓励，就会点燃他们内心的希望之火、生命之光。

好几年前，我担任证券从业资格考试的课程辅导老师。有23位同学选了这门辅导课程，他们都是大一新生，还没有学过任何一门证券课程。辅导了30个学时后，有13位学生通过了一门从业资格考试，其中还有一位学生通过了两门。这几年我一直在反思，为什么会有这么高的通过率？当时，我只讲了几次课，主要用思维导图把整本书和每章的内容概括出来，把脉络梳理出来，然后就是让学生课后做题，上课讲题。讲题的时候，我让学生先给答案，然后我讲答案，将与此题相关的所有知识点串起来讲。在今年之前，我一直以为是我的教学方法对了。因为，以前学生总是死记硬背知识点，没有把所有的知识点串联起来，形成一个系统的知识体系，所以，一些很用功的学生，也总是考50多分。但是，今年我突然悟到，通过率这么高，是因为我让同学们回答问题，每节课有好几位同学要站起来讲。30节课，每位同学都讲了好多次。无论他们答案是对还是错，我都给予一些评价，让他们觉得我重视他们。

我在给学生上新生研讨课时，每次课每位学生都必须发言。所以，当时课堂效果特别好。学生很主动很积极，每次课都敞开心扉发表自己的看法；学生很配合我的工作，每次课后都写随笔。

一位学生患有精神分裂症，他的妈妈打电话给我，说她叮嘱孩子要这样不要那样。我说："这些话你不要再和他说了，多关心他的生活就行了。你说千句万句，只会引起他的反感。我会对他特别关注的，我多和他聊几句，多给他一些微笑，多看他几眼，效果会比你叫他这样那样要好。"

捷克教育家夸美纽斯说："假如一个先生想用知识去启导一个莽身在无知之中的学生，他便先得激起他的注意，使他能用一种贪婪的心理去吸取知识。"的确，老师的一个微笑、一个关爱的眼神，有时胜过父母的千句啰嗦万句唠叨；老师对学生的一句关切、一声问候，学生都看在眼里，记在心里，都会成为他成长的动力、感恩学校的理由、回报社会的源泉。

2021年9月25日

这就是进步

上课时，请一位男同学上台讲他的作品，他的声音很小很小，我站在讲台边都听不清楚。我让他的声音大些，要让最后面的同学听到，要让全班同学都听到。他清了清嗓音，很响亮地讲起来。他的声音前后判若两人，我听着很受振奋和感动。

他讲完后，我说："首先，不管马××同学的作品如何，我提醒他要大声讲，他马上清清嗓音，大声地讲下去，这就是进步。"

同学们听到我说"他清清嗓音"，都笑了。

我说："不要笑，这是真的。不要小看这件事，一个人能接受别人的意见，马上改正，这是非常了不起的品质。不要以为这是小事，每一件事上进步一点点，每一天进步一点点，一年下来，就进了一大步；三年下来，就是一位很优秀的学生；一生下来，就是很完美的人生。'勿以善小而不为''滴水穿石'，说的就是这个道理。还有，不知道你们注意到一个细节了没有，刚才蔡××同学上来讲时，他从座位上站起来后，先把上衣的西装扣子扣上，尽管这只是一个小小的动作，说明他对这件事的重视，对大家的尊重。"

本杰明·富兰克林曾把自己的不足和缺点一一列出来，一共有13个。他制订了每周克服1个缺点，用13周的时间完善自己的计划。他做到了，所以，他取得了巨大的成功。伟人不是没有缺点与不足，别人有的，他们也有。只是他们知错就改，在不断改正中完善自己。

许多学生都有这种知错就改的品质。今天早上7：00，在校园，我刚下车，遇到了投资班的王凯同学，他马上跑过来和我打招呼，还向我讲了他现在的工作情况及未来的打算。曾经我也指出过他的不足，我给他介绍工作时，他不主动不汇报。我只讲了一次，他就完全改了。今天早上，看到他精神饱满，热情洋溢，我十分开心。我送他一本我的育人随笔《你眼中的光，我心中的火》，里面有一篇他的文章“组织班级辩论赛”。

一位男生，我请他和我一起朗读一段话，开始他发出来的是喉音，我鼓励他大声说话，他做到了，尽管声音不是特别响亮，但是很自然。我觉得他非常了不起。克服自卑心理其实是非常非常难的。

学生在写随笔时，讲了做点心、做菜、画画、练琴等故事，讲了他们反复试错的过程，最后收获了满意的成果，获得了成就感。每每看到这样的文章，我都很欣喜、欣慰。感觉他们在用不同的方式，探索使自己进步与成长的秘诀。

从60分考到90分，这是进步，进一大步；从50分考到60分，也是进步，这是进一小步。不要期望马上从60分到90分，这次从50分到60分，下次从60分到70分，再下次再多考10分，这样的心理预期更现实，更可能实现。威廉·詹姆斯说：“人类本质中最殷切的需求就是渴望被肯定。”老师不要对学生拔苗助长，要能发现与肯定学生的每一点进步。学生自己也不要好高骛远，而是在每一天的学习中，一点点地改进与提高；在每一件事中，力求做得更好更完美。一些学生不是不想学好，而是心太急了，总想一口吃成一个大胖子，一旦没有在短期内达成预想目标，很快就气馁，放弃了。

进步不仅仅表现在学习成绩上，还表现在方方面面。只要使自己变得主动积极、精神状态得到提升、努力向前向上就是进步。早上的阳光长跑，不想跑，最后还是去跑了，这就是进步；平时只跑两圈，今天多跑了一圈，尽管在跑的过程中非常痛苦，但是，跑下来了，这就是进步；以前，上课控制不住玩手机，现在，上课不轻易拿出手机，这就是进步；以前，早上起床要定三个闹钟，不到最后一分钟不起来，现在，只定一个闹钟，闹钟响了马上起床，这就是进步；以前，活在自己的世界里，不关心同学、不关心班级、不关心学校，现在，雨中送一把伞给室友，在朋友圈给同学点一个赞，运动会上给同学加油，这就是进步；以前，从来没有注意到天空是什么样子，对校园的花草树木熟视无睹，现在，欣喜地看到校园里的杜鹃花开了，听到校园里小鸟在唧唧地叫个不停，这就是进步；以前，课不想上，没课时就想玩游戏睡大觉，现在，去图书馆找书看、去公园走走，这就是进步；以前，只想课程及格就行，现在，想得优秀评先进，这就是进步。

学生每次改变一点原有的不足，主动展现自己、改变自己、提升自己，这就是进步。学生取得的每一点进步，都让我很感动很开心，我都能从中看到蓬勃的生命被激发出来的火花绽满星空。

2022年3月10日

专注的力量

一位男生说："老师，我很想静下心来认真学习，但是忍不住看手机、开小差。特别是晚上和周末在寝室，我想静下来，好好地看书、学习英语、备考专升本，却总是很轻易地被室友打扰。只要有一个人玩游戏，我就想玩，特别是他玩得大呼大叫时，我就完全控制不了自己，先是去看看他在玩什么，然后自己就跟着陷进去了。"

一位女生说："在寝室，只要有人在看电视剧，对着手机傻傻地笑时，我就忍不住也要看。"

在学生交给我的随笔中，大一的新生说"上课时，经常想起高中的同学，想家、想父母、想家里的小猫小狗"；大二的学生说"上课时，经常想下课后做什么，周末去哪儿玩"；大三的学生说"经常在上课时，想实习怎么办，找什么样的工作，想专升本的事情"。

还有学生说："拿起手机，本来准备查资料做作业，结果，被一条网络推送的信息吸引了，就不断地刷屏，掉进各种琐碎的信息里；有时，上购物网，整夜整夜地陷入选择困难症中。"

做项目任务时，有些学生做了几分钟就开始找同桌说话，或者看着窗外发呆，或者走进了手机网络世界里，出不来。

不能专注地学习、不能专注地做事，这种现象，在学生中间比较普遍。控制不住自己，可能是缺乏自律；禁不住诱惑，不善于拒绝别人，可能是怕被孤立、怕孤独；朝三暮四，可能是目标不清晰，没有找到方向，也可能是太贪心了，想要的太多；半途而废，可能是意志不坚定；不是特别想要这个，也可能是急功近利、患得患失。无论哪一种，对我们的学习和发展都是百害而无一利。

专注是可以培养的。首先，要有一个清晰的目标；其次，对该目标有着强烈的实现感；再次，忍受得了孤独，经得起诱惑；最后，集中精力，集中火力。

知道自己最想要什么，其他的都不要再想了。想要一座玫瑰园，你就安心地当花工，哪怕眼前有一座金矿，很多人去疯抢，你也要目不斜视，不屑一顾；目标是登上喜马拉雅山，你就不要总是去看脚边的风景，只管一路攀登，到了山顶后，所有风景都尽收眼底。

我决定用10年的时间对过去的30年进行补课，我做到了。特别是前5年。工作之余，所有的时间都用来看书，早上看书半小时到1小时；晚上基本上看书3到5个小时。周末除了工作和偶尔出去走走，其余时间都用在看书上。一天看书十几个小时是常态。那几年里，早餐一两个馒头，晚餐还是一两个馒头，边吃边看书；有一段时间，开车的时候听诗歌朗诵；等红灯时，看网络上的一些文章。

不久前和朋友聊天，我说国家心理咨询师二级考试，我真正备考只有二十多天，理论部分还考了我们那个培训班的第一名。他说，说明这个很容易考。

不难考，但也没有那么容易。有人从三级学到二级，用了两年，还是没考过。我没有学三级，直接报考二级。在考前的二十多天，除了白天工作外，所有的时间全都用在备考上，晚上学到半夜，没有周末。考证券从业资格时，我那时年轻，每晚学到凌晨两三点，我先生看球赛也看到那个时候。我们俩的脸都涨得通红，他是看球兴奋的，我是看书兴奋的。他说，很惭愧，我学到那时候，他玩到那时候。

不了解我的人，认为我聪明，智商可能不低；了解我的人，就会发现，我真的是笨笨的、呆呆的、傻傻的。我先生总是说我："哎唷……"哈哈，然后无语了；我儿子超同学总是叫我"笨老妈"。从高考成绩也可以看出，我特别地笨。

这么说，有人会说我矫情。你笨，写这篇文章的为什么是你？

因为我思想简单、心思单纯，我头脑里没有乱七八糟的想法和八卦。当决定做一件事时，我就全力以赴。你有100公斤的力量，放在平面上，每个点分得的重量很轻，整个平面安然无恙；我只有10公斤的力量，就放在一个点上，我可以把这个点压碎。

我还观察到，不专注的人有两个特点：第一，总是很忙很累，几件事同时都在抢夺他的时间和精力，内耗严重，而内耗又是最让人伤神的；第二，不仅没有学好，没有做好事情，还没有玩好。玩时，想着作业没有做完，项目报告没有写，玩得不痛快，也就更想玩，从而掉进了不让玩非得玩、玩没玩痛快、不痛快更想玩的怪圈里。所以，我说，有些学生，你别看他总在玩，他却很不会玩，就是这个道理。

我经常勉励自己，要集中所有精力专注一点，无论是工作还是玩，我要把自己的激情点燃，把这件事照亮。这方面，我现在做得越来越好，也越来越感觉沉浸式地工作、沉浸式地学习、沉浸式地玩，这种状态太妙了。人生本来有许多烦恼，每天鸡毛蒜皮的事很多，因为沉浸于某一件事上，就会忽略许多琐碎，推掉一些无聊的活动，从而生活也变得更简单了，人也变得纯粹了。

太多伟人专注的例子，学生们耳熟能详；滴水穿石的道理，学生们都懂。关键是自己怎么做到。做某件事时，我们就全心投入做这件事，不要想太多别的事，甚至不想要这件事到底能不能让我实现目标。想做就做，做着做着，目标就更明确了，思路更清晰了，自身的潜能也被挖掘出来了。开始这样做的时候，可能路越来越窄，从车水马龙的大路走向独木桥，你越来越孤独。但最后你会发现，经过机关重重、险象环生的漫长暗道后，突然进入了人间仙境。就像武打小说里描写的那样，主角历经九九八十一难后，突然来到豁然开阔的地洞，墙壁上绘满了绝世武功秘籍，这是对你长期专注投入做一件事的最好嘉奖。

当你把一件事做到极致，你会发现，你能把许多事做到极致。做所有事的道和理是相通的，其中之一就是投入、投入再投入，专注、专注再专注。

2020 年 12 月 27 日

情绪管理

今天是“五四”青年节。

早上，在运动场上跑完10圈，上午上4节课，下午给我们分院青马菁英班（即学生干部培训班）的同学们开讲座。当他们邀请我，问我讲什么主题时，我脱口而出“情绪管理”。因为情绪管理对每一个人都是一门非常重要的必修课，对正处于各种情绪喷发的大学生尤为重要。

我让同学们讲这两天内发生的一件让他们特别生气的事情，然后针对这件事进行分析。他们说没有特别生气的事。也许真的没有，也许很多同学和我初次见面，不了解我，不敢讲。

于是，我讲了昨天我上课时发生的一件事。一位同学玩手机游戏，我制止他，他把手机放在口袋里；过一会儿，他又拿出来继续玩。我让他把手机给我。他突然暴怒：“你为什么总是盯着我啊？”

接着，他又来一句：“他妈的！”

那一瞬间，不只震惊了所有的同学，也震惊了我。出于本能，我说：“你再说一遍！”声音很轻，却很威严，不容冒犯。

逼视了他两秒后，我继续上课。讲完课，我拿一个凳子，坐在他旁边。有几位同学看着我们，还笑出声音来了，他们以为我要给他单独上课。他也低下头，不敢看我。

我说：“你脾气很大嘛。”

“是的，脾气一直很大，改不了。”他低着头，声音很小很小。

我问他为什么脾气这么大。

他说："在高二的时候，成绩不好，他们骂我。"

我问："谁骂你，怎么骂？"

他说："我妈骂我是垃圾，我和他们打了一架。从此，脾气就特别地不好。"

他妈妈很强势，并且家里只有他一个独子，不然，也会有人帮他分担一下这些压力。

他说情绪很难很难控制，发脾气时自己都不知道，骂人了也不知道。

我想，他说这句话，算是对我的抱歉吧。

然后，我们就聊开了。开始时他讲我听，我偶尔发问，引导他说。

他英语成绩特别好，其他课程成绩都很差。目前他已通过英语四级考试，在积极备考六级。

我说多看书可以控制情绪，特别是心理学方面的书。他马上来了兴趣。他喜欢读书，主要读企业经营类的书和玄幻小说。初二时，他就开始读玄幻小说。现在，他正在写玄幻小说，发表在网上，希望以此赚钱。为此，我们进行了深入的交流，我建议他不要急功近利、投机取巧。

他抬起头，跟我轻声细语地聊着。谁能想到，20分钟前我们还剑拔弩张；几分钟前，他还忐忑不安，对我怀有戒心。

对青马菁英班的同学们讲完这个故事，接着，我从一个经典的小故事讲起：野马效应。非洲草原上有一种吸血蝙蝠，常叮在野马的腿上吸血。野马很恼火，拼命狂奔想甩掉吸血蝙蝠，可是，不管它多么愤怒和用力，都无法摆脱吸血蝙蝠。最后，野马精疲力竭地死去。蝙蝠吸的这一点血不足以让野马致死，让野马致死的是它采取了不恰当的应对态度（暴怒）和方式（狂奔）。

这个故事说明，情绪是对所经历事情的反应；过激反应是有成本的，并且成本很高；情绪可以并且应该被人控制，而不是人被情绪控制。

以此，我讲了情绪、情绪管理的概念及最早的出处，从个人体验、人际关系及事业发展三个维度讲情绪的重要性，再讲情绪的分类。

我说，情绪没有好坏之分，只有积极情绪与消极情绪。人不可能只有一种情绪，人有七情六欲，每一个正常的人，每一种情绪都会有，只是看哪一种情绪多一些。只要情绪的产生有现实依据，情绪的反应与引起它的情境适当，积极情绪多于消极情绪，就是稳定的情绪。千万不要期望自己：每年365天、每天24小时、每小时60分钟都是开开心心的、快快乐乐的。我们要接纳生活中、学习中的许多消极情绪，承认它们的存在，正视它们对我们的影响，从而充分地认识它们，也深入地认识自己。凡是怕麻烦的人、期待生活只有美好的人，都不会获得真正的幸福与快乐。我特别强调爱与希望这两个因素在积极情绪中的重要作用。

要学会管理情绪。首先要认识情绪，了解自己的情绪，对自己有全面深入的认知。昨天的那件事，那一瞬间，我的震惊与严厉的口吻，出自我的本能。但是，也仅仅一瞬间，我就意识到了我不能发脾气，我断定这位学生内心本来就有一头愤怒的狮子，只要他感觉受到伤害，这头狮子就会咆哮怒吼，甚至咬人。在现实中，如果我们认清了情绪这只在心海中起起伏伏的小船，我们很快就能镇定下来，认清形势，分清彼此。最后，几乎所有的人，都能成为朋友；所有的难事，都能解决；所有的干戈，都可以化为玉帛。

情绪不可以压抑，压抑只会使其扭曲，进而产生更大的危害。情绪应当适当宣泄，宣泄的时候要学会控制和调整。如何控制情绪，我以上面的那个故事为例，分别从我和学生的角度讲了情绪ABC法则。同样的一件事，在不同的人心中会引起不同的反应，产生不同的观念与看法，进而引发不同的情绪。如果你认为我故意针对你，你就会特别生气；如果你认为我只是维持课堂纪律，与你是谁没有关系，你就会接受。如果我认为你故意骂我，我就会特别生气；如果我认为你心中本来就有一团郁闷之火，正在找地方发泄，不幸被我撞上了，我就会理解你。

很多时候，我们改变不了事情本身，只能改变自己。有一年下了100多天雨，我写了很多关于雨的小诗。我的同事也是好朋友说我：“别人都嫌这雨下得烦人，愁得很，你却见雨就诗情画意。”雨已经在下了，你能不让它下吗？前面的雨已经下过了，你再回去想下了多少天，有什么意义？既然你不能阻止这雨，那就抱着久旱逢甘雨的态度去接受它。这样，心中自然升起了诗意。

当你懂了心理学后，你会发现，表面强势的人，内心往往很脆弱；表面占理的人，事实上可能理亏。当明白这些后，你就不会一定要和他争个高与低、赢与输。这不是消极，不是中庸，而是懂人性、懂别人、也懂自己。对人不偏激，对事辩证，处理问题有礼有节，是内心平和淡定、从容自信的表现。

无论所处环境怎样，要相信：接纳别人，就是接纳自己；包容别人，就是包容自己；真诚对待别人，就是真诚对待自己；敞开心扉对待世界，世界就会坦诚对你。你心中的他，就是你自己；你眼中的世界，就是你心中的世界。

讲完这些后，我请青马菁英班的班长领读三遍威廉·詹姆斯的名言：“我们这一代最伟大的发现是经由改变人类心智的内在态度，进而可以改变其生命的外在境遇。”

最后，我以下面的一段话作为讲座的结语：“我遇见的人中，99%的人都很真诚、友善、阳光、积极向上，为此，我非常感恩他们；我也特别感谢今天的同学们，和你们一起，再次学习了如何成为一位快乐的人、积极进取的人、能助人的人！谢谢大家！”

2022年5月4日

力不足心有余

我校一位年轻的辅导员，受领导安排，想采访我。我说，采访就不用了，聊聊就挺好。

她问了我很多问题。其中一个问题是："这么多年的学生工作，你有没有力不从心的时候？"

我说："当然有。学生的问题如烟花绽放般，虽然有共性，但还是有很多特例。老师不是万能的，不能解决学生所有的问题。比如三好学生的评定、竞选班干、文明寝室的评选，落选的同学心理肯定不好受。有些同学各方面表现都很好，为班级做了很多事情，老师很想让他成为优秀学生干部，但是由于指标少或者其他原因没能选上，你也不能违背原则，不尊重学生投票结果，强行让他上。这时，只能做好学生的思想工作，从情感上与他相通。

寝室矛盾，每届学生中间都有发生。学生的生活习惯是在家里养成的，十几年来他就是这么过来的，很难要他短时间内就改过来。你可以让他意识到自己生活习惯有问题，影响了其他同学，引导他平时要多考虑室友的感受，注意自己的行为，但是，不要强迫他马上彻底改变。否则，只会引起这位同学强烈的逆反心理，造成更为严重的寝室矛盾。

还有谈恋爱的同学，大部分都是女生，她父母不接受她的恋爱对象，她哭得很伤心，来求助你。你不能告诉她：'都什么年代了，不要听父母的，自己的爱情自己做主。'因为她做不到，不然，她就不会这么痛苦。

你也不能让她顺从父母，马上离开男朋友，她同样做不到。这个时候，你只能听学生倾诉，让她把心里的苦闷说出来，表示对她的理解，和她产生共情。最后，还是得她自己去解决问题。这类的问题老师没有办法介入，如果你一定要给学生出主意做选择，学生会更有压力，她的父母还对你不满。他们会有100个理由，要孩子找家乡本地的男朋友。还有相当多的父母要求孩子毕业后回到家乡工作，学生来问你的意见，你也只能分析各自的利弊，让学生自己选择他的人生发展之路。我个人的态度和倾向是：学生的爱情、就业是学生自己的人生大事，应该由学生自我抉择。但是，在和学生交流时，一般情况下，我不直接表态支持学生、反对家长。学生必须平衡各种问题和关系后，自己作出选择，这是他的人生，也是他成长过程中必须面对的。

有时，学生提出来的问题或要求不尽合理，老师不要一口否定。和学生讲道理前，要理解学生，肯定学生的积极方面。很多时候老师只能给予学生观念上的引导、心理上的疏导，并不能给学生明确答案或解决问题的方案，更不能满足所有学生的各种期待与诉求。

每每这个时候，我们能做的，也是必须要做的，就是让学生真切地感受到你在关心他、你在努力帮他、你希望能帮到他，让他看到你的真诚、你的真心、你的付出。只要你给了他理解与温暖，他就会给予你理解与配合。

很多学生寻求老师帮助时，并不一定要明确的答案或确切的结果，只是想让老师懂他，只是想要老师的态度和爱心。遇到不能解决的问题，老师要以共情的心理和学生在一起。比如一位学生，不守寝室规则，引起其他同学不满，全寝室的同学都排斥他。他本来就很苦闷孤独，如果老师强压他，他就会更加有孤独感和被遗弃感。对这样的学生，老师要怀着爱心去帮助他，分析他的这些不良习惯产生的根源，帮助他一起解决。对于争先进要荣誉的学生，首先要肯定他的这种积极向上的态度。这样才能赢得学生的信任和配合，才能让学生懂得进退方圆。

我的班上曾经有一位学生，进校第一天就给室友发啤酒、香烟、避孕套。在一些老师看来，这样的学生很坏，我却故意把这个当作同学间的恶作剧，不把这个问题扩大化。在平时的生活和学习中，我特别地关注他。我知道，他的这种行为说明，他更需要老师的关注和认可。我相信真诚换真诚、真心对真心、真爱对真爱。果然，三年来，这位学生尽管不爱学习，某些方面的习惯不受寝室同学欢迎，但是，却没有让我有‘朽木不可雕’的感觉，很多方面，他都很配合。

正是因为如此，二十多年来，我带的班有调皮的学生，有不想学习的学生，有让室友不满意的学生，但是，没有一位学生是屡教不改的‘老油条’；没有一位学生是扶不起来的‘大猪肠’；没有一位学生做过一件很出格很过分的事；没有一位学生叫全班同学都讨伐他；没有一位学生表现过对我的不尊重。他们都很理解、支持与配合我的工作。

尽管力有不足的时候，但是老师不能疏忽、不能轻视这些问题的存在，相反，要更加关注提出这些问题的学生心理和行为，要想方设法让学生感受到老师的关爱与温暖，要竭尽全力让学生了解学校管理和处事规则。”

我们分院的励书记多次和班主任说：“理智达不到的地方，情感可以。”力不足的时候，老师不要有挫败感，要把心拿出来，做到心有余。要相信真爱能融化一切坚冰，真情能温暖一颗苦闷的心。前苏联著名的教育家苏霍姆林斯基说：“爱就是教育，没有爱就没有教育。”只要学生真切地感受到老师的真爱，他就会敞开心怀接受他原来不能接受的事、坦然面对他原来不愿接受的情。

2021 年 11 月 12 日

你会有忧郁吗

一位年轻的老师问我："胡老师，你会有忧郁吗？"

大抵是她看到我平时总是激情飞扬、很欢快很阳光的样子吧。

也大概是她最近有困惑了。

我说："当然有，只是现在心理调适能力比较强，遇到困难会很快调整过来。年轻的时候，有一段时间我总是失眠，感觉要得抑郁症了。也有那么一小段时间，感觉人活着没有什么意思。"

很多学生来找我谈心，他们说，因为看到我过得很轻松很快乐的样子，想来取经。

人是情绪动物、情感动物，人类所共有的欢悦、幸福、伤悲、焦虑、痛苦，我都有。只不过，现在不像以前，陷在某个悲伤或抑郁的情绪里，久久出不来。现在知道自己为什么欢、为什么悲；为什么乐、为什么痛；为什么喜，为什么伤。尤其是悲、痛和伤，能很快分析出是什么原因造成的，自己该如何去调整。

这是因为我学了一点心理学，能熟练运用情绪ABC法则；也是因为经历的事情多了，阅历丰富了一些，很多原来感觉挺不过去的事，现在都觉得不是事儿。原来晚上经常辗转反侧，彻夜难眠；现在只要头挨着枕头就睡着了，很多时候都不知道怎么爬上床盖上被子的。

所以，有时我觉得时间真有魔力。它跑得快，让你感伤；它跑得快，又给你疗伤，让你不知不觉地成长，不知不觉地变得坚韧坚强。

回顾来时路，我经常想，如果年轻时没有彷徨过、迷茫过、抑郁过、苦闷过，中年后，不一定能彻底开悟。只有内心经历过漫长的痛苦挣扎，才能拨开云雾见青天。现在，我只想说，熬过漫长的迷茫苦闷后，从心底里涌出来的那份欢乐，就像久雨后阳光倾洒般，美妙极了。

但是，有谁的成长不是伴随着眼泪加汗水、痛苦加失眠、焦虑加苦闷?

我对这位年轻的老师说："年轻时，我也很快乐，但那种快乐很脆弱很浅薄，我的生命底色是多愁善感。"

她说："看你对一朵小花、一株小草都那么动情，就知道你也是很感性的人。"

我说："是的，我现在依然很感性，很容易感动，很容易动情。但现在，我也很通透。原来的快乐是表面的，现在的快乐是真的快乐，是从心底里溢出来的。从内心到外表，我都是充实的、快乐的、阳光的。感觉每一个细胞都饱含着阳光，都想舞起来。"

现在，我很感谢年轻时无数个失眠之夜，感谢年轻时洒下的无数滴莫名的眼泪，感谢年轻时冲不破的迷雾，感谢年轻时的消极颓废，更感谢这些年自己的苦苦挣扎和不懈的努力。现在，我找到了快乐的密码，那就是要奋力拼搏；现在，我找到了幸福的钥匙，那就是要全身心地爱这个世界、爱这个社会、爱周围的人和一切；现在，我找到了开心的理由，那就是感恩时代、感恩过去、感恩亲人和朋友、感恩一路遇见的人和风景。所有的这一切，成就了现在的我，正在努力向上的我。

我给学生上"投资心理学"课程的时候，有几段话总要学生和我一起读三遍。一段是著名的哲学家、心理学家威廉·詹姆斯的名言："我们这一代最伟大的发现是经由改变人类心智的内心态度，进而可以改变其生命的外在境遇。"另一段经典名言是："播下一种思想，收获一种行为；播下一种行为，收获一种习惯；播下一种习惯，收获一种性格；播下一种性格，收获一种命运。”还有一段是心理学的实验结论：“40%的烦恼属于过去，50%的烦恼属于未来，只有10%的烦恼属于现在。人类生活中，95%的烦恼从来没有发生过，8%的烦恼可以轻松应对。”这些经典名言和实验结论，对我有强烈的心理暗示作用，我也希望对我的学生有强烈的启示作用。

每一天的日子，琐琐碎碎，是真的难熬；每一次的痛苦，是真的痛、真的苦；每一次的烦恼，是真的烦、真的恼；每一次的伤，是真的难愈。但是熬过后、痛过后、苦过后、烦过后、恼过后，是真的美，像跑10公里时和跑完10公里后的感觉。痛时、苦时、伤时，想想暴风雨后的彩虹、黑夜后的黎明吧。相信醒来后的那一天，一定美于今天！

痛苦与人生相伴、烦恼与人生相随，我们不能逃避，不能掩盖，不能消除，但是，我们可以正视它、化解它，与它们和平共处。有时，我们还应该感谢它们。没有它们，我们就不知道什么是欢乐、什么是喜悦、什么是幸福。有了它们的对比，我们的欢乐、喜悦与幸福就会更加真实，更加深刻，更加有价值有意义。还是因为它们不断地推动我们向前发展，促使我们内心强大、人格完善，从而推动整个人类社会的进步。

2021年9月15日

如何成为优秀的人

学生问我："胡老师，如何成为一位优秀的人？"

我脱口而出："当你没有具体的奋斗目标，不明确自己要成为什么样的人的时候，很简单，向优秀人士学习。不要总是盯着别人的缺点，一定要盯着别人的优点和长处。"别人的优点和长处，看多了，迟早就会成为自己的；别人的缺点和短处，看多了，迟早也会成为自己的。

学习优秀，眼睛紧盯着优秀，向优秀靠拢，是成为优秀的第一步和基础。凡是学生时代喜欢看名人伟人传记的人，最后都不会成为一个平凡者；凡是积极学习成功人士、优秀人士，以他们为榜样的人，最后都不会成为一位平庸者。

我给学生上课时，很多时候都讲到相关的世界名人、伟人、企业家、经济学家，有些学生都没有听过这些人的名字，企业家里除了董明珠、马云、俞敏洪、雷军这些常露面成为公众人物的名人外，他们知道的不多，经济学家更不用说。我常对学生说："你不要总在手机里看电视剧、玩游戏，被海量的碎片化信息扰乱你的生活、充斥着你的大脑。整天看这些没有思想的东西，怎么会成为优秀的人呢？中国很大，世界很大，网上每天都会涌现各种各样的热点事件，你不要当庸俗无聊的看客，而要把热点事件和新闻当成一次学习的机会，通过这些现象揭示背后的原因、特征及规律，这才有利于扩大你的视野，培养你的思维，提升你的判断。一位成功人士的落败，有着复杂的原因，正如一位成功人士的崛起，需要非凡的努力与意志，我们不要只看笑话，把网上的传闻当成故事和笑点，这是无所事事的八卦们所为，不是我们大学生应该具有的行为与素养。”

盯着优秀的目的，是向优秀学习。没有人能随随便便成为优秀，八小时的工作，只能完成常规的工作任务，是所有普通人都必须做到的。优秀人士的努力，主要表现在八小时之外：别人睡懒觉时，他在学习；别人回家享受天伦之乐时，他在工作；别人度假时，他在加班；别人八卦时，他在分析这个问题给我们的警醒和启示。

有人很努力很勤奋，还是成不了优秀，是因为他努力勤奋的方向不对。在我们发展的过程中，外界干扰因素特别多，我们一定要明确方向，什么对我是最重要的，什么不是；重要的，全力以赴；不重要的，放一放、缓一缓。人的精力有限，不能把宝贵的时间和精力浪费在无聊无意义的事情上面，不能让网络上一些消极的东西影响我们的情绪、干扰我们的思想；不能让总是带着负面情绪的人消耗我们的时间，不能让外界的各种诱惑干扰我们的目标和行为。对于年轻的学生和刚入职的大学生，不要被太功利太近期的东西套牢，影响长远发展。

凡是优秀的人，都有自己的想法，自己的原则，并且能享受孤独。要想成为优秀，就不要怕孤独，不要总往人群里钻，往热闹的地方跑。开放的社会，各种活动很多，圈子很多，自己没有方向，没有打好基础，没有做好自己，就想通过参加活动寻找机会，通过混各种圈子提高自己的身价和影响。这样只会迷失自己，让自己变得浮躁和功利。跟风附和，只会成为优秀者的附庸。真正的优秀者，基本上不合群，都很能独处。这与攀登珠峰的道理一样，一路上没有几个人同行，只能一边独自磨砺自己，一边独自欣赏风景。

你可能会说，我很迷茫，没有发展方向，没办法坚持方向。那就把眼前的事情做好做扎实，十年磨一剑，基本功练好，基础打牢。迟早有一天，机会会来的。另外，一定要养成终身学习的品质，只有不断学习，才有成为优秀的可能。

成为优秀并不难，只要把自己的优势发挥出来，就可以了。成为优秀是肯定自己的过程，相信自己能成为一位优秀者。如果想成为卓越者，那就要不断地否定自己，超越自己。

2018年9月19日

每天进步一点点

认识我的人都说我心态好，整天乐呵呵的、得瑟得瑟的，像是捡到了宝贝一样开心快乐。从现实角度讲，不会每天都有很多快乐的事。工作中，事情很多，麻烦事总是从天而降；生活中，琐碎很多，苦闷事总是不期而至。但是，从精神方面来说，每一天都有不同的收获，不同的体验；每一天都在成长，都在进步。

只要哪一天我感受到了一点点的进步，我就觉得这一天活得充实、有意义，从而心情就会特别地舒畅。相反，如果有哪一天，我感觉没有一点点进步，我就觉得空虚，心里不踏实。德国作家、科学家利希顿堡的名言："当你还不能对自己说今天学到了什么东西时，你就不要去睡觉。"我没有做到这一点，但是晚上睡觉前，看几页书，会让我睡眠质量提高。

每天进步一点点，很容易做到。这不是目标，是在工作中，自动生成的这一点点进步。因为只要在工作，就会不断地出现新问题、新困难，迫使你去不断地解决问题、排除困难。解决问题、排除困难的过程就是进步的过程。

即使这一整天工作没有什么进步，也会遇见不同的人、不同的景，他们总有让我们感动的地方、学习的地方、神往的地方、心中瞬间有诗意升起的时候。

我住的小区，去年所有的树木上半部分全被吹掉了，只剩下一根根直直的树干和一些树枝，几乎没有一片叶子。几个月来，我都为这些树担心，生怕其中一棵活不过来。春天来了，它们全都长出了新枝嫩叶，叶子绿得发光，嫩得像孩子的脸。每天早上一出门，看到它们蓬蓬勃勃地生长，就觉得这是生命的力量，我的精神就来了；每天傍晚一身疲惫回家的时候，看到它们枝繁叶茂，就觉得神清气爽。从它们那里，我每天早上获得一点点能量，晚上获得一点点宁静。对生命的敬畏、对自然的感恩、对人生的领悟，这也是进步。

在一件事上，我的要求很低很低。看一本书、听一场讲座，我从来没有想到要学习多少高深的知识，只要其中有一句话，我觉得新鲜、受到启发、觉得有趣，就值了。

交一个朋友，我从来没有想到从他身上获得多少好处和利益。只要他的一件事让我感动、只要他的一句话让我觉得好玩、只要他的一个笑让我觉得温暖，我就认为这样的朋友值得交往。

做一件事情，我从来没有想到一定会成功，一定会得到多大的收益。失败的滋味，我尝过很多次，但是，没有一次让我特别地沮丧，觉得这事不应该做，这人不应该交往，这人生毫无意义。从我个人来说，这次失败了，下次一定不会再在这个地方摔跤。并且，几乎每次失败，我都有新的收获，要么认识了一个新朋友，要么学会了一些新知识；要么感悟人生多了一点点，要么内心变得强大了一点点。特别地，如果一件事失败了，而这个失败让我认识了一位朋友，我就觉得很值。

正是这样的心态，我才会在每次失败后坦然面对，仍然笑得很开心。也许，别人看到的是我的失败，而我看到的是我的不足、我的缺点、我的劣势、我的未来、我的希望。

我看到很多学生在一点点地进步。学生第一次交上来的作业，不讲格式，后面的作业规范了；学生第一次上台讲话，脸涨得通红，不敢抬头看同学，说话声音很小，后来上台越来越自信，声音响亮；有的学生每天早上学英语背单词，有的学生一有时间就备考从业资格证考试；刚进学校时学生的那份羞怯、腼腆，在毕业时都变得落落大方、自信阳光。这些都是进步。

我也看到一些学生，想一口吃成一个大胖子，抱着极大的热情出发，还没走几步就泄气了。每一个人都想进步，但有人总想从一件事中得到许多，成长很快。年轻人尤其如此，希望三步两步就跑向山巅，结果摔伤了，再也爬不起来。

路要一步一步地走，山要一步一步地爬，饭要一口一口地吃，书要一个字一个字地看，知识要一点一点地积累。不急于求成，才能走稳走实走远。

每天一点点的进步，主要来自于：第一，在每一天的工作中、生活中，不断总结、不断思考，总结出事物的内在规律，思考事情的对与错、因与果；第二，每天主动学习一点新东西：看几页书、读几篇有思想的文章、看一部经典大片、找人请教，都是学习，都是在促使自己进步。

不要小看每天进步一点点，积累下来的成果惊人。有人计算过，1.01的365次方是37.8；如果每天退步一点点呢？ 0.99的365次方是0.0255。

每天进步一点点，看不见摸不着的成长，就像小树苗一样，不知不觉长成了参天大树，不知不觉花放艳果飘香。

2021年9月7日

不给人生设限

三十年前，我不知道自己会做妈妈；二十年前，我不知道自己会买房；十年前，我不知道自己会开车。可以说，五十年前，没有人知道中国会改革开放；四十年前，没有人知道今天的生活这么富裕美好；三十年前，没有人知道上大学不再是少数人的梦想。

不要自我放弃，说我这不行那做不了；不要以为一个职院生，将来成不了国家栋梁，再怎么努力也没有意义；不给自己的人生设限：唉，我就这样了，未来不会有什么大作为。

父母不给孩子设限，不要说孩子成绩不好，上不了好大学，这辈子也就完了；老师不给学生设限，不要因为学生调皮，不好好学习，就认为学生这辈子没有出息。

人的一生很长，人的可塑性很强，人的发展潜力无穷。现在不爱读书，不等于以后不爱学习；现在调皮，不等于以后就捣蛋；现在懒散，不等于以后就不勤奋。只要人心向上，就没有什么能阻止我们成长；只要脚步向前，就没有什么能阻止我们走向远方。

我们不是神，不能预测十年后自己是什么样子，甚至不知道十年后，自己是不是还在这家单位工作，是否已经成为领导或自己创业，更不能预测二十年、三十年后发展得怎样。但是，这并不影响我们现在的努力。没有一家企业从一开始就断定将来会成为伟大的企业。任正非创办的华为，最初只是一家商贸公司；苹果创立之初，只因乔布斯喜欢鼓捣技术。走着走着，就到了山顶；做着做着，就成为了伟大。从来没有一个伟人，先知先觉自己会成为伟人，都是在不断努力过程中，不知不觉地成为了伟人。学习无处不在、机会无处不在，无数事例证明，只要努力向上，成功逆袭完全有可能。

社会是不断向前发展的。每一天，我们没有感觉到社会发生了什么变化，一年、三年仿佛都没有什么变化。但是，往回看十年，就会感叹周围变化太大了。十几年前，我刚来宁波时，南部商务区是一片荒芜之地，现在高楼鳞次栉比，商业繁盛；那时，我们学校周围很冷清，晚上外面黑灯瞎火的，现在高楼林立，车水马龙。

人也是一样，感觉每一节课没有学什么，每一天没有做什么，但是三年后，感觉学了不少东西，从懵懵懂懂的中学生变成全面发展的大学生。五年、十年后回头一看，感觉成熟了许多，内心强大了许多。大学毕业十年后，能独当一面地工作了；二十年后，就是一位成功人士了。

社会的发展没有天花板，谁也不能预测二十年后社会发展成什么样子。社会发展没有上限，人的发展也没有上限。

大家都说，要发挥最大的潜能。据我观察，很多人连已经浮现出来的能力都没有发挥出来，更不用说发挥潜能了。人的潜力无穷大，决定了人的未来有无限种可能。学生时代，不善于读书，工作后，却很善于做市场；学生时代，从来没有担任班干、学生会干部，工作后，却自己创业当老板；学生时代，很调皮很叛逆，工作后，很遵守社会规则、发奋图强；做孩子时，总是被父母骂、老师训，长大后，却做了很好的父母。这样的例子比比皆是。

只要有足够的水和阳光，树就一直向上生长；只要自己足够努力，就会不断向前，这是生命之规律。美国心理学家马斯洛指出："人有自我实现的需求。"年轻人，不要给自己当预言帝，特别不能预言自己不行；父母，不要给孩子当法官，判定孩子前途既定；老师，要当学生的伯乐，要当学生的精神导师，引导学生突破自身的局限，向前看向上看，奋力拼搏，帮助学生实现人生价值和社会价值。

2021 年 9 月 12 日

努力比选择重要

前两天，一位带课的学生咨询我，说想读专升本，又担心专升本后年龄大了，走上社会却什么都不懂；而如果专科毕业了，做市场营销也挺好的，很能锻炼人。她说了想读又不想读专升本的理由。最后说，选择真的比努力重要。一想到毕业，要面临那么多选择，人就很迷茫和慌乱。

我说，我个人认为，还是努力最重要。选择只是某一个阶段做出的抉择，而努力是一个持续不断的过程，贯穿在每一天的生活、工作与学习中。

网络上很流行一句话：选择比努力重要。

我不认可这个说法。如果你认为选择比努力重要，只能说明你不够努力。努力是一种品质，选择是一种能力。品质比能力重要，能力再强，品质不行，都无济于事。认为选择比努力重要，就会为不努力开脱，总找借口说选择错了，而不是承认自己没有努力。

不可否认，选择对人生有很重要的意义。目标选对了，方向选对了，路径选对了，工具用对了，成功就在前方。但是，世界上那么多成功的人，有谁一开始的选择就对了呢？发明家爱迪生试用了1600多种材料，才成功发明电灯。我看了许多名人伟人传记，没有一个人的成功是轻轻松松选择出来的。他们全部都是在无数次的努力试错中，经过千锤百炼，不断修正前进的方向与路径，最后才获得成功。

选择建立在努力的基础上，因为要努力生活得更好，才会作出新的选择。最后还要通过努力去实践这个选择。不少人眼界、胸襟、方向感都不错，方向和路径也选对了，但就是发展不好。我见过好几位这样的人，资质很好，基础很好，平台很好，想做的大事都没有做起来。原因就是不够踏实务实，缺乏锲而不舍的拼搏精神。曾经，我在本科院校工作时，我班的团支书像老黄牛一样本分务实踏实。毕业后，他创业了，企业做得不错。当时，谁也不会想到他将来会创业，还能把企业做起来，他看起来是那样的实在老实。但是，他每做一件事，都会全身心投入下去。精诚所至，金石为开。努力会带来好运，最终会带来更好的选择时机。

一个很努力的人，哪怕最初不能作出很宏观的判断，选择最优的那条人生之路。但是，他不断努力，不断学习，会在自己选择的那条路上不忘初心，砥砺前行，不断提升自己的思想境界，开阔自己的视界，拓展自己的思维，从而为下一次更高层次的选择做好了准备。俞敏洪最初不也只是为了要努力挣钱，才选择做新东方的吗？没有几个伟人一开始就想着自己会成为伟人，做一番伟业。他们都是在努力的过程中，不断地提升自己，作出新的选择。

年轻人选择机会很多，很容易在择业和择偶方面迷失与困惑。找了一份工作，没有做上几个月，便要离职，这在企业中很常见，在刚毕业的大学生中很常见。他们选择工作时，不努力调研，感觉不错，就入职；工作后，一遇到困难，不是想着努力解决困难，而是第一时间选择逃跑。他们总在后悔当初的选择：不该听父母的话，来这家单位；当初没有完全了解情况，真是幼稚，才来了这家公司……总想通过新的选择，找到各方面都满意的工作。世界上哪有这样的工作？大家都是在摩擦生烟中适应、跌跌撞撞中成长。

正如学生和我说，那么多选择，眼花缭乱，不知道选择什么好。是的，现在的职场不止三百六十行，每行也有许多企业可以选择，到底选哪家呢？选择本身也要努力地去选择，才能做出理想的选择。在选择哪一家单位之前，努力地进行调研比较；选择后，就安心地努力工作，少想当初的选择。

我有一位亲戚在杭州，最近老想换工作，说现在工作单休、离家远、不像以前单纯的研究，现在主要是杂事，不喜欢，感觉累，晚上失眠。她的这份工作带有服务业性质，比以前的那份工作要学的东西多。她才做了几个月，就挺不住了。

我说："是因为你心态没有调整好，总感觉这份工作不满意，才有这么多的想法。如果心静，认定了这份工作，你就不会烦了，就不会感觉累了。你既然决定考证，就要安心地在现在这个单位呆着。几个月换一次工作，适应新单位，哪有时间和精力考资格证；你是工科女，一直做研究，现在打打杂，学会与人沟通交流、组织协调，也挺好的。趁年轻，多做几个岗位，多学点东西，总是好的。"

她承认，我一针见血，说到了她的痛处。

说选择比努力重要，最大的害人之处就是：一有困难，就把责任推到当初的选择上，总以为是当时的家庭条件、社会环境、自身状态、别人的建议决定了选择失误，而不是反思自己是否尽了最大的努力，把事做漂亮，把人做好。

努力永远最重要。不管你是谁，要想生活得有意义，除了努力外，没有第二选择。

2019年8月15日

女人更要多读书

回首来时路，感触最深的是女人更要多读书。

我生长在大别山，我是我们村第二个女大学生，第一个女本科大学生。那时，和我同龄的女孩子有好几十个，但只有我和另一位女生上了初中。在我上初中时，我们村很多人都劝说我妈妈，不要让我继续读下去。此时，他们的女儿已经在城里给别人当保姆了。我的这些同龄伙伴，没有一个不比我聪明、勤奋，却因为父母重男轻女，她们没能上初中，更没能上大学。尽管，她们在农村生活不一定不幸福，但是，如果能读更多的书，无论对她们个人，还是对社会，都更有利。如果当初她们像我一样，上中学读大学，她们今天的发展一定超越我。抚今怀昔，更加珍惜感恩这一男女接受同等教育的伟大时代，更加感动在云南创办女子学校的张桂梅校长，更加深刻地体会到女人多读书对女人自己、对家庭、对社会和人类的重要意义。

随着社会的进步，越来越多的女性受到了很好的教育，许多高知女性活跃在各行各业，为国家、为社会、为家庭做出了巨大的贡献，她们本人也活出了自己，拥有一个精彩的人生。

“女人能顶半边天”不只是一个说法，而是现实写照。在政治舞台上，有女人铿锵有力的声音；在职场上，有女人奋力拼搏洒下的汗水；在生活中，有女人曼妙的身姿甜美的笑声。女人不再是相夫教子的社会配角，而是独立的个体，有她的社会使命、社会责任与担当。女人社会地位和家庭地位的提升，既是社会进步的标志、文明的体现，也是广大女性多年努力奋斗的成果。女人能和男人一样接受教育，是女人觉醒、获得解放最重要的途径和方式。

然而，在一些贫穷的国家和地区，女孩子仍然没有上学读书的权利，女人只是繁衍后代的生育工具，甚至在非洲，许多女性仍然遭受割礼的酷刑；在我国偏远的农村，有些家庭男孩子仍然享有优先上大学的权利；在发达开放的城市，仍然流行一种观点：女人读好书，不如嫁好男人。“女子无才便是德”的余音时有耳闻。

女人不读书，果真能嫁好男人吗？封建社会，那些皇后、皇妃都嫁得好吧？结果呢？一部部女人间钩心斗角的宫廷剧令人唏嘘胆寒。一个小学文化的农家女性，连认识博士的机会都没有，更别说嫁给博士；一个本科女，嫁给硕士、博士的概率比专科生大得多。这个铁定的事实，普遍存在的现象，可惜常常被当今高知剩女现象掩盖。剩女不是因为书读得多的必然，而是有着复杂的社会原因和家庭因素。书读得好的女人，只要想嫁，都嫁了，并且嫁得很好。因为在爱情中、婚姻中、家庭中，她们有更多的选择权、话语权，无论是她本人，还是她的恋爱对象、婚姻伴侣、家庭成员，都因为她的文化素养高，有着更高的情感质量和生活质量。

“女子无才便是德”吗？以前，女人在家庭地位受到威胁时，她们往往通过“一哭二闹三上吊”的方式，获得安全感和存在感，这种做法严重毁坏了女人的形象，以致大智大慧的孔子说：“唯女子与小人难养也”，他把女人与小人等同看待。产生这一问题的根源是那时的女人没有知识，没有文化，没有经济独立，没有人格独立。她们没有存立于世的话语权、没有抬头挺胸的底气、没有巾帼不让须眉的自信。当今社会，女人完全可以通过接受与男人同样的教育，获得经济独立和人生智慧。

在女人获得极大解放的同时，社会和家庭对女人也提出了更高的要求。过去“上得厅堂、下得厨房”的好女人，在开放的社会、竞争激烈的社会，还必须能走进职场，与男人在同一个舞台上竞技。在工作中，不会因你是女性，工作单位就对你降低工作要求。相反，因为女人要生孩子、喂养孩子、教育孩子，在就业中可能会受到一些歧视，用人单位对女性职业者的要求可能会更高。而女性的觉醒，也促使她们在工作中不希望获得优待，她们不再只是为了追求经济独立而工作，还有着自己的理想，希望在工作中展现自己的才能，发掘自己的潜能，为国家和社会作贡献，以获得价值感和成就感。

当前我国，对孩子教育的重视，以前所未有的势头席卷每一个家庭。母亲是孩子的第一位启蒙老师，母亲的素养是孩子的起跑线。母亲综合素质的提升，既是育人的基础，也是家庭幸福的保障，还是民族未来希望之根本。

职场打拼、家务缠身、孩子教育、两个家族关系的平衡，还有女人天生多感性，比较情绪化，所以，有人说，“做人难，做女人更难，做好女人难上加难。”女人真得有三头六臂，才能应对工作中种种困难与挑战；女人真得有七十二变，才能应对生活中的种种琐碎与烦恼；女人真得有才有德有智慧，才能活出夏花般灿烂、夜月般温婉的人生。

罗兰说：“与书籍生活在一起，永远不会叹息。”解决女人这些“难”题的最低成本最有效途径是：女人要读书，女人要多读书，女人要多读好书。多读专业书，成为所从事行业的佼佼者；多读教育学方面的书，成为家庭教育的专家；多读社会学方面的书，成为一位通达时世的智者；多读心理学方面的书，成为豁达自信、蓬勃向上的女人；多读经典名篇名著，成为“腹有诗书气自华”的书香女性。

知识改变命运，多读书改变女人的命运。通过多读书，把女人特有的韧性、勤奋、自律、执着与书籍给我们展现的开放思想、广阔视野、深博智慧、人类文明有机地结合起来，解放自己、丰富自己、完善自己，同时奉献社会、贡献人类。

2022年6月

此文于2022年6月发表在《她时代》，略有改动。

女生更要努力

我问女生："为什么很多男生在学校表现不怎样，到社会上却发展得很好。很多女生在学校表现很优秀，到社会上发展却一般般？"

女生回答说，"因为女生毕业后，就会想，工作不好没关系，嫁好了，也是一样的""因为女人要生孩子，做家务；男人却不用生孩子，很少做家务""社会给予男人的机会更多""女人很容易受情绪的影响"。

这些答案基本符合现实。

现在，很多女生非常出色、非常优秀，无论是胸怀眼界、思维能力，还是管理能力与执行力都超强。我很佩服一些年轻女性，和她们面对面时，真有一缕阳光照射我的感觉；和她们交流时，真有一股后浪推前浪的体验。我们学校的一些女生也很优秀，也经常让我感动。

这得益于我国社会的进步，得益于改革开放，得益于家庭教育中的优生优养，也得益于女生自身的努力。

但是，也有相当多的女生，很不努力，上课玩手机，叫不醒，头抬不起来；做项目时，习惯搭便车，作业随便应付。一些不用功的女生，比男生更不用功。

社会上也仍有一些人认为，女人会做事不如会打扮，会读书不如会嫁人，会工作不如会持家，导致了一些女生也有这样的观点。

可是，看看我们周围，就会发现，一心想嫁好的女人，最后大多数过不好。生活，要用实力作证。郭晶晶如果不是奥运冠军，连认识霍家公子的机会都没有，在豪门大院更是没有地位。社会超级现实、生活和婚姻也超级现实，最后一定是以品质、以智慧、以能力、以价值、以付出、以努力论成败。女生不能轻信：读好书不如性格好，读好书不如嫁好人。

女生更要努力。

因为，女人想生活得美好，需要比男人付出更多。

女人天生外表柔弱，性格也可以很温婉，但是内心一定要强大，要精神独立和人格独立。遇事要有自己的判断，不人云亦云。不要被社会上的一些观点带到沟里去了，说什么女人不要太强大，否则男人不敢要、不喜欢，婚姻将会不幸福。你深入观察，哪一个在婚姻中的女人内心不强大？看看我们的妈妈，哪一个不努力？哪一个不强大？哪一个不令人敬佩和感动？那些内心很强大的女人、有智慧的女人，男人真的不要了吗？她们不都是嫁出去了并且生活得很好。再说了，女生不要以男人要不要自己、敢不敢要自己为标准来要求自己，女人又不是为了嫁出去才出生的。你是花，自然有蜂蝶来舞蹈；你是梧桐，自然有凤凰来栖。女人的幸福要由自己定义，不要被别人赋予幸福与快乐。

越高大的树，树皮上的疤痕越多越深。生命同源、万物同类，每一个物种都会历经风雨侵袭，每一个人都会经历世事沧桑。做人不易，做女人尤其不易，要生孩子、要养孩子、要工作、要做家务、要协调两个家庭的关系。所以女生要更努力，在努力中获得知识，在拼搏中获得技能，在奋斗中获得智慧，在直面人生苦难中获得自信，在活出精彩的自己中获得价值感和成就感。

我是女人，我是从小女生过来的，我经历过女人的成长之路，见证过许多女人的生活、事业和婚姻。每一位活得灿烂的女人，都自带光芒，照亮自己，也明亮别人。

提高女性的社会地位，需要我们每一位女生共同努力，不盲从、不依附、不迷失，不畏人生苦难，努力向上，尽最大努力为国家、为社会做出贡献。

这是我在不同场合，和女生讲的主要观点。

我真心希望，每一位女生，将来能做一位有学识、有见识、有技能、有智慧的女人；每一位女生，对国家有贡献、对社会有担当、对家庭有价值、对自己无遗憾。

2021年9月14日

女生更要全面发展

上课时，我经常讲经济新闻，讲企业家故事，讲企业案例。我发现，很多女生一听我讲这些时，就低下头，不主动互动，不参与讨论。多年的观察结果也显示，她们普遍只重视教材里面的内容以及与考试相关的内容，对于广泛的社会知识，她们没有兴趣。

课后和学生聊天，男生喜欢和我探讨社会现象，他们很关注社会新闻和社会事件；而女生找我聊天，更多的是聊同学、聊心理、聊感情、聊情绪、聊具体的事。

这让我想到：为什么很多很聪明好学能干的女生，毕业后事业发展不如男生?

很多男生在学校期间没有女生用功，没有女生好学。但是，到社会后，他们发展后劲很足。原因是男生在学习的时候，不只是盯着教材、教学内容和考试内容。每次，我上课讲经济新闻、企业案例时，男生都会积极发言、热烈地参与讨论，他们知道的很多。

所以，相对男生，很多女生知识面狭窄，知识结构单薄，久而久之，思维也变得狭隘。反映到工作中，做一件具体的事会做得很好，但是做复杂的事就差了一些，解决综合问题的能力就弱了一些，做大平台管理者的机会就少了一些。

于光远说："一个人的知识如果只限于学校学习到的那一些，这个人的知识必然是十分贫乏的。"如果连学校教的那些知识都不愿意学，而只是为了考出好成绩，步入社会后，发展必定受限。

但是，社会要求女人更要全面发展。

社会发展很快，女性地位大幅提升，对女人的要求也水涨船高。女人要想工作好、事业好、家庭好、生活好，必须全面发展，才有可能成为佼佼者；女人结婚以后，维系两个家族的和谐，要有大智慧；养育孩子，女人会承担更多的责任与义务，母亲的素养决定了孩子的起点、孩子的发展；女人爱美，但是，红颜易老，只有内涵、修养和智慧，才能让女人散发着不败岁月的自信光芒。

女人一旦结婚生孩子后，更多的精力放在家庭，更多的注意力放在孩子身上，这也导致女人的视野没有男人宽广、女人的社会知识没有男人全面，以致后面的路越走越窄。而男人因为向外，所以路越走越宽。这就是为什么很多女生起点不低于男生，资质不亚于男生，发展却不如男生的部分原因所在。

所以，在学校，女生更要有意识地让自己多了解社会、多读书、多交朋友、多旅游、多发展兴趣、多学技能，为将来走向社会打好基础。

做一个眼界高远、虚怀若谷、聪慧好学、有胆有识的女人，是我努力的方向，也是我对女生的期望。

2021 年 9 月 10 日

无条件地接纳学生

在与学生深入谈话交流中，在学生交给我的随笔里，学生们都对我敞开心扉，毫无保留。他们对我讲述现在的学习、生活情况，对我讲述小时候的经历、家庭情况。很多学生向我分享他们的喜悦，对我诉说他们的困惑和苦恼。这学期开学第一周，有学生对我诉说他父母离婚的情况。有一次，有两位女生当着全班五十位同学的面，哭着向我倾诉爱情的苦恼、与室友关系的困惑。

在第一次给学生上新生研讨课“如何成为优秀的大学生”时，我对学生说：“这门课不是心理学课程，但是有许多心理学的知识。不管你们选择上这门课的动机是什么，但是在意识与潜意识里，一定有想成为优秀大学生的愿望。我会敞开心扉对你们，也希望你们对我敞开心扉。如果你把自己封闭起来，不向我展示真实的你，我就看不到真实的你，就没有办法帮助你、引领你一起成长。如果你把自己封闭起来，你也没有办法看清自己，而认知自己是非常重要的课程，这是认识社会和人生的起点。”

在其他课程的教学上，我也是这样对学生说：“敞开胸怀，接纳自己、接纳同学和社会，你就会有很多好朋友，你就会发现社会很进步、人生很美好。”

为什么学生愿意把内心最隐秘的事告诉我？为什么他们那么相信我，那么听信我的话？为什么我问什么他们答什么？为什么我让他们每周写随笔，他们就认真写，还交给我看？以前，我想是因为我能帮助学生解决一些问题，给他解开心结、给他指出方向、给他具体解决办法。现在，我想，最重要的原因不是我能帮他们，而是我真诚地对待他们，无条件地接纳他们，让他们获得了认同感、存在感和信任感，这才是我们之间实现无隔阂交流、零距离沟通的基础。

如果学生感受不到我的真诚，他们是不会对我真诚的；如果我不让学生走进我的内心，他们是不会让我走进他的内心；如果学生感受不到他被我看见、被我重视、被我关注，他是不会引起我的关注；如果学生认为他不能从我这里得到温暖，他是不会向我诉说他的内心世界；如果学生认为我不能无条件地接纳他，他就不会向我暴露他的缺点与不足；如果学生认为我不认可他，他就不会认可我对他的教育。

教师发挥育人作用，要做的第一件事，就是无条件地接纳学生，承认学生的现状，包容学生所有的缺点与不足。无论在哪个班，我都对学生说："在我眼中心里，每一位学生都是独一无二的，没有一位学生占尽了所有的天赋，也没有一位学生笨到什么都学不会。如果哪一门课程学不好，可能只是因为投入不够，或者只是因为兴趣的偏好，而不是因为笨。有的人球打得好，有的人画儿画得好；有的人英语学得好，有的人数学学得好；有的人管理能力很强，有的人动手能力很棒；有的人喜欢吃甜的，有的人就喜欢吃苦的，我和我老爸都喜欢吃苦瓜。努力把自己的优势发挥出来，就会成为某一方面的专家；竭力把自己的缺点与不足克服掉，就会成为一位很卓越的人。"

金无足赤，人无完人。学生肯定不是完美的，还有一些学生的确让老师很头痛。他们在寝室里生活习惯不好，室友有意见；上课总是迟到几分钟，学校活动不想参加，不热爱学习。甚至有的学生，他的家长基本上放弃他了，对他的事不问不管，只要他在学校平安无事就行了。这样的学生，老师的态度尤其重要。老师的一个眼神、一句话，都会影响他对自我的评价，都会决定他后来的态度与行为。如果他感受到老师无条件地接纳他，他就愿意对老师敞开心扉，向老师表达他的无助与苦闷。相反，如果老师只是一味地批评他，甚至看不起他，把他当作“扶不起来的大猪肠”“不可雕的朽木”，只会让他产生强烈的逆反心理，更加地不服从老师的管教。苏联政治家、革命家加里宁说：“须知天地间再没有什么东西比孩子的眼睛更加敏捷，更加精细，对于人心理上各种细微变化更富于敏感的了，再没有任何人像孩子的眼睛那样能把握一切细微的事物。”学生很敏感，很在意老师对他的评价，老师一个不屑的眼神，一句不耐烦的语气，都会对学生产生伤害，都可能让学生自暴自弃。

曾经，有学生对我说：“正如以前有一位老师对我们说，我们除了余下的生命比他更长外，没有什么东西比他强。老师，我的确不行。”

我说：“谁说你不行？是成绩不行，还是人品不行？是智商低，还是情商低？你不是好好的吗？瞧你的一双眼睛精灵样！你最多只是以前成绩不够好，仅此而已。其他的你又不比别人差，别那么作践自己，看不起自己！要善于发现自己的优点与长处，要相信自己，能生活得很好，学习得很好。以后的一切，都会很好。”

学生听我这样说，笑了，笑得很开心，一脸的欣喜与快乐，头都抬高了一些。

海纳百川，作为人类灵魂的工程师，更应该有足够大的胸怀，接纳学生所有的一切，特别是学生的坏习惯、不良行为，老师也要完全接纳。在接纳的基础上，帮助学生认识到自身存在的问题，然后和学生一起，探讨解决的办法。

不接纳学生、不认可学生，单纯以说教、权威来训导学生，效果不会明显。只有真诚地对待学生，对学生敞开心扉，以心换心，以诚换诚，才能让学生把心完全打开，接受我们的教育理念，让我们陪他一起成长。

2022年3月12日

如何写课题申报书

刚刚有一位年轻的老师问我研究报告怎么写，她第一次做项目研究。上半年有好几位老师向我咨询省市软科学研究计划项目、市自然科学基金项目、市哲社规划课题及校级课题申报书的撰写。他们来找我，可能因为我年长，也可能因为我曾经给一位申报省软科学研究计划项目的老师提供了一点点指导，她获得了立项。其实，我的研究能力也不行，不敢当年轻教师的学术指导。所以，下面的这些经验之谈，在学者看来，也值得商榷。

今年年初，指导一位年轻老师的校级课题。说实话，她最初拿来的申报书，我认为有点像一些大学生的作业，只是很简单地讲了要研究什么，研究内容呈点状分布，没有把内在的逻辑关系理顺。研究目的、研究思路、研究重点、研究难点、关键问题、创新点、研究目标都和研究内容差不多，反复在研究内容上兜圈。为什么要研究这个课题，基于哪些理论、哪些研究方法，采用什么样的技术路线都没有想清楚。从前到后，都只谈我要研究这个，我要研究这个。

研究项目名称最重要，它代表了研究方向、研究对象、研究内容，可能还有研究方法和研究领域。首先要明确，每种类型的课题，项目名称的形式与表述可能不同。今年有一位老师，让我看她的宁波市自然科学基金项目申报书，她的项目名称就定成了软科学研究计划的项目名称。自然科学基金偏向基础研究，以探索自然规律为主；软科学研究计划项目偏向应用研究，服务于决策，要提出决策建议。其次，项目名称的形式也要完美，就是这位老师的省软科学研究计划项目名称，我改为“基于TRIZ……”，重点突出研究方法，结果立项了。有一位老师去年申报省软科学研究计划项目，我建议她项目名称定小点，她说字数会超过20个字，结果没有立项。今年我建议她多泡省科技厅网站，学习各种政策文件，精准地找出当前及未来几年国家和浙江省重点发展的领域与方向，以确定研究内容。把近几年国家、北京、上海、广东、江苏、浙江的软科学研究计划项目立项通知找出来，研究获得立项的项目名称，从中发现哪些课题已经有人研究了，哪些还没有，同时研究项目名称的形式。

研究现状最能反映申报者对该课题研究的广度与深度。一些初学研究者写研究现状只有资料的罗列与堆砌，现有研究的贡献与不足、未来研究发展趋势都说不上来，不善于总结提炼。

研究背景和目的要从宏观、中观和微观三个层面论述，要符合国家发展战略，解决行业的痛点，引领行业的发展，然后再落实到课题重点要解决的某一方面的问题。

研究方法既要有理论分析法，又要有应用分析法；既要有实证分析法，也要有规范分析法；既要有文献梳理，也要有调研。这部分内容，很多初做研究者，也总是泛泛而谈。要写清楚到底基于哪些理论，使用哪种实证方法，采用什么模型，调查哪些区域哪些对象。

研究内容，就是研究什么的问题，也即提出问题、分析问题、解决问题。不能将这三段论简单地罗列，要梳理研究内容之间的内在联系，建立一个多维的立体的研究体系。不久前，一位年轻老师让我看她写的省软科学研究计划项目申报书。她的研究内容有三个，她画了三张图，每张图上有三个元素：研究内容、中间变量、研究目标，一条直线推进过去。我说：“这三个研究内容之间有什么关系，中间变量间又有什么关系，三个小研究目标如何形成一个大研究目标，都没有写明白，它们之间不是割裂的，要把三张图整合成一张图，把各研究单元、各变量、各指标间的关系梳理清楚，形成一个立体的研究内容架构图。”

技术路线，也即研究思路，为了达成研究目标，采用什么样的方法、步骤及解决关键问题的手段。一般用文字很难描述，画图表示最为清楚明了。要做到：目标可达成、方法可行、步骤清晰、内在逻辑关系严密、研究路径具有可操作性。

创新点，一般从选题创新、研究内容创新、研究方法/研究思维/研究视角创新等方面着手。今年一位老师和我探讨准备申报省软科学研究计划项目的课题时，我说：“不要总想着技术和产品创新才是创新，商业模式、组织结构、管理模式、物流、宣传推广等方面都有创新，信息化、数字化使得创新内涵和外延丰富了许多。把创新点的内涵深挖，把创新点的外延扩宽，从申报书看，研究内容具有立体感、空间性；从研究成果看，才能真正转化，落地实施。

初学研究者不能将申报材料展开又提炼，最主要的原因是市场调研不够充分，相关成果研究得不够多，对研究内容没有成熟的思考。其次，研究做得少，缺乏撰写申报书的经验。“多写笔下生花”，多做研究，研究体系和研究思路自然出来了。最重要的是要能沉下来下狠功夫潜入某一研究领域。获得浙江省软科学研究计划项目立项的这位老师，对汽车行业的集群化现象进行了数年的调研，积累了丰富的市场经验、行业数据。所以，她撰写的申报书中，研究内容与研究方法都写得很好，但是项目名称宽泛空洞，只突出了研究内容，没有突出研究方法、研究对象。研究内容写得很多，图表也多，但是结构比较混乱。因为她以前申报书写少了，经验不足。我用半小时的时间，把她的项目名称改了，结构理顺了，把其中一个布满密密麻麻线条的图删了。

修改她的申报书，我真的只用了半小时。她来找我时，快下班了。那段时间我特别忙，没有时间和她说话，而这天又是浙江省软科学研究计划项目申报的截止时间。我把她狠狠地批评了一顿。我从来都不把自己弄得这么紧张，每次申报课题时，我都是在截止日期前几天写好了，最后反复校对，争取结构清晰、内容完备、没有一个错别字。我绝不会在最后一天才把材料上网，万一最后一天我有别的急事要处理，万一最后一天网络不行呢？我和她关系很好，才会这样批评她。以前，我总是劝说她多写论文申报项目，早点把副教授评出来，她不听我的。最近两年，她才开始启动。一旦开始动了，她就非常投入，成效很好，不但成功申报了好几个项目，还读博士了。以她现在这样的状态，如果早些年启动，早就是博士教授了。

有人说，我做课题轻松，其实一点也不轻松。晚上熬夜的时候太多了。昨天晚上校对文章到12点多。做课题时，我曾调研过一个区域的所有房产机构与物业，调研过很多个不同类型不同层次的产业园，调研过许多企业，还曾经坐在学校办公室做项目到腊月二十九的晚上。

“宝剑锋从磨砺出”，除了深入调研、潜心钻研、用心思考、匠心写作，做研究没有别的捷径。

2022年6月19日

职院教师应多走向市场

我一直在思考如何做一名职院教师，今天是教师节，就写篇关于职院教师发展的文章吧。

2014年6月，在全国职业教育工作会议上，中共中央总书记习近平就加快职业教育发展做出重要指示，要求各级党委和政府要把加快发展现代职业教育摆在更加突出的位置。国务院总理李克强指出，现代职业教育，是转方式、调结构的战略举措，也是扩大就业、提升就业质量的重大举措。要发展与市场相匹配的职业教育、培养与市场相适应的人才，形成“不唯学历凭能力”的社会氛围。

在落实科教兴国战略和人才强国战略，全面提高国民素质和专业技能的背景下，国家和社会对职院教师提出了更高的要求，职院教师不仅要有很强的专业理论知识，还要懂市场、会专业技能。要会做产品、会做市场、会做企业管理，还要教学生会做产品、会做市场、会做企业管理。这对教师是一项非常大的挑战。

挑战从来都不是坏事。有压力就有动力，有动力就有克服困难的战斗力与解决问题的智慧。

提高专业技能与服务社会的能力，教师要发挥主观能动性，摒弃制约走向市场的心理障碍，克服教师的短板，放下姿态，大步走向市场。我常对学生说，毕业后要想马上融入社会和市场，必须尽快克服“五不”：低不下头、弯不下腰、抬不动脚、伸不出手、说不出口。我们教师要想走向市场，掌握更多的专业技能，也要克服这“五不”。刚走向企业时，不要把自己当作专家，要把自己当成学生，虚心地向企业学习。

当我们真正跨出这一步，会学到许多专业技能，会看到具有无限生机与活力的广阔市场，会看到执行力一流、效率一流、节奏一流、坚韧执着的企业家，会看到凝心聚力、奋力向上、共享多赢的创业团队。这会增强我们对市场的认识、对社会的认识、对国家的自信，从而更好地落实立德树人，建立文化自信。

学校在为教师走向市场、服务社会中，要努力做好如下几点：第一，牵线搭桥，提供教师走出去的机会与平台，以学校的名义去参与政府项目的建设，去参与平台和协会的活动，比较容易进入；第二，争取政府的一些平台项目，与有资质的企业和机构共同运作，这样就可以让教师深入其中，并且可以建设成为学生实习实践的平台；第三，鼓励教师在校内成立实验室、实训室、工作室，以带动学生实践人数及项目成果转化金额作为考核指标；第四，鼓励有创业经验、有企业经历的教师在校内举行讲座、培训及帮扶结对，以点带面，带动更多的教师提高专业技能和服务社会的能力；第五，充分调动兼职教师的积极性，利用兼职教师所在的企业，给专任教师提供学习与培训的机会，鼓励兼职教师帮扶校内专任教师；第六，鼓励教师加入行业协会，参加行业和企业的各种活动；第七，最重要的是学校要有开放思维，制定政策，鼓励教师走向市场。

在学校大力支持下，通过教师自身的努力，教师的专业技能大大提高，教师的自信心更强了。只有在教书中，教师真正学到一项技能，不断提升自己，丰富自己，充实自己，教师才会感觉到这份工作有前景有意义；只有在育人中，教师不断地获得新的知识与技能，与时俱进，才会让教师感觉每一天都是朝气蓬勃的一天；只有教师在讲台上将自己的专业知识与技能传授给学生，让学生的确学到了新的东西，教师才会有成就感与价值感。

苏霍姆林斯基说："只有当教师的知识视野比学校教学大纲宽广到无可比拟的时候，教师才能成为教育过程中真正的能手、艺术家和诗人。""台上一分钟，台下十年功"，素质修养、理论知识、专业技能，是教师做好育人工作最基本的保障，只有教师不断加强内涵建设，学习新知识、新技能，才能培养出社会需要的学生。

2018年9月10日

教师应该有职业敏感性

2020年4月4日，全国对在抗击新冠肺炎疫情中牺牲的烈士和在疫情中逝世的同胞进行哀悼。那时，我们都在家上网课。我对我班学生说："哀悼日当天，不要穿红色的、花色系的衣服，要穿黑色的衣服、深色衣服；不要打闹，不要笑，要严肃庄重。哀悼时，即使旁边没有任何人，也一定要站起来默哀。"

在工作中，有许多关键时期，教师不能等着上面发通知，叫你做什么你就做什么，不叫你做你就不做，而是应该有职业敏感性。工作中的每一个关键时期，也是敏感时期，这是做学生思政工作最好的时机。

我班有两位同学请假，都是因为肚子痛，并且这两位同学是情侣关系。当时，我看到热搜上有一条信息，说是某地有一种传染病，其中的症状之一是患者肚子痛。我马上联系这两位同学，详细地问他们的症状、饮食、既往病史及就医情况。当然，我没有向他们提到这种传染病。

学生的许多事，不能等学校有通知再处理；很多事情，也没有办法等着学校的通知来处理。每天都有新的事情发生，每一位学生做事处世的方式不一样，还有一些事情需要未雨绸缪，提前准备。这些都需要教师根据教学、管理及生活经验，提前做好预警，提醒学生注意；事情来时，第一时间采取应对的措施。

在学生进校的第一学期，寒潮来前，我会通知学生添衣保暖，因为外地的学生不能一下子适应宁波的湿冷天气。并且，他们总是为了帅和美，穿得很少。

学生的心思很细密，一些学生很敏感，内心很脆弱，却表现得很坚强。教师特别是班主任，要观察学生的行为，尤其是心理有问题的学生、学习和生活有困难的学生、原生家庭有严重问题的学生，要特别地关注他们的眼神、他们说话的语气、他们行为的细节，从中敏感地捕捉他们的内心世界。

教师不是站在讲台上把课讲完，工作就结束了。围绕育人的方方面面，教师都应该去关注关心，都应该具有敏感性。

首先，对专业知识和技能要有敏感性。社会飞速发展，知识升级迭代很快，教师要能敏锐地捕捉专业所对应行业的发展趋势与现状。特别是近几年来，国际贸易保护主义加强，新冠疫情改变了世界格局和很多行业生态。世界经济发展中的不稳定性因素增加，各国经济形势波动增大，经济政策调整步伐加快。教师需要经常看新闻、看时评，查阅大量的信息、走进市场进行大量的调研，才能敏锐地把握时代的脉搏，引领学生紧跟时代的步伐，培养时代所需要的人才。

其次，教师应该在育人的过程中保持职业敏感性。学校的制度不能穷尽一切，学校的管理不能包办一切，需要教师发挥主观能动性。要根据学生的态度和行为，马上分析到学生的心理；要根据事情的变化，马上采取应对的行动；要根据不同的人不同的事，马上采取科学的教育方法。要善于由这件事马上想到另一件相关的事，由这一位学生马上想到另一位类似的学生，由一个突发事件马上想到日常管理，由个体想到班级、由班级想到学校、又由学校想到班级、由班级想到个体，还能由学校想到社会，由社会想到学校。对事情发展的动向，要保持高度的敏感性；对事情发展的相互联系，要保持高度的敏锐性。

教师对学生说的每一句话，都包含着教育元素；教师在学生面前做的每一件事，都体现了教育修养。教师要对自己说的话保持敏感性，不要伤害了个别敏感的学生；教师要对自己做的事保持敏锐性，引领学生向上发展。作为经济专业的教师，对国家的宏观经济运行、对宏观经济政策、对地方经济发展，要保持高度的敏感，及时捕捉这些信息和数据。网络上海量的信息，一些热点问题，学生非常关注。教师要在第一时间，从这些热点问题中分辨出哪些对学生有教益，哪些有害，引导学生辩证地看待网络信息；在“立德树人”的教育背景下，教师要提高政治思想修养，对思政工作保持敏感性，树立科学的发展观和人才观，全面掌握学生思想动态，引导学生树立正确的世界观、人生观和价值观，培养学生爱国爱党爱社会的情怀，使学生成为德智体美全面发展的社会主义事业建设者和接班人。

提高教师职业敏感性，其实是提高教师的职业素养和敬业精神。只要教师全身心地投入到教育事业中，将科学的教育理念深扎在心中，全身心地热爱学生，处处想着学生，事事想着教育，就会像对待自己的孩子一样，对学生的事很敏感、对教育的事很敏锐。

2021年12月8日

敬教劝学生为本，春风化雨德树人

各位领导、老师：大家下午好！

在各位思政专家面前讲思政，我诚惶诚恐。也很感谢有这个机会，向大家学习请教。

我来自大别山的一个小山村，我是我们村第二位女大学生，第一位女本科大学生。可是，如果没有我小学老师对我的关爱，我小学都不可能读完。那时，山里女孩子读书的不多，我从六岁开始做家务，十岁承担了大部分家务。我几次辍学，是我的小学老师，说服我父母让我回到了学校。关爱学生，为学生前途着想，我的小学老师给我埋下了种子。

年轻时，我认为大学的班主任是学生的导师，只需要引导学生的发展方向，引领学生树立正确的人生观与价值观就够了，不应该管具体事情，大学生应该自我管理。随着对教育事业的深耕、对社会认知的加深、对学生了解的深入，特别是做了妈妈以后，我改变了这种思想。时代变了，教育必须同步改变。

近几年，我校贯彻和落实习近平总书记关于加强高校思政工作的精神，沐浴在“立德树人”的氛围中，我更加深深地领会到敬教劝学生为本、春风化雨德树人的重要意义。

教育方法千千万，教育理念却只有几点：以爱暖人、用情感人；以知达人，用技育人；以德化人，用智慧人。

著名的发展心理学教授林崇德说：“疼爱自己的孩子是本能，热爱别人的孩子是神圣！”我们分院的励书记多次对班主任讲：“理智达不到的地方，情感可以。”一些学生，看起来很阳光，却有着很辛酸的成长故事，有的是孤儿，有的父母身体不好，有的家庭重男轻女，有的学生寒假不想回家，因为不想面对那些亲人。有的家长很爱孩子，却不懂孩子，不懂家庭教育。他们把孩子当作三岁的宝宝，什么事都要问都要管，一些家长，每晚都要和孩子通电话；一点小事，就跑到学校或者让孩子回家。上周，我在学生中间做调查时，有好几位学生对我说，他们的父母会随时进他们的房间，翻看他们的东西。

我们的学生在基础教育阶段，成绩不是很好，多少有一些自卑。我在一个班做过调查，只有20%的学生明确表示，他是自信的。大部分同学坦承，他有自卑心理。有的学生，我表扬了他，他很感动，给我发很长的感谢信息；有的学生，我给他一句鼓励的话，他给我写一大段真情告白；和我深聊时，有的学生泪湿眼眶，有的学生泪如雨下。

现在，我班上有一位同学，患有精神分裂症。开学第一天，我和他及他爸聊了三个多小时。他把裤腿拉起来让我看，他的腿伤痕累累，都是在狂躁症发作的时候把自己掐伤的。他说：“我爸爸可能还不知道这个。”无论当面还是微信，这位父亲和我说得最多的一句话只有一个字：“好”。得知一位在中央电视台做嘉宾的心理学专家来宁波后，我就这位孩子的情况向她请教，她给了我许多建议。

我很幸运，无论新生还是在校两三年的学生，都很愿意向我敞开心扉，让我看到他丰富的内心世界，看到他的创伤、他的痛苦、他的忧愁、他的迷茫、他的快乐、他的期望和他的梦想。每每和学生谈心，他们把所有的经历、隐私和伤痛都告诉我，这唤起我强烈的爱，激发我强烈的责任感和使命感。我深深地体会到，教育中，爱最有穿透力、渗透力、感召力；情最能吸引人、感动人、感化人。苏格拉底说：“教育是把人内心勾引出来的工具和方法。”蹲下身体，倾听学生的内心故事，做学生的知心朋友，是走进学生心灵的第一步；敞开心怀，做学生的导师，接纳学生的不完美，是通向学生心灵的起点；满怀敬畏，以学生为镜，思考探究教育的意义，是教育工作者必修的课程。

现在的学生资质非常好，聪明、反应快，获取信息、接受新事物的能力强。但是也存在一些问题：比较浮躁，社会上评价一些大学生情商低，怕吃苦，怕受委屈，怕受挫折。其实，学生只是在某些方面缺那么一点点。可是，就是这一点点，影响很大。特别在规则、规范和规矩意识方面，在细节方面，学生普遍欠缺，而这些在工作中非常重要。所以，我特别注重培养学生尊重规则、恪守规范、讲究规矩、注重细节。要求他们做前有计划有方案，做中精益求精，做后有总结有反思。我在写“组织课堂教学活动”这篇文章时，让课代表王凯同学同步也写一篇。在“房地产经纪实务”这门课程中，我布置了四次大型活动。每次都要求他写活动策划方案，并且要进行活动排练。我的想法是，这件事，你做过一次后，就要学透学精，以后再遇到类似的事情，不用再学习规则和流程，信手拈来。他写的文章，我要他一遍遍地改，后来，他投降了：“老师，我尽力了。”我告诉他，我改自己写的这篇文章，改到恶心想吐，不是我写得好、水平高，而是我尽最大努力去完善。我和他的文章同时发表在我校校报上。

王凯同学请我帮他介绍工作，我推荐到银行。一个多星期过去了，他的简历还没有给我。我找他要，不到一小时，他把简历发过来了。写得非常粗糙，密密麻麻两页纸，用手机打开看，还有两张美女照片，他自己都不相信。我指导他重新写，后来的简历就很简洁漂亮。面试时，他表现很出色，被银行录用了。而这家银行，好几年都没有招专科生，和他一起面试的，都是本科生或社会工作者。也许是因为他表现出色，不久，这家银行到我们分院来招聘。银行的这位领导向我说了很多感谢的话，还详细地介绍了未来给他安排工作的情况，王凯同学过了好几天才通知我，他被录用了。很多事例说明，我们的学生很优秀，大的方面都没有问题，在执行力和细节方面，还要老师加强引导，耐心指导。法国启蒙思想家、唯物主义哲学家爱尔维修说："即使是普通孩子，只要教育得法，也会成为不平凡的人。"苏格拉底说："每个人身上都有太阳，主要是让它如何发光。"王凯同学对我说，他曾经也很自卑，来到我们学校后，完成了他心中的四个Flag，让他变得很自信。

我向这位银行行长推荐王凯同学时，他很感谢我对学生的关注与关心。我说："我举手之劳，可能对他们的人生影响很大。"他说："是的，我们也希望能尽我们的一份力。"他的这句话，让我非常感动，也让我体会到教育的魅力。对于教育，每一位社会人士都怀着一份敬畏与赤诚。我们学校的领导和老师，更是对每一位需要帮助的学生竭尽全力。

学高为师勤在先，身正为范日省三。习近平总书记强调："高校教师要坚持教育者先受教育，努力成为先进思想文化的传播者、党执政的坚定支持者，更好担起学生健康成长指导者和引路人的责任。"要想成为一名合格的教育者，必须有高尚的道德情操，"以德立身、以德立学、以德施教"；要有渊博的知识，上懂天文，下懂地理，中间懂人情；还要始于学习、敏于观察、善于总结、勤于思考。我喜欢琢磨什么叫教育，什么叫思政，什么叫管理。今年，在我接到新生班主任工作任务后，走路时、开车时、吃饭时，我就想，第一次班会应该以什么为主题呢？以前我讲过：认识自己、相信自己、学会自律，今年我想了好几个主题，后来看到新生名单时，我马上想到要讲：理解、包容、接纳，因为我班学生来自全国十多个省市，同学间关系融洽，是学生热爱班级、热爱学校的重要基础，是班风学风建设的重要保障。今年我们分院运动会，我班有29人报名参加，占全班人数的66%，其中16人获得21个奖项，总分97分，名列分院第一名。

这几年，我每年看教育学、心理学、社会学、哲学和经典文学等方面的名著100~150本。每年写随笔100~150篇，截至目前教育类随笔总共有300多篇，今年出版的育人随笔《你眼中的光，我心中的火》，收录了其中的99篇。我还写了50多万字的儿子成长日记。在写随笔和日记的过程中，我每天都在思考如何做一位妈妈，做一位教育工作者，做一位社会人。为了更好地帮助学生，我参加了心理咨询师培训，获得了国家二级心理咨询师资质。我在这所学校的第一届学生，证券从业资格证书通过率超过50%，打破了我专业证券从业资格证书通过率不到30%的魔咒。去年，我班44位同学，有32位同学参加专升本考试，29位同学考上本科。

坚持不懈的学习，使我有较为完善的知识结构和较强的思辨能力，能更好地影响学生、引领学生。今年下半年，我发起大一两个班40多位新生和我一起写随笔，每周一篇。通过这几百份的学生随笔，我较全面地了解了新生生活、学习和思想状况，也有效地培养他们总结的意识、反思的能力。

我是开放时代的受益者，是教育的受益者，在我成长与发展的过程中，得到了许多领导、老师、同事和朋友的支持和帮助。是他们、是你们，让我成为一名终身学习的学生，一名热爱教育事业的教师。我很感恩这一伟大的时代，感谢党和国家对我的培养，感谢学校对我的关怀与支持，感谢同事给我的帮助与温暖，感谢学生眼中的光，点燃我心中的火。

最后我以一首小诗向各位领导和老师致谢，同时，勉励我自己要不断学习、不断进步。

每一位学生都有一个故事

每一位学生都有一个故事
他凭什么向我倾诉他全部的心思
因为，他相信他的老师
有卓绝的智慧和渊博的学识
引导他明理诚信勤奋务实

每一位学生都是一颗星星
按照他自身的规律昼夜运行
我必须有伯乐识马的眼睛
我必须有蒙台梭利的爱心
助他点燃内心的那盏明灯

每一位学生都有美好的未来
恰逢这是一个伟大的时代
站在职教的舞台，时不我待
三尺讲台，写不完对学生的爱
立德树人的信念扎根我胸怀

谢谢大家！

这是在2021年度我校“三全育人”综合改革工作推进会暨首届思政工作研讨会上的发言稿。

第二篇

我们有理由自信

我们有理由自信

给新生上课前，我问他们：“你们为什么没进本科，而是考进了专科？是笨、是懒还是对学习没有兴趣？承认自己笨的同学请举手。”

两个班，99位学生，只有一位女生举手。其余98位同学，都不认为是因为自己笨，才没有考上本科。

我又说：“中学时期，真的竭尽全力，做到问心无愧地应对高考的同学，请举手。”

只有我班学习委员举手了。他说，他在高中很努力，的确做到了竭尽全力、问心无愧。

我问大三的学生：“你认为你自信吗？”20多位同学，只有5位同学很自信地说：“自信。”其他的大部分同学表示：“不自信，挺自卑。”

我再问他们：“为什么自卑？”

他们说：学习成绩不好；资格证考不出；做事总是做不好；身边优秀的人太多了，和他们相比，差距很大；从小父母总是把我与别人家的孩子比，他们上了985、211，还有出国留学的，感觉自己没给父母长脸争光……

我让他们列出自己的优点与缺点。

大多数同学只写了两三点优点，有一位张同学只写了一个优点：脾气好。

我对张同学说：“凭我的观察，我觉得你有很多优点：我给你上了两门课，你从来没有玩过手机，没有迟到，更没有旷课，你总是早早地来到教室。你看，下课时，你还在看基金从业资格的书。你有这么多优点，怎么只写了一点呢？这说明你对自己不了解，没有足够的自知。”

我讲名人、讲宁波本土的企业家，很多同学眼睛无神，有的头都不抬起来，说明什么问题呢？说明这些同学没有成功的欲望，觉得成功离他们很远很远，遥不可及，也就不愿意选择出发。这是不自信的表现。

我对全班同学说：“我接触过哈佛、麻省理工、清华、北大等名校毕业的人士，总结出他们最少有如下几个特点：第一，很守规则，很讲规矩，很重规范；第二，思路清晰，条理清楚；第三，执行力强，即时清洁，简单高效；第四，认真严谨，重视细节；第五，关注时事，关心社会。发现了他们的这些共性后，我很兴奋，他们不是因为聪明才考上世界名校，他们不是因为智商高才取得事业成功。他们的这些品质我也可以学会。曾经，我也认为他们高高在上，不可触及。通过与他们深入接触后，现在，我认为只要我持续不断地努力，我也可以达到他们那样的高度和深度。

不久前，我发了一条微信：聪明、美貌、家境，这些天赋的东西，只是通向世界的门票，最后在人间过得好不好，关键要看品质：真挚坦诚、阳光大气、坚强坚韧、勤思苦干。

你看你们，哪一个是呆头呆脑的、笨手笨脚的？每一个人都生龙活虎，水灵机灵的。你们的微信头像很有时代特色，你们的个性签名很阳光很有哲学思想，你们的内心很丰富，你们对室友对同学很关爱，这些都是你们的优点。

这几天有一篇文章上了热搜，一位保研学生嫌弃北大数学博士生导师的第一学历是地方院校的，他发帖说：‘无法相信北大会有这么差的师资。’我却认为，这位博导更牛，尽管他的起点相对北大许多教授低一些，但是，通过他持续不断的努力，已经达到了与同事们同样的高度。这种“慢牛”会走得更远更高。我超级佩服从底层逆袭的人，佩服他们坚持不懈，奋发向上的品质。我常常以一位没有第一学历的宁波企业人士为榜样，他非常爱学习，很努力地工作，现在他是区政协委员、宁波领军和拔尖人才（第二层次）、浙江大学EMBA。

今年美籍科学家约翰·古迪纳夫以97岁的高龄获得了诺贝尔化学奖，我转发了这条信息，评论道：‘他的经历告诉我们，年龄从来都不是问题；人生之路，前面所有的经历都是后来的财富，年轻时受的苦难越多，年长后越富足；跨学科，厚积薄发，会走得更高更远；只问耕耘，不问收获。’我们不要因为没有考上985、211高校而灰心沮丧，不要因为没有考上本科而自暴自弃。

美国哲学家、心理学家、教育家威廉·詹姆斯说：‘我们这一代最伟大的发现是经由改变人类心智的内在态度，进而可以改变其生命的外在境遇。’每次上课讲到这里的时候，我都要求学生和我一起读三遍。就是希望学生能够受到启发，改变对自我和社会的认知，不断努力，改写自己的命运。”

我洋洋洒洒地和学生讲了这么多，只想告诉他们一句话：“我们有理由自信！”

2021年11月10日

奋斗的意义

今晚给学生上“经济学基础”课程。在课中，我向学生提问：“哪些没有工作的人，不能计入失业？”

有一位女生说：“富二代。”

我说：“富二代很少有人没有工作，他们都很拼，不要被网络上的一些信息蒙蔽了眼睛。你想想，他们的父母那么拼，他们怎么会让子女躺平呢？他们懂得人生拼搏的意义，只会教育孩子要用一生去努力学习与工作。你看柳青，联想创始人柳传志的女儿，嘀嘀出行总裁，人家有那样富有的老爸，还是很拼。你看任正非的大女儿孟晚舟，多么出色。”

这位女生接着说：“我们拼也没有用啊！”

我说：“你不拼，才真正地没有用。拼1次，拼1天，可能没有用；拼100次，拼100天，肯定有用；拼10年，拼一生，肯定能改变你的命运。董明珠、刘强东，从小都不富有，都是靠自己努力拼出来的。这样的例子太多太多了，数不胜数。我们身边好多同学，刚进校时成绩不好，各方面表现平平，通过3年努力，改变了许多，获得优秀毕业生，考上专升本，人也从自卑走向自信，走路脚上都带着风。”

学生也许只是随便说说。但我却认为这种说法很危险，必须借此对他们进行一场有关奋斗意义的教育。

我说：“一些年轻人不懂豪门，以为豪门只有盛宴和奢侈品；一些平民百姓家的孩子不懂富家生活，以为富二代很幸福，出生就含着金钥匙，要什么有什么，可以不劳而获。没有豪门基因，怎么进得了豪门？郭晶晶如果不是奥运冠军，霍家的门不会对她敞开；进去后，不能融入豪门，也呆不长久，或过得不幸福。

要了解富二代的生活，就要先了解富一代的生活。富一代白手起家，凭着艰苦奋斗的精神、坚忍不拔的意志、敢拼敢闯敢为天下先的品质，做出了一番事业。他们没有时间照顾和陪伴孩子，所以，一些富二代在缺乏父爱母爱环境中长大，他们内心比较孤独。不要只看到他们要什么有什么的物质生活，他们内心那份爱的缺失，我们永远都看不到；他们内心那份难言的孤独，我们永远都感受不到。

我们生活在这个世界上，最低的标准是养活自己，不管你老爸多么有钱，你将来嫁的老公多么有钱，那都是他们的钱，与你有很大的关系，但毕竟不是你挣的钱，体现不了你的价值感和意义感。得用自己挣的钱养活自己，才能理直气壮腰杆挺直地活着；我们生活在这个世界，要把自己的潜能发挥到极致，为社会作出贡献，为自己挣得尊严和地位，而不是活在别人的阴影里、别人的世界里，像寄生虫一样；我们要想过得幸福，要有智慧、有大智慧，而智慧不是坐在家里想出来的，不是从锦衣玉食中长出来的，而是在努力生活、拼搏工作中领悟出来的。人生的幸福没有别的捷径和技巧，只有在努力中才能找到生命的意义与价值。

女生，可以撒娇，但是不要有‘我是女子，你得处处让着我，照顾我’的想法，这是把自己置于弱者位置。有这种想法的女人，不可能真正获得男人的尊重、社会的认同；女生可以爱美，但不要有爱慕虚荣的思想，不要只看到别人光鲜的一面，觉得自己日子过得清苦，委屈了自己，总幻想着奢华的生活；女生更不要有坐享其成的思想，一定得靠自己的双手，自己的智慧，让自己过得充实有意义。社会竞争很激烈，甚至很残酷，不论你是男是女，是美是丑，是长是幼，都得经历风雨，最终都得遵循优胜劣汰的法则。

我曾经多次对女生说，如果有一个男人对你说：‘嫁给我吧，这辈子我养着你。’这样的男人，我们坚决不要嫁。你的人生是你的，你要为自己努力、为自己拼搏。只有流过汗的人生，才是充实的；只有流过泪的人生，才是美丽的；只有奋斗过的人生，才是有意义的；只有在风雨中舞蹈的人生，才是丰盈的；只有对社会有价值、对国家有贡献的人生，才是自信的。不管Dior口红、香奈尔香水、LV包受多少人追捧，只有自信的女人最美，只有铿锵玫瑰最妩媚。

男生也一样，必须奋力拼搏，在奋斗中获得尊严和地位；在拼搏中获得成就感、价值感和意义感。

唯有所有的人都在奋斗中寻找到了活着的意义，我们的社会才会进步，我们的国家才会富强。”

我慷慨激扬地讲了这么多，就是想让学生明白：努力才会改变命运，拼搏才有意义，奋斗才有价值。

2018年12月26日

努力向上

今天我对学生说，当我累了的时候，特别喜欢去田野。不管哪个季节，我都能从田野中获得不同的生命感悟；不管什么时候去田野，每次我都有重回童年的感觉，都有回到故乡的情愫；不管我以什么样的心情去田野，我都能在田野中放空自己，重新找回自己，找到生命的力量，敬畏大自然的强大生命力与多姿多彩。

我喜欢看田野里各种植物蓬蓬勃勃的样子，喜欢看它们枯荣盛衰的过程。它们展示的是它们的生命过程，也是所有物种的生命过程。家养的野生的、水里的地面上的、开花的长叶的、粗枝的藤蔓的，它们都在同一片蓝天下、同一块土地上。该疯长的季节，一个劲地疯长，不矫情不做作不隐藏不含蓄，坦坦荡荡、轰轰烈烈、热热闹闹、安安静静，各自生长、各自芬芳、各自精彩，又相互依存、相互衬托、相互成全，共同创造一个百花齐放的春天，一个繁花似锦的夏天，一个硕果累累的秋天；该枯萎的季节，静静地飘落，不抱怨、不诉苦、不伤怀、不留恋，从从容容、大大方方、洒洒脱脱，各自凋零、各自枯萎、各自坚强，又相互鼓励、相互陪伴、相互守望，共同度过冰天雪地的寒冬。

植物都这么努力向上，作为万物之灵的我们，还有什么理由不积极向上呢?

和几个朋友聊天，他们说人不能受大挫折，受了大挫折，很多人都难以再站起来。可是，我观察的结果却是相反的结论：受了大挫折后，绝大多数人站起来了，只有极少数人才真正地沉沦颓废。因为追求美好生活是人与生俱来的向往，积极向上是生命的原动力。植物总是朝向阳的一边生长，它们竭力把枝头伸向阳光处；拥挤的地方，植物长得很纤长，从草丛中、灌木丛中高高地突出来，它们这么努力向上，就是为了能吸收到更多的阳光，让自己活下去，活得更壮实。

向上，会呼吸到新鲜的空气，会看到更多的美景，会遇到更多优秀的人，更多心有灵犀、墨守规则的朋友，可能还会撕下一片白云，摘下一颗星星。越向上，人越少，越不拥挤。通向成功的路，前面一小部分很挤，因为人人都想成功，人人都在跃跃欲试；后面一点也不挤，在充满坎坷的途中，绝大部分人退缩了，只有一小部分人还在坚守初心，继续前行。所以，我以为通向成功的路，一点也不拥挤，只是有点孤独。别人在养花种草、诗情画意时，你在学习；别人在以茶会朋、以酒敬友时，你在工作；别人在赏月对歌、酣然入梦时，你在灯下苦苦思考；别人还在温暖的被窝里，你已经在路上了。

在高端，成败都是英雄，都值得尊敬，都有人尊敬。华山论剑痛也欢，对手之间惺惺相惜；在底层，成功了，有人嫉妒；失败了，有人嘲笑。在高端，如在空中，遵循的是天高任鸟飞的规则；在底层，如丛林，遵循的是丛林法则。在底层，最让人痛苦的是各种琐碎、各种消耗、各种形式与应付。所以，儿子很小时我就对他说，以后一定要走高端，在底层，想做事太难了。

简单地说，作为人，不往上走，能往哪里走呢？人的眼睛是向上的，脚尖是向前的，后退比前进更难。退，一时易，久而难。一味地后退，你能退到哪儿呢？总不能退回娘胎里吧？既然退路不是一条理想的路，那就勇往直前；既然万物都向上生长，我们更要努力向上。

跟上，别掉队

没有什么不可以突破
只要你心中有一团火
前路没有什么可阻挡
若你眼中有向上的光

跟着大部队一起向前走
沿途有许多志同的朋友
奋力拼搏吧，莫回头
掉队，才会真正的孤独

2021年5月8日

驿动的心

本季网络上最流行的一篇文章是杨绛先生的“一百岁感言”，也有人说这篇文章不是杨绛先生写的。到底是谁写的，我没有去考证。不管是谁写的，不影响我阅读这篇文章，并从中获得启示。这篇文章令我最有感触的一句话是：“我们曾如此渴望命运的波澜，到最后才发现：人生最曼妙的风景，竟是内心的淡定与从容。”

心路是一条漫长艰辛却又充满着魔力魅力的路，只有靠自己慢慢去走，慢慢去体味去领悟，别人无法替代。

最不喜欢少年老成。因此，我一直对学生说，在不违反法律、不违反社会公德、不违反学校规章制度的情况下，尽情地挥洒青春，青春洒过汗水，人生才不会苍白。我不相信没有经历过波澜的人会真正地从容淡定。这篇文章前面的那句话很耐人寻味：曾经如此渴望命运的波澜。没有渴望波澜，人生不会有波澜；没有波澜的人生，内心不会淡定与从容。即便淡定与从容了，你也不知道：这就是淡定与从容啊，怎么我没觉得，我只觉得好无聊。

不久前，一位宁波籍在北京定居的女士说，她建议她的侄女报考宁波本地高校，女孩子在宁波本地，会得到很多的照顾，不用那么辛苦。因为她在北京独自打拼，吃过的苦和受过的委屈实在太多太多了，不想再让晚辈去承受。她说：“到头来发现平平淡淡才是真。我身边很多朋友，生意做得很好，很有钱，也有社会地位，却没有了身体，甚至有的没有了生命。我也是拼得太厉害了，身体透支得很严重。现在我觉得没有什么比身体更重要。”

我说：“我不认同你的这个观点。身体的确很重要，但是，不能说年轻人为了保住好身体就不拼了。如果你从来没有这样拼过，你就不会有平平淡淡才是真的这种感悟。你现在可以平淡下来，因为你拼过、苦过、累过，也享受过、爱过、被爱过、富有过，我相信也可能被背叛过、伤过，所以该经历的你都经历了。从来没有拼过的人生，一直都是平平淡淡的，五十岁之后，没有什么故事可以讲，没有深刻的人生感悟。你和你的那些从来没有这样拼过的同学、朋友比照一下看看，他们是不是有你现在的这种从容淡定、智慧优雅、大气自信？肯定没有，经历过风雨的人，是不一样的。还是要感恩这段经历，成就了现在的你。不能因为你在北京打拼很累，就不让孩子走出宁波。她的人生，她得尝试，她也得去拼，才有意义，人生才会丰盈。”

她承认，经历了暴风骤雨的她，在关键时期，和很多身边的女人思考问题的视角和方式不一样。

她在北京有了一番事业，正在着手做另一番事业。五十岁了，还准备再次创业。自己这么拼，怎么能不让晚辈拼呢？晚辈的人生应该让晚辈自己去选择。

小小的我们来到这个奇妙的世界是多么奇妙的事，内心世界不经历点什么，怎么对得起自己呢？即便不能成就什么，也可以让自己内心过得波澜壮阔，精彩不断。学业不能精彩你，事业可以；事业不能精彩你，爱情可以；爱情不能精彩你，山水可以；山水不能精彩你，心情可以；岁月不能精彩你，诗情可以；容颜不能精彩你，内涵可以；外面世界不能精彩你，自己可以……大千世界总有一样让你精彩，你也一定有某种特质精彩这个世界。

没有波澜的人生，总会少点什么，多少有点苍白感、虚无感和缺憾感。大多数人都是不甘于平淡的，内心多少有些波澜，只是因为胆怯，因为懒惰，或因为瞻前顾后，很多人才会表面装作无所谓，才会用知足常乐来安抚自己。

生命的原动力促使我们去拼，社会进步激发我们去搏。想要的就要勇敢地去追求，哪怕摔得头破血流；想追逐的就要不断求索，哪怕前路荆棘密布。所谓波澜人生，就是在伤痛中品味欢乐，在苦闷中丰富内心，在孤寂中深刻灵魂。我们不要在能蹦能跳能跑时就太过淡定与从容，否则当哪天拄着拐杖、坐在轮椅上时就不会从容与淡定了。

让驿动的心飞扬起来，这是一个美好的世界，也是一个公平的世界。你怎么看这个世界，她怎么看你；你美化她，她美化你；你善待她，她善待你；你波澜她，她波澜你；你精彩她，她精彩你。我最喜欢这篇文章最后一段的前几句话："一个人经过不同程度的锻炼，就获得不同程度的修养、不同程度的效益。好比香料，捣得越碎，磨得越细，香得愈浓烈"。人生要研磨、要鼓捣才会丰富，才会芬芳。

2013年8月5日

和谁做朋友

朋友是我们的空气，是我们的阳光，是我们的花香，是我们人生中不可或缺的陪伴，尤其对年轻人，朋友在成长的某一个时期，比父母更亲密。在校园里，不管是看到三三两两的学生在一起走路，还是看到成群结队的学生在一起跑步，我都觉得特别温暖、特别美好、特别青春。

遗憾的是，即使是朋友，也不只有美好。

为情所伤，是年轻人的一大苦恼。有的学生说，她的朋友不理她了，她很伤心难过；他的朋友把他出卖了，他很愤怒。到底该和谁做朋友呢？

我觉得可以和两种人做朋友。第一种是对你完全敞开心扉的人，他让你时刻嗅到花蕊的芳菲，你们相处时，你轻松愉快如一只蝴蝶翩翩飞。第二种是比你站得高望得远的人，他时时引领你向上向前，成为你人生的导师。如果这两种集在一个人身上，那就是你的幸运。

如果这两种人没有遇到，也不要和把你往下拉的人在一起。长期低头弯腰，陪别人走路，会缺氧、会头晕、会恶心，甚至会窒息。让你平视的人，使你看得远，可以愉快地和他一起走得很远；令你仰视的人，让你昂首挺胸，精神抖擞，激情飞扬，你得时时蹦一蹦跳一跳，才能跟上他。

“近朱者赤，近墨者黑。”有一位学生回忆说他在高三时，和一位成绩好的同学同桌，这位同桌对他影响非常大，让从来不愿意学习的他开始热爱学习。他感叹，如果早两年认识他，他可能会考上本科学校。

做事从来不累人。8小时不够，用10小时；10小时不够，用12小时；

12小时还不够，用15小时。5天不够，用6天；6天不够，用满每周的7天。有这种态度，总能把事情做好。

让你累的，只有两种情况。第一种情况是你自己的负能量太多；第二种情况是没能远离消耗你的人。

其实，和谁做朋友，不是你刻意选择的结果，而是由你的人格和心气决定的。要想交到优秀的朋友，必须自己足够优秀，最少有做优秀的潜质。

你是积极的，你就喜欢向上的人，你们相互激励，相互促进提升；你是灰暗的，你就靠近悲观的人，你们同病相怜，相互取暖；你是庸俗的，你就认可世俗的人，你们对物质世界有着共同的追求；你是纯洁的，你就与高尚的人为友，你们有共同的审美和品趣。

有相似的成长经历，有相似的内涵，有相同的文化素养，有相同的品趣，有相同的审美，才会心有灵犀一点通，才能有共同的心灵语言，从而成为朋友，成为知音。

朋友是一面镜子，可以照见你自己；朋友是一本书，相处越久受益越多；朋友是一杯香槟酒，让你愉悦欢欣。多与真诚善良、积极向上的人为友吧，他会让你变得更加优秀；多与喜欢读书、热爱学习的人为朋吧，他会让你更加有情趣、更加有乐趣。

2019年4月22日

想做服务业

感冒半个多月了，一直没有完全好。精神状态不太好，走路时，脚像踩棉花般无力。但是，想起昨天见到的一位女创业者，她的腰杆笔挺，走路时，纤细的身体随着高跟鞋一起一伏的，特别优雅，我马上又抬头挺胸，学着她走路的样子。

来到教室，我对第一排学生说："你们都坐到后面去，我感冒了，尽管是尾期，还是注意一点好。"

有两位女生坚持要坐在第一排，她们说不担心感染上感冒。她们分别来自内蒙古和河北。

离上课还有五十分钟，我们闲聊起来。下课后，接着聊。

来自内蒙古的同学说，毕业后她不准备回内蒙古工作，以后就留在浙江。她的小姑妈在浙江一所大学当老师，工作很出色。她来宁波上大学，也是因为这位姑妈的缘故。她爸妈也希望她留在浙江发展。

我问："你将来准备从事什么工作？"

她说："服务业。"

"什么样的服务业？"

"当店员、前台、酒店服务员之类的。"

"你喜欢和人打交道？"

"是的，尽管和人打交道有时也会累，但是，我还是很喜欢。"

我说："我也喜欢和人打交道。和人打交道，有时的确会烦会累，但是，绝大多数人，都会教给我们一些做人做事的道理，给予我们正能量。和人打交道越多，人会变得越来越开放，越来越包容，也会越来越优秀。”

从聊天看，学生对服务业的认知还停留在很肤浅的层面，不过，这不要紧。对自我有较好的认知，知道自己喜欢什么样的工作，预判未来工作中有困难，还一如既往地喜欢，这才是最重要的。

我说：“做服务业的第一件事，就是和人建立联系，加强感情，了解别人，也让别人了解你。所以，今天第一步，先加我微信。”

她们拿出手机，加我微信。

我说：“加微信，有讲究。一般晚辈扫长辈、下级扫上级的微信，加了以后，先问好，然后把自己的姓名、电话号码发给对方。以防时间长了，对方忘了你的姓名。”

加了微信后，我一看她俩的个性签名，一个是：“死了，就可以圈进来”，另一个是“打不赢就跑”。

我说：“这样的个性签名不好。在个性签名中，哪能说死、圈、打、赢和跑，这些词都太偏激、太消极、太激愤，说明你们还不懂得经营自己的公众形象，还没有做服务业的意识。它们也没有突出你们的个性，只是一句标语而已。

个性签名，说是展示自己的个性，但是，是向朋友圈中所有人展示自己、宣传自己。所以，个性签名既要反映自身的个性特征，又要有正能量。让人一看，你就是一位阳光向上的人，这样，大家都愿意成为你的朋友。特别地，如果要做服务业，更要全方位地向人们展示自己，微信头像、背景墙照片、个性签名，发到朋友圈中的信息，都不能随性而为，想怎么样就怎么样。因为一旦使用微信这个社交工具，就不再只是私密的事，而是小小的公众人物，要维护好自己的公众形象。不要任性，这会儿生气了，在朋友圈里发泄一番，再过一会儿，又开怀大笑。既要将真实的自己展现出来，又要保持一贯的稳定个性，还要以青春活力感染别人，带动别人。”

她俩意识到她们的个性签名确实有问题，后来分别改为‘越努力，越幸运’‘清澈的爱只为有你’。

其实，这些话，我上课时已经讲过，学生不一定认真听了。一对一、一对俩，面对面，她们就会听得更认真。

我接着说：“要做服务业，不要只想着做前台、酒店餐饮的服务员，尽量做有专业技能的服务业，比如咨询、行政管理、人力资源等。刚就业入职，不要把行业定得太狭窄，不要把岗位定得太低端，以后往上走，就会很难。起点定高一些，找那种能学很多知识和技能的服务业，将来知识结构会全面一些，工作能力将得到全面锻炼。”

2022 年 6 月 1 日

去试试吧

我经常和学生讲要这样，不要那样，感觉我好像很说教很保守。

其实在机会面前，在决策的时候，在行动的时候，我一直鼓励学生大胆地去尝试。我经常对自己说的一句话就是：试试吧，管它呢，没准成功了呢。

挑战杯比赛，学生报名很晚，离截止日期只有几天了，学生有些心慌。我说：“怕什么呢？尽最大努力去做，获奖了，开心；没有获奖，通过这几天高强度的工作，学到了很多知识与技能，为明年参赛做准备，这不也值了吗？”

学生想要收购即将毕业同学的书卖给在校的同学，我说：“从创业角度看，这个项目不是朝阳行业，因为电子书在年轻人当中很流行，纸质书的市场规模在缩小。但是，作为学生，在没有多少成本和风险的情况下，可以锻炼一下自己的能力，值得去尝试。”

有学生要申请当班助，感觉竞争太激烈了，寝室的同学、班上的同学，已经有好几个人在申请，怕申请不上，不敢去竞争。我说：“这有什么顾虑的呢？这么乐于助学弟学妹的事情，想去就去，不就是写一份申请，参加面试吗？大不了，锻炼一下自己的能力、磨炼一下自己的勇气，做学生不就是要做各种尝试吗？大胆地去报名，去竞选。不去，会后悔，会遗憾。”

有学生说：“寝室同学喜欢一起玩游戏，喜欢八卦谈论别人，我想坚持做自己，但是，又怕被孤立。”

我说：“支持你坚持做自己。”

不违法、不违纪、不违背社会道德、不影响学习、有利于成长的事情，想做就做，有机会就去做。

在与学生深入交流中，我发现一些学生想得很多，在做一件事之前，反复想要不要做、要不要参加，犹豫不决，患得患失，很注重结果，生怕失败了，被别人嘲笑。其实，这是不自信、缺乏勇气的表现。

年轻人在成长过程中，一方面雄心勃勃、信心满满、跃跃欲试，一方面又瞻前顾后、忧心忡忡，担心失败，这是很正常的现象，因为他们的内心还不够强大，不足以支撑起雄心壮志。

所以，我们要给学生打气，做他们强大的精神支柱，鼓励他们大胆去做。告诉他们：不做，怎么会知道结果呢？只有放开手脚去做，才知道自己到底有多大的能力，没准全心投入后，把自己的潜能发挥出来了，连自己都不敢相信在这么短的时间里，有这么快的进步与成长呢。世界上那么多的发明、那么多的创新、那么多的突破，无一不是在有人敢吃螃蟹的基础上完成的；浙江人锐意创新、勇立潮头、敢为天下先，激活了浙江经济，铸就了浙商精神；我们从怀抱的婴儿到学会走路，到在大学独立地生活，每一步，也都是尝试出来的结果。

既然是学生，一切工作都应以学为主。如果不用学就会，一比赛就拿奖，一创业就挣钱，那就不用当学生了。尝试是学的基础与前提，看尽千帆不如自己去划一叶小船，更能懂得茫茫大海的秘密、中流击水的技巧、浪遏飞舟的畅快。

生活中我是一个很谨慎很胆小、缺乏安全感的人，但我有超强的好奇心，新鲜事物出现时，我总想去探究一下是怎么回事；平时我也超级懒，一件事，只要有人做我就不做，但是，一旦别人遇到困难，做不下去了，我心中就会涌出一股冲动：要不，我来试试吧。昨天，我还对一位毕业多年的学生说，我之所以能做成一件事，不是因为聪明、不是因为基础好、不是因为特别想要，而是我想得很少，我就凭感觉去判断，觉得这事不错，我去试试。结果，大部分时候都试成功了。我也曾经和学生说，有这么多纠结的时间和精力，早就把事情做好了。

在做一件事之前，人人都会对结果有期待；只要付出了，就会期待有一个好的结果。关键是，只有去尝试，才会有结果。所谓无悔的人生，就是每一次想做什么时，马上去做，不让自己有太多的遗憾。你是学生，凡事都以学和习为重点，失败了，除了心理要承受挫败感以外，几乎没有其他的任何损失。而承受挫败感，不仅不是损失，还是人生的必修课、内心强大的必经之路。这么有赚不赔的事，大胆地去做吧。

2022 年 6 月 17 日

如何防诈骗

骗子喜欢骗大学生，特别喜欢盯上大一的新生。新生刚进入大学，生活和社会经验不足，手上又有生活费，很容易被骗子盯上。

我班新生刚入学，就有好几位同学收到了骗子的信息，骗子说："我把钱转到你的卡上，然后，你帮我用微信转给朋友，行吗？"

有一位学生说："也行，也不行，你叫我一声爷爷，叫了，我肯定帮你。"

骗子气得把他大骂一顿。

学生有些得意，他把聊天记录截图发到班级群。

还有一位女生也很得意地说，她逗骗子，骗子气得把她拉黑了。

我说："不要出于好奇心和骗子闲聊。只要你开口，无论你说什么，你就和他们链接上了。总有一天，他会找到你的漏洞，突破你的防线。你和他聊，说明你对他感兴趣，这次你拒绝了他，下次他找别人来撩你。骗子不是一个人，是一个很大的团伙。你想想，为什么专骗你们新生，不骗我们这些社会人？他怎么知道你们的信息？你再看看骗子打来的电话，上海来的电话，你摁掉了，山东的电话紧跟着来了，你再摁掉，接着河北的电话来了，几乎是无缝对接。陌生人的信息不要添加，理都不要理他，他就没有空子钻。一些上当的人，最初也只是以为好玩，以为骗子智商低，自己智商高，骗子骗不了自己，结果就栽进去了。"

一些骗子是专职人员，他们无孔不入。大学生思想单纯，没有什么社会阅历，如果出于好奇，很容易被骗。所以，在骗子面前，好奇心不要有。不要太相信自己的智商，有时候，人糊涂起来与智商没有关系。因为，你可能有情绪低落的时候、有沮丧郁闷的时候、有睡意蒙胧的时候，这些时候意志力比较薄弱，可能会被骗子乘虚而入。如果完全不理他，他就毫无办法。有逗骗子玩的好奇心，用来学习、用来交朋友，多好。

要坚信天上不会掉馅饼。骗子之所以能骗到人，就是利用一些人有占便宜的心理。好几年前，有两位新生，刚入校不久，到一个商业圈逛街，被一个免费美容的广告迷惑了心智。结果，把脸弄得通红不能见人，把身上所有的钱都掏光了店家还说钱不够，要找她们的麻烦。骗子用免费、中奖、返现之类的小利小惠做诱饵，引人一步步上钩，然后钓大鱼。没有贪图之心，就不会有上当受骗之累。

要善于识破骗子的骗局。学校到处有宣传，班会经常讲，要求学生下载防骗App，派出所到班级宣讲，学校的工作做得很全面到位，关键在于学生自己的学习与警觉。诈骗案例集要认真看认真学，要善于识破骗子设计了哪些骗局、挖了哪些坑和陷阱，遇到相似情景，马上警觉。凡是陌生人，涉及钱的信息一律忽略；凡是陌生人，涉及钱的电话一律挂掉；凡是涉及快递、银行卡之类的，不是官方的信息，都不要理睬。现在快递、银行卡之类的，都有官方联系方式，很容易直接联系到客服，不要轻信陌生人打来的电话或发来的信息；陌生人的QQ、微信不要轻易添加。骗子再高明，还是骗子，做贼心虚。只要你不理他，他就不能把你怎么样。

对于辅导员、班主任，仅仅宣传防诈骗还不够。要总结找规律，发现哪些学生容易上当受骗，为什么会上当受骗。从心理学角度讲，缺乏关爱的学生，上当受骗的概率要高一些。所以，班主任和辅导员要更多地关心学生，对于一些贫困的学生、缺乏父母关爱的学生，多给予关心和爱护，走到他们的心里，去帮助他们。

2021年9月29日

哪里都不好混

前天，在上海工作的一位毕业生发信息给我："胡老师啊，你说的话都慢慢印证了，在上海不容易混啊。"

他是我在招生的时候认识的一位学生，最后没有来我校，但我们之间一直保持联系与互动。他有困惑时，总是想到我。

之前，他要去上海工作，我建议他留在二线城市。他家境不好，又是专科生，在上海生活压力会很大。今年七月，他要创业做教育培训，我建议他要沉淀，要审时度势，不要做。

我说："在哪儿都不好混，大城市更难。社会和学校不一样，刚毕业参加工作，在哪儿都可能有失望感、失落感。"

他说："我最近失望挺大的，私营企业可能更适合我。"

我说："优秀毕业生，刚走向社会，往往期望值很高，所以失望更大，这也正常。私营企业你没有呆过，未必就适合你。"

他说："我就觉得我不能太过安逸，这样人会懒掉。我现在很讨厌我自己，恨自己没有大学时那样拼了。整天做那种不动脑子的活，我不喜欢，我会崩溃。同时，我觉得对自己要求高一点，周围的人也会水准高一点。"

我说："你看看你周围的那些同事，他们安逸吗？在上海能立足的人，哪一个不拼？你看看你身边的那些伙伴，他们不动脑子吗？每一个人都在思考，怎么工作得更有效率更有成就，每一个都很有智慧。只不过，他们学会了沉淀，学会了安静，学会了坚韧坚守。你的这份工作挺好，可以学到很多东西，只要你愿意钻研，就会发现一些技术上的问题，进行创新。关键是现在要适应这份工作，要学习再学习、沉淀再沉淀。”

在国企想着民企好，民企的很多人想进国企进不了。职院的毕业生，能进上海央企很不错了。刚入职时，待遇比民企高得多，而他当下也需要解决经济问题，养活自己，还能适当帮助父母。

他说：“我的终极目标是把家安在杭州，如果工作能调到杭州，我最满意。但是，杭州学校如果给我留机会，我也乐意。他们说只要我松口，他们会帮我。”

“杭州学校给你留机会？”我听得一头雾水。

我说：“你从前到后，只谈感受，没谈具体问题，这样没有办法解决问题。并且你一会儿说上海、一会儿谈杭州；一会儿说要去私企，一会儿又说要回到学校。我没明白怎么回事。你把基本情况介绍一下，现在工作到底是怎样的情况，你又有什么打算？”

他说：“我也说不上来有什么问题，但是，我感受到在单位里面看到的东西审美与外界有点脱节，虽然我家庭条件不好，但是，我很注重品质。就是我想买房子落在杭州，也需要一大笔钱。我现在的单位也挺好，给了我编制，给了我薪水，也很好，但是，我感觉体现不出我的价值，周围人的审美也有点与当今社会脱节，我很害怕这一点，我不想落伍这个社会。杭州的老师说，我有需要帮助时，及时和他们说。总的来说，我现在搞不清楚自己的定位，东一榔头西一棒子，还没有静下心来。可能还是太轻狂了。而且实习期工资也很低，我不想向家里拿钱，钱也是一回事。我喜欢和你说，因为你每次总能击中要害，让我有努力的方向。”

我说：“你今天说话很情绪化很冲动。从你说话来看，目前心态比较浮躁，没有静下来，没有找到方向，太急了。社会不像学校，在学校，你很努力学习一门功课，这门课程成绩可能就会很好；你努力学习一年，就可能获得奖学金。在社会上，一件事做了三五年，可能没有什么成效；做了十年，才可能有一点成绩。在社会上评价一个人，要看综合能力与素质。刚出社会，不要急于否定工作单位，否定周围的人。如果深入其中你会发现，身边每一个人为了生活，都有三头六臂，都很拼，很有智慧。央企里人才济济，绝大多数人都很优秀，要多看别人优点和长处，多向他们学习，全方位学习，要沉淀要积累。不但要拼基础、拼智商，还要拼情商、逆商和财商。”

他说：“嗯嗯，我也感受到了，今天很语无伦次，胡老师让我静静，我自己理理，明后天我和你说。”

这是我们对话的原文，只是我给他的一些话加上了标点符号。这位学生做事很认真，但是，在和我聊天中，有的标点符号都没有。可见他此时的心有多浮躁，也有多焦虑。刚毕业大学生，走出社会，遇到问题，都是正常的；没有遇到问题，是不可能的。关键在于要善于认识问题，分清自己的问题与社会问题。大多数工作都单调，都在重复，但是单调不等于单一，重复不等于循环。我们就是在无数次地重复做同一项工作中发现问题、改进创新。大多数人都是普通人，都只是认真工作简单生活，但是，就是这些普通人，就是这样简单的工作和生活，其中有许多的智慧。从我对周围所有人的观察来看，几乎每一个人都有我可以学习的地方。他们为了生活，有许多人生大智慧，让我敬畏。

当一个人决定要做什么时，听不进别人的建议。但我仍然会说出自己的想法，因为这个时候他听不进去，若干天，若干年后，他就会想起，就会对他有启示。就像暑假时，我劝他不要从事教育培训行业一样，那时，他不听我的。“双减”政策他都不顾，我的建议他怎么会听呢？后来做的过程中，他想起了我的话。

其实，我给学生建议时，并不要求学生一定要按我说的去做。从内心来说，我更希望学生忠于自己的内心，做自己想做的事。只有做了，才会有体验；只有体验了，才会成长与进步。只是我会告诉学生，在做的过程中，要去发现自己、了解社会，不要仅仅局限于评价周围人和事的对与错、好与坏，而是要去观察、去发现、去思考、去反省、去学习。

2021年10月1日

为什么不优秀了

我刚在朋友圈发了一条信息。

我一直关注关心的一位省优秀毕业生，今年刚毕业，要开一家教育培训机构，就融资问题征求我的意见。我建议他不要做，国家正在大力整治教育培训行业，这个行业现在不是创业者的选择。另外，我建议他要沉淀。他不听，仍然一头钻进去。

这条信息，引起了热评，各界人士都非常认同我的观点，尤其是企业人士。

为什么这么多社会人士认同我的观点呢？

因为他们是过来人，知道人生路是怎么走出来的，知道创业路是怎么走出来的，哪些行业可以做，哪些行业不可以做。

我不是说大学生毕业不可以创业。有一些大学生，在校期间创业也成功了。但是，这只是凤毛麟角，绝大部分大学生创业都以失败告终。创业，要看什么人什么时候做什么项目，在国家整治教育培训行业的背景下，教育培训行业的龙头企业新东方、学而思活下去都很难。“明知山有虎，偏向虎山行”，还不听劝告，我怎能不扼腕叹息？

这让我思考一个问题：为什么一些优秀毕业生到社会后就不优秀了？是学校培养学生有问题，还是学生本身有问题，抑或是社会有问题？

社会肯定没有问题。社会遵循优胜劣汰法则，不管是谁，在市场上都要遵循这个法则，社会也就成了检验学校教育和个人学习与成长的标准。

那么学校呢，有问题吗？总体上，学校教育是积极向好的、是成功的，为国家输送了大量的优秀人才，为社会发展作出了巨大的贡献。但是，学校教育也有一些需要改进的地方。学校发展非常快，市场发展得更快。学校在某些方面滞后于市场。学校目前仍然普遍重视对学生学习成绩的考核，对规定动作的考核，轻视了对学生综合素质的培养，轻视了对学生思辨能力的培养，忽视了引导学生对自我的认知、对社会的认知。所以，习近平总书记提出，培养德智体美劳全面发展的社会主义建设者和接班人，具有十分重要的意义。

这些优秀毕业生，自身有问题吗？在学校期间，他们真的特别优秀，很努力，很拼搏，很积极向上，我就经常为他们所感动。觉得自己大学期间不如他们，一半都不如，甚至十分之一都不如。大学期间，我没有获得过任何荣誉，没有当过任何干部，没有主动参加过任何一场活动，没有自学过任何知识，也没有看过社科类的书，还没有交几个朋友，纯粹一个学渣。所以，对现在的优秀大学生，我很尊重他们、很敬佩他们，觉得他们比那时的我勤奋、成熟、懂事、积极向上。

但是，却有一部分优秀毕业生比较功利。为了考核而学习，为了拿先进而先进，为了优秀而优秀。还要一些优秀毕业生，想要的太多了。我上面提到的那位省级优秀毕业生，获得的荣誉非常多，参加的活动也非常多，画画、唱歌、朗诵、社会实践、竞赛，感觉每样他都参加了。在他报考高考志愿前，我就向他建议过，在大学期间，只需要参加一个社团、担任一个学生干部就足够，不要把自己弄得很累，专心做一件事，做实做精。他认为我说得有道理，也觉得在职高时期因为参加活动太多了，自己筋疲力尽，疲于应付很多工作，有些事没有做好，留有遗憾。显然，上大学后，他依然没有改变这一点。俞敏洪建议大学生要多看书、多交朋友、多走向大自然，有可能，还要谈一场恋爱。我也这样认为。

大多数优秀毕业生毕业后仍然优秀，许多学霸在各行各业出类拔萃，因为他们的优秀品质已经养成了。但是，也有一些优秀毕业生找工作时就开始碰壁。他们倾向攀高，还习惯把社会当学校，把工作当学习，把同事当同学，缺乏弹性，缺乏韧性，受不得委屈。一些在学校很爱学习的学生，走向社会后就不学习了，认为学习生涯结束了，终于可以解放了。从此工作就是工作，与学习无关。所以，有些优秀毕业生到社会后，反而变得平庸了。

相反，一些在学校表现一般的学生，工作后表现非常出色。首先，走进社会后，他们期望值不高，能低下头找工作，能弯下腰做事；其次，他们弹性好，能接受在工作中受到的挫折与批评；再次，他们体会到，原来在学校时老师讲的都是对的，后悔当初没有好好学习。所以，在工作中，更加珍惜时光和机会，努力学习，发奋图强。

无论在学校多么优秀，到了社会后，全面清零，从零做起。社会比学校复杂百倍不止，要学的东西多千倍不止。在学校能拿到优秀成绩，是因为你善于学习学科知识；你在学生会当干部，是因为你管理的、服务的都是学生；你在学校之所以能拿到那么多荣誉，是因为你适应学校的评价体系；你在学校优秀，是因为圈子就那么大，并且基本上都是同龄人。社会是一个大舞台，什么人都有。比你优秀的能干的人多太多，不确定的因素太多。获得社会认可，不像在学校那么容易。在学校一年就可以获得先进和奖学金，在社会上可能要沉下去十年，才能取得一点点小小的成绩。

当然，我绝不是说，学生在学校优秀，爱学习、拿荣誉不好，只是觉得应该把优秀放到更大更广更久的空间里去。能在学校做优秀毕业生很不容易，有许多优质品质；参加工作后，要继续发扬原来的优势，保持原来优秀的品质，还要尽快弥补短板，坚持终身学习。

总之，无论优秀毕业生还是普通毕业生，无论校内校外，踏实一点、务实一点、眼光放远一点。从出校门那天起，做好当一辈子社会学生的准备。

从小学生做起吧，现在，我就是你在社会上的小学同学。让我们一起学习，共同成长。

2021 年 9 月 4 日

学会照顾自己

这学期，每每寒流一来，我班就有四五位学生感冒发烧、头痛发热、肚子痛。尽管感冒的学生都戴口罩，但是，同寝室里还是有相互交叉传染。平行班的另一位班主任也觉得奇怪，她班总有好几位学生感冒发烧生病，我任课的另两个班同学却几乎没有感冒发烧的。这两个班，一个是大三的学生，一个全是浙江本地的学生，他们已经适应了宁波冬季又湿又冷的气候。

学生生病症状排在第二的是：胃痛、肚子痛、拉肚子。这学期时时有学生为此请假。一些学生喜欢叫外卖，把外卖从校门口拿到寝室，这么远的路程，热菜也变冷了，熟饭也变硬了。一些学生生活没有规律，不按时吃饭，饱一餐饿一顿，该吃的时候不吃，饿的时候吃些零食打发；还有的同学，平时随便吃，到周末就补偿式的暴食暴饮。另外，受寒也是造成肚子痛、胃痛的一个重要原因。

第三种情况，在我以前所带的班级中很少发生，却在现在这个班频繁出现，那就是好几位同学，运动时、上下楼梯时把脚扭伤了。有一个星期，班上有三位同学腿脚受伤。上周，又有一位女同学在寝室跳绳时把脚扭伤了。

因为痛经请病假的女生也不少，她们一般在体育课或晚上的选修课时请假。

我带的这届学生中，大多数学生来自浙江省外，他们习惯按照家乡的气候穿衣保暖。看到宁波的气温比他家乡同期气温要高三五度，就以为宁波气候温和甚至暖和。每次寒潮来前，我都在上课前或在班级群里提醒他们，一定要多穿一些衣服，最好穿一件带毛绒的衣服，因为宁波靠近海边，一到冬天又湿又冷，气温看起来不低，却冷得刺骨。我说："我初来宁波的那半年，因为没有车，每天早上7：00左右在公交站等公交车，寒风刺骨，湿气内浸。我穿着长款羽绒服，肚子还是胀痛了半年。肚子不是大胀大痛，而是悠悠地胀悠悠地痛。我也是后来才知道，这是受凉受寒了。我原来在湖北，冬天从来不穿羽绒服。"

今天，我再次唠叨："最近班上生病请假的同学很多，大家要照顾好自己，要保暖，要按时吃饭，要有规律地吃饭与运动；晚上要用热水泡脚，天气好时，多开窗通风；不要只是为了阳光长跑打卡而跑步，平时要加强运动。"

一入秋，我就提醒同学，不管男生还是女生，上身穿一件紧身背心，防止冷风钻进身子里，伤了背心和胸口。起初，他们不听我的，仍然要酷要漂亮，男生就穿一件宽松的打底衫再套一件卫衣；有的女生穿着薄裙，露着长腿，或者穿着有破洞的牛仔裤。后来，他们经历了感冒，看到班上感冒的同学多了，才认为我说得有道理，开始信我了，穿起了毛衣和羽绒服。但是，仍有一些学生还是穿得很少。这几天，班长感冒发烧很严重，难受了好几天，仍然穿一件T恤，一件外套敞开着。

学生刚上大学，获得了从来没有过的那么多可以自由支配的时间，心情像小鸟一样。上下楼梯，像小鸟一样地飞；在运动场，像小鸟一样地跑。这原是很好的状态，却因为不懂得在运动时、走路时保护自己而受了伤。这届学生特别爱运动，在寝室里呆不住，一有时间就到运动场上打球，有好几位同学天天打篮球、打羽毛球，跑步的同学更多。

很多学生都是第一次离开家，还有一些学生第一次住在学校集体宿舍里。他们从小被爷爷奶奶、外公外婆和父母关照着、宠爱着，吃什么穿什么都有人安排好。上大学后，生活上都要靠自己，他们还没有学会照顾自己。幸而，学校是一个大集体，老师会教学生怎样照顾自己、保护自己，同学们之间可以相互学习、相互帮助、相互照顾。

我反复向学生讲，我们来到浙江宁波，要全方位地学习宁波、学习浙江，包括浙江的文化传统、风俗习惯、工作方式，特别是诚信互助共赢拼搏的浙商精神。因为以前班上绝大多数同学都是浙江本省的，生活方面讲得少。今年，我特别强调，无论穿衣、吃饭、睡觉、还是运动，都不能太任性，管理好自己的生活，就是管理好自己的人生。照顾好自己，学会生活，是人生必修课，也是大学里很重要的一课，是独立的表现，也是独立的必须，还是学习其他方面的基础和保障。

2021 年 12 月 24 日

我想要一直美好

晚上上完三节课后，上学期的一位课代表和我聊了几句。他学分够了，没有选我这门课。听说我在上课，他就来教室听课。之前，我们也简单地聊了一些关于他工作的情况。回到家后，我就给他留言，开导他，他给我发了下面一大段话：

“胡老师，你能不能对我的感情和迷茫的道路进行指点，因为这一段时间我在各个方面都感觉力不从心，从来没有这么无助过。在感情上也已经感觉到了，她对我态度的一个变化，不愿意多打一个字，也不愿意和我沟通交流。

我想问问你，恋爱中应该怎样保持住彼此相爱，来更好地经营这一段感情。因为老师，你之前不是说要开恋爱心理学这一门课程嘛，我就很想要你给我一点建议。还有，老师，希望你以一个过来人的身份给我建议。

上周，我和她分手了。那天，我们聊了很久很久。她说我已经没有之前那么自信，眼神中没有充满光，不能吸引她了。她说，我改变了很多，她没有这么喜欢了。

我也明白我这个暑假真的改变了很多很多。这个暑假我去了不熟悉的地方上班，因为我想去一个没有父母、没有朋友、没有老师帮助我的地方，只依靠自己的能力去赚钱，看看我有几斤几两。所以，我去一家新开的瑜伽馆里卖课程，工作内容就是去商场里面卖课程，问号码要微信，遇见人就问，从早上10点到凌晨3点、4点都是常态。在这个艰辛的过程中，唯一支持我的动力就是她，因为我想带她去吃好吃的，玩好玩的。

我只想靠我自己。我家里的条件也不是很好，我妈得了癌症，没有办法做重活。我爸身体不好，也变了，不去干活，人也越来越懒惰。然后，他们经常吵架。我感觉他们的婚姻是不幸福的。所以，我非常渴望也非常珍惜感情。而且，这个女孩也很懂事，很体谅我，她知道我家里经济条件不好，我工作很辛苦，没有向家里拿生活费，出去玩时很为我省钱，我们没有吃过很贵的，没有去玩过很贵的，她老是想着和我AA制。她越这样，我就越感觉对不起她，我一个男生更加应该承担起责任。

我感觉我陷入了越是缺少什么，越想要谈什么的时候，就是钱，因为我想挣很多钱，真正真正地带她好好地去旅游。在暑假时很少和她聊天，因为工作确实很累，她也渐渐地不和我聊天了。然后，两个人的感觉也慢慢地淡了。又因为家里的事情和暑假工的事情，让我产生了一定的自卑。之前在大学里面实在是太顺利了，我想要的目标都已经达到了：一、成为党员；二、成为部门的部长；三、拿到奖学金；四、找一个女朋友，谈一场轰轰烈烈的恋爱。

因此，到了暑假工作的地方就有点飘飘然，我给自己定了一个很高的目标。但是，现实给了我一记响亮的耳光，我的业绩平平，现实的落差感有点大，然后，我发现有钱的客户实在是太有钱了，让我很自卑。我也不知道这个感觉从什么时候来的，就感觉没有以前自信了。所以，就没有吸引她的点了。这就是我感情上的迷茫。

人生道路上的迷茫就是，我看不清我的前途。现在，我的课也少了，有了更多属于自己的时间，我就是没有坚定和明确的目标。我认为我之前的成功都是因为我之前定下了的目标。我想要我就能有，我就会有。现在一旦失去她，我就感觉失去了动力。我已经把她写进了我的规划里面，但是，现在少了她，我感觉我少了动力，少了目标。我想要去专升本，但我又考虑到家庭条件不允许，不想给父母增加负担。如果没上本科的话，可能对我之后想要从事证券行业会有很大的阻碍。我去证券公司了解过，基本上都是要本科毕业的。

我现在就是很迷茫，感觉少了点什么。老师，我明白你说的四十岁之后回忆起来的美好，但我不想只让回忆变得美好，我就要想把美好把握在手中，我想要一直美好下去。我不想留下什么遗憾。”

上面是他的原话，他向我倾诉了这么多。

原来，他不只是工作上的迷茫，还有感情方面的困扰。两者交织在一起，让他很苦闷。

我给他留言：“谁都想现在就握着美好，希望一直美好下去。但是现实是，生活中有许多不美好，有许多挫败和伤痛，我们必须接受这个现实，否则，不但被撞得头破血流，还会一蹶不振，趴在地上爬不起来。

你已经初步体会到，社会和学校不完全一样。在学校很优秀的学生，初到社会上可能什么都不是。这是两个完全不同的评价体系。要将过去在学校的成绩清零，从头开始学起。只要愿意从零开始，认真学、努力做，你迟早还是会成为很优秀的社会人。

如果很想专升本，就要去考。家庭条件不好，只是暂时的。你爸现在精神状态不好，不去上班，等他缓过神来，就会去上班的。曾经有一位我招生时遇见的学生，家庭情况也是这样，他爸颓废了一段时间后就去工作了。专升本，如果考上二本要去，考上三本，学费贵，有办法凑齐，也要去。人生只有这最后一次在本科院校读书的机会了。要珍惜，要克服一切困难去实现梦想。

如果想短期挣很多钱，去证券公司，很难。证券公司压力非常大，销售不好做，淘汰率非常高；如果想去证券公司积累社会资源，再去创业，不现实，因为证券行业的创业门槛很高，普通个人创业机会几乎没有；要想以后创业，就要去创业公司学几年。

你的这位女朋友很善良，很真诚，如果她要分手，那是留不住的。我说大学生谈恋爱，更多的是一种体验，你现在难以接受，但是，以后就能理解了。女生有时比男生更现实、更理性。有些东西需要时间，受伤了，需要时间去疗伤；认识自己和社会也需要时间和阅历。现在除了坦然接受失去了她，没有更好的办法。”

学生的想法和愿望都是美好的，但是社会现实却很骨感，需要教师去引导，尽量让学生对自己有清晰的认知，对社会有所了解。避免盲目冲撞，受了挫折，久久爬不起来。同时，也要鼓励学生，让他们相信，挫败只能暂时的，无论什么时候，都不要放弃学习与努力。只要持续不断地努力与学习，最后，一定会成为优秀的自己。

2021年9月15日

疫情下更要自律

这轮疫情来势汹汹，全国二十多个省市都有疫情，学校三番五次地发通知，要求学生注意防护，尽量不出省不出市。昨天下班后学校再次发通知，并且说，今天会下发班会的具体内容。

我是急性子，没等学校发班会的内容，今天早上上课前，就给全班同学开班会，重申疫情形势的严峻，要求同学们不要请假出省出市，近期尽量少出学校，少购物接收快递，不要点外卖。

上周，有两位同学请假，一位要回杭州医院复查，一位要回湖州探亲，我都没有批假。探亲的这位同学说，她爸让她回家，她就买了回家的票。才开学三周，没有特殊情况，回家做什么呢？别说当前疫情形势严峻，没有疫情，我也不支持学生总是往家里跑。

班会上，我对同学们讲："我们和疫情战斗了八百多天，每个人都懂得疫情防控的重要意义，疫情防控要注意的事项。也因为两年多过去了，有些人在防疫方面有些麻痹了，不时会忘了提醒自己，要注意防范。然而，疫情还在那里，时刻威胁着每一个人。疫情最让人头痛的地方，就是不知道什么人、什么物品上有新冠病毒，等发现时，他就会被隔离，就会有许多人要为之辛苦奋斗。坐火车、坐公交车时，若车上有一位密接者，你就有可能被隔离，还有可能导致你周围的人都被隔离。如果寝室同学、全校同学因为你的任性、你的大意而被隔离，你的心理压力将会非常大。因为你导致许多人生活、学习不方便，并且，还要让许多人因为你去做核酸检测、许多人去给别人做核酸检测，这个成本和代价实在太高了。前年春节前，我计算过500万人的城市，因为疫情全民做核酸检测需要多少时间，为此，我在朋友圈中呼吁大家最好就地过年。

“在关乎国家利益面前，在关于所有人利益面前，我们一定要有大局观、要有敏感性，千万不要任性，想去哪就去哪，想什么时候回家就什么时候回家。一切行动都要有节制、要有约束。疫情让人很郁闷，但是，既然它存在，我们能做的，就是不给国家添乱，不给医护人员、警察、社区、学校的领导、老师和同学添乱。疫情是大家都不希望看到的，但是，通过防疫抗疫，让我们看到了社会主义制度的优越性，我们党的英明决策。这两年多，西方发达国家，很多人死于新冠病毒，很多国家经济停摆，而我国人民生活得很幸福安康，我国的经济增长速度领先世界，这些得益于我们国家的疫情控制得好。是党的英明决策，是无数医护人员和广大中国人民共同奋斗的结果，我们要珍惜这来之不易的战绩。疫情让全国人民心连心、紧密地团结在一起；让我们更加懂得遵守纪律、顾全大局；让我们更加感恩惜福，更加珍爱生命，更加注重健康，更加珍惜亲友，更加具有人类命运共同体的意识。我们作为学生，能做的，就是安安静静地呆在校园内，不要到外面去。正如一些地方的标语：‘你安心在家，就是为防疫作贡献。’

哪里有岁月安好，只不过有人为我们负重而已。昨晚，前湾新区发现一例新冠病毒患者，半夜里政府工作人员、医护人员和警察都开赴前线，他们也都是有家、有孩子、有老人的人，他们很辛苦，他们的家人也付出了很多。我们要向他们致敬，不要给他们添乱添负担。”

这学期，我班有一位苏州的学生，因为疫情在家关了三个星期。他几次问我是否可以回学校，说他特别想回学校，想和同学们在一起，想与大家一起学习与生活。去年下半年，宁波镇海疫情，我班一个寝室的同学在寝室里隔离了14天；今年春节，云南有疫情，我班有同学在家乡做志愿者。

疫情还在，我们还要继续坚守防控政策。不能出校门，在学校里安心学习，周末和同学好好地在校园里走走聊聊、打打球、看看书，努力地学习、简单地生活，这样的状态也很美。

2022年3月15日

寄语毕业班

这学期我担任三个毕业班课程，同时担任一个毕业班班主任。我又开始了惯常的调查：马上要实习了，接着要毕业了，你们实习有什么打算？工作有什么打算？准备在哪儿发展？是留在宁波还是回到家乡，或是到外地？准备在哪个行业发展？目前是否仍在兼职？兼职主要从事哪些工作？是否想过把兼职与实习和未来的工作结合起来？准备专升本吗？你们目前的心态如何？是否迷茫、急躁和焦虑？父母是否要求你们回到他们身边去工作……

从调查情况看，很多学生感到迷茫，不知道未来何去何从。只有不到一半的学生对毕业后的发展意向比较明确。有相当多的学生，听从父母的建议和安排。

这种现象很正常。尽管职院教育面向市场，尽管我们的学生大多在兼职，但是对市场仍然没有充分的了解与认知，没有涉及很深的行业知识、很强的专业技能及复杂的工作关系。

我对学生说："无论怎样，毕业证一定要拿。每个班每年都有没有拿到毕业证的学生，原因多种多样，其中学分没有修满、从业资格证书没有考出来是最主要的原因，还有就是忽略了第二课堂、第三课堂的考核。一进入大三，同学们一定要认真对照人才培养方案，有哪些学分没有挣够，快想办法去补去挣；有哪些操行分不够，赶快寻找机会参加活动，如果因为这个不能毕业太不应该了；另外，还有相当一部分学生，在实习时，不愿意每周写实习周记，嫌麻烦，最后也放弃了学业；同样，也因为实习中有这样那样的问题，总有学生毕业设计没有按时完成。每年都有学生在毕业时放弃毕业证，我们做他工作，找同学劝说他，找他家长说服他，都没有效果，他们固执地不要毕业证，怕麻烦，还说要了也没有用。可是过不了几个月，又回来要毕业证。有的还有机会去补救，而有的就没有机会补救了。不能补救的，只能拿结业证。文凭有没有用？总体来说，肯定有用，不然，那么多人头悬梁锥刺股地读书考大学做什么呢？有文凭去找工作，人家把你当大学生；没有文凭去找工作，人家把你当农民工。这仍是一个重视文凭的社会，就拿我来说吧，就因为文凭低，并且是在高职院校当老师，好多次不受待见呢。我一说自己是大学老师，人家就问我，你是宁波大学的老师吗？仿佛宁波只有宁波大学这所大学。"

听到这里，同学们笑了。

我接着说："尽管我们是职院，但也是大学。有文凭肯定比没有文凭要好得多。再说，你自己都没有毕业，拿个结业证书，将来怎么叫你的孩子认真读书啊，他一句话就呛死你：'你不也没有混到毕业证书吗？'"

同学们又笑了。

"找实习单位，要尽量找自己喜欢的行业，实习是为毕业后工作服务的，最好一开始就能明确喜欢的行业，这样将来无论留在宁波、回到家乡，还是去其他地方，工作起来都会得心应手，前期的业务基础和专业技能都会积累起来。有的学生频繁换实习单位和工作，一年换三五次单位的都有。开放社会，换工作正常，有的企业破产了你不得不换，有的是老板炒你，有的是你炒老板。但是频繁换单位，肯定有自己的问题。刚入职，在宁波一般都是三四千元一个月，这给了年轻毕业生很多选择的空间，他们会想：反正这个工资价格到处都在招人，我何必呆在你这里受气？一旦对老板不满意、对主管不满意，马上拍拍屁股就走了。可是，到了新的单位，又面临着同样的问题，于是，继续拍拍屁股走了。无论哪个单位，刚进去的几个月，专业技能、工作方式、人际关系都停留在表面，很多东西都有待去观察、去学习、去适应。就拿我自己来说，刚到这个学校第一年，觉得好轻松啊。一年后，完全不是这回事，比我原来的学校忙多了。不只是我有这样的感受，好几位调进来的同事都有这样的感受。因为刚进来时，我没有融进这个集体，很多活动、项目我没有参加，别人不了解我，也不邀请我参加。在这所学校的前几年，我过得不很愉快，因为要学习、要适应、要改造自己，甚至要将自身原来的优势去掉，想办法克服自己的劣势与不足。改变自己很难、很痛苦。但是，经过几年阵痛，什么都顺了，适应了职院的管理，熟悉了职院的教学模式。

所以，不要在一个单位一不愉快就想着跑。不要在东海海滩转一圈，又到南海海滩转一圈，到了许多个海滩，转了许多圈，却还没有把双脚泡在海里去试试海水的深浅，还没有到海里去游几圈，试试海水的咸淡。无论在哪里，你都得面临着适应老板、适应主管、适应岗位，学习新的知识和技能，处理好人际关系等方面的问题。单位换多了，心态变得越来越浮躁，稍好一点的公司也不要你。走上社会，不要以为学习结束了，恰恰相反，是更大强度学习的开始。社会上、工作中要学的东西比在大学多得多，专业知识、业务技能、工作态度、工作方式及人际关系都得重新学习。”

当我向学生做调查时，有同学开玩笑说：“迷茫，但不焦虑。”

我笑着说：“那心态太好了。迷茫肯定伴有焦虑。迷茫是正常的，焦虑、急躁、烦恼都是正常的，从稳定安逸的学校马上要走向不确定的社会，从受保护、受爱护走向独立，未来的许多不可预测、不可预知，不知从哪儿开始、如何面对、从哪儿学习，难免会有这样那样的担心、恐慌和忧虑。但是，这是好事，说明我们在直面这个问题，是解决问题的动力。

无论怎样，要静下心来，想想自己到底想做什么，从哪儿做起。一旦认定了，再苦再累，也要挺下去。虚心请教，潜心学习，努力提升自己，迅速实现角色的转变。”

我又啰嗦了这么多。

2016年9月26日

致刚入职的大学生

正值毕业季。

刚入职的大学生如何迅速实现角色转换，融入社会这个大舞台，这是每位毕业生都要面对的问题，也是近期我思考得比较多的一个问题。

大部分学生毕业后，能很快地面对现实，主动融入社会。但是，也有一些学生存在这样那样的问题。

有些刚毕业的大学生，在工作中，不能全心投入工作，不愿意加班，不愿意牺牲周末或晚上。不能吃苦，可以说是工作中最大的问题及许多问题的根源。因为没有吃过苦，工作中有一点忙和累就受不了，借口敷衍或反复离职，有个别学生竟然在一年内换了四五个工作单位。这样跳来跳去，绝不是老板和用人单位的问题；因为没有吃过苦，以为钱好挣，人生好混，所以浮躁；因为没有吃过苦，不懂得人生的艰辛，就不能很好地理解别人和包容别人，工作中不懂得协作，生活中不懂得感恩。有些职场新人，以为得到的都是自己该得的，没有得到的不应该没有得到。等明白了生活原来就是苦中有甜、累中有趣、痛中有欢时，却失去了很多机会，失去了美好的青春。我自己就有岁月蹉跎之遗憾与悔恨。

有的大学生，急于在工作中、社会中表现一番。想表现自己，渴求迅速实现经济独立，体现社会价值，当然是好事，但是，也容易表现为心浮气躁。找工作时对未来不可预知而忐忑不安和慌乱不安，到了工作单位后，发现工作原来不过如此简单，神经马上放松下来，很快滋生了一种想法：工作也不过是如此而已。每天的工作单调循环反复，没有什么难的，比如文员，以为学会了打印、学会了整理资料、学会了接打电话，就什么都学会了。而刚就业的销售人员，一般不会有这种想法。他们没有经验、没有社会资源的积累，起步非常艰难。所以，我认为，我们这个专业刚毕业的大学生，如果能从事市场营销，挺好。

一些年轻人锐气十足，血气方刚，没有韧性，不善于妥协，激情像气球，很容易放飞，也很容易被一枚小小的钉子刺破，产生挫败感。这主要是心浮气傲造成的。在刚工作的前几个月，因为只做一些简单的工作，或者只是做事，没有涉及人际关系中的许多问题，看起来很顺手。单位对新来的大学生一般很少委以重任，多是分配具体工作，只要执行这些任务就可以了。随着入职时间增加，工作业务就会向外扩张，要与更多的人打交道，沟通和协调越来越重要。做事是相对比较容易的事情，把流程和规则学会就可以了。但是，要把事情做得漂亮，却不是那么容易。不是三个月半年能学会，而是五年、十年、三十年都要为之努力。真正做事，除了把事情本身做好外，还要考虑到同事的感受，照顾到别人的感受，为团队着想，为单位整体利益着想，为单位长远发展战略着想。一些年轻人比较自我，较少考虑别人的感受，以为只要我把事情做好了，老板和主管还有什么不满意的？可是，随着业务范围的扩展和工作量的增加，他们的问题马上暴露出来，最突出的问题是人际关系与工作方式。一旦产生了问题，由于急躁、缺乏经验，不懂怎样去解决，只会郁闷或烦躁，将情绪带到工作中，轻者影响自己的心情，重者影响团队。许多员工离职，也是因为人际关系不和谐，工作不愉快才离开的。

一些年轻人习惯把世界分为黑白两种，简单地把人分为好人与坏人，把事情分为非对即错。并且，由于自尊心强、内心敏感及对社会和工作了解的浮浅，总认为自己是对的，别人是错的，不理解别人为什么做事效率这么低，别人说话为什么要那样拐弯，别人为什么不能马上支持或配合他。他较少全盘考虑整个团队、整个机构的运作和协调，只顾追求自己的效率，忽略了一件事可能会牵涉到许多部门、许多人和许多事，需要时间去沟通和协调。

年轻人做事喜欢简单，从A直接到B，中间如果有C和D，他就觉得烦。我总和学生说，为什么很小的公司，老板都要有一个助理。老板谈业务时，只谈意向和框架，合同的拟订、细节都由助理来进行呢？因为老板不能直接对老板，老板话说出口，就没有回旋的余地了。老板与老板之间，要彼此留有余地和面子。如果签订合同中有分歧，老板也多是让助理去处理，而自己只是在后面发出指令。这样就为谈判留有空间，为以后继续合作留有机会。刚入职的年轻人经常不理解，觉得老板出面，一两句话就可以解决，为什么要弄得这么复杂，这么低效。

有些刚入职的大学生，很看重眼前的利益，图眼前的舒适，工资是多少，奖金是多少，税交了多少，福利是多少，这些数据他们很在乎。当然这也是正常现象，要养活自己不容易。但是，只盯着眼前利益的人，必定不能有长远发展战略眼光，久而久之，必定格局低气量小。现在信息发达，有些同学喜欢相互攀比，与同事、与其他单位的朋友相互比较。某某同学公司老板多么好，主管多么好，工资多么高，福利多么好，同事关系多么融洽等等。试问，有哪家公司这样完美？现实是，没有一家公司好混，没有一位老板十全十美，没有一位同事十全十美。老好人的老板，往往是没有领导力、没有经营管理能力的老板，这样的老板只会误了公司、误了员工，不会给员工一个有发展空间的平台。好说话的公司，也一定是长不大的公司。所有伟大的公司，都有严格的管理制度；有实力的老板，都是很理性很有魄力很坚持原则的老板。

人生是公平的，市场是公平的，单位内部迟早也是公平的，你付出多少，最终都会得到相应的回报。不要想着一天走完一辈子的路，不要只盯着眼前的利益和待遇，而要看这家单位能给你什么样的平台，能学到什么样的知识和技能。

年轻人怕吃苦、心浮气躁、容易产生挫败感、盯着眼前的利益、不善于沟通、不能站在别人立场考虑问题，都是正常现象，本杰明·富兰克林和戴尔·卡耐基都曾有年轻气盛的缺点。只不过，他们克服这些缺点只需要很短的时间，只需要经历一两件事就能彻底领悟和改正，而有的人要用十年二十年，甚至有的人用了一辈子，仍在试错仍在犯错。

我一直有一个遗憾，就是在我求学和刚入职的过程中，没有一个人给予我严厉的批评和全面客观的评价。正因为缺乏这样的导师，我走了许多弯路，把最美的年华都虚度了，到现在仍在摸索中，仍在平庸中。所以，我把我的人生经验分享给我的学生、我的儿子，希望他们在这些人生必修课中减少试错成本，尽快找到发展方向，并坚持下去。

2017 年 5 月 30 日

相信未来一定会很好

刚才把我班的贫困生找来聊聊。贫困生里只有一位男生，因为对他很了解，没有让他过来。

女生们分别来自青海、四川、山西、重庆、河南、广西和浙江本省。

有三位女生刚进我办公室时，不敢抬头看我。其中，一位同学脸通红通红，满眼的羞涩；一位来自单亲家庭的女同学，戴着帽子，站在离我最远的地方。

我说："到我的办公室，不用紧张。大学的班主任不像中学的老师，不会告诉你们，要做这个不要做那个，我们很少这样对学生说这些。除了开班会时强调学校纪律外，我们都是探讨式的，大家在一起，就是聊聊，相互了解。你们到我这里来，感到紧张，说明来少了，以后可以经常找我。"

首先，我向他们了解家庭、生活、学习、勤工俭学、兼职等基本情况。

这些同学中，大部分都不是独生子女，还有兄弟姐妹三人、四人的。有三位同学在学校勤工俭学，每天晚上查寝，每周五天。校内勤工俭学比在外面兼职收入要高，并且稳定有保障。

我接着说："你们进来时，都填报了贫困生材料。现在你们对大学比较熟悉了，我想了解你们的生活是否有困难，如果有，我会尽最大努力帮你们。我曾经也是贫困生。大学时，我是我班几个被学校免书费的学生之一，这是那时学校对贫困生的资助。那时，我家里很困难，刚盖房子，我爸砍伤了脚，很久不能走路，我弟弟和妹妹相继结婚。我在大学时，如果不是小姨妈资助，连衣服都没有穿的。那时，不像现在有互联网，有智能手机，穷孩子没有办法获得很多信息，我连电扇开关和电灯开关都没有分清楚。刚入学的那年冬天，我坐在教室前面的墙边，数学老师让我打开灯，我把电扇打开了。三个班的同学一起上课，他们哄堂大笑。那时，我也自卑过，不愿意和同学们一起玩，不愿意参加活动。但是现在，回首那段岁月，也有许多美好。工作后，我调了几个工作单位，几乎到每一个单位，我都是以工作基础最差、经济基础最差的身份入职。2006年来宁波时，相比同事和周围的人，更是如此。但是，通过二十多年持续不断的努力，现在也过得不错。

你们比那时的我，积极努力有见识。你们生长在开放的社会，尽管生活比较困难，但是，接触的社会和信息不比那些家庭条件好的同学少，并且，现在国家和学校对贫困生的资助力度非常大。大家还可以通过勤工俭学、兼职挣生活费。现在，经济困难，却有许多机会，让你们做出一些改变。

如果毕业前，你们想考专升本，一定要考，考上了，要去读。我上届学生中，有29位同学考上专升本。其中一位不去读，不到一年就后悔了，后来想去，去不了。”

讲到这里，我把与这位同学的聊天记录给他们看。有几位同学说，好长的一段话啊。为了劝说他，我给他写了一大段话，相当于一篇文章。后来，我在这段话前后加一些内容，整理成一篇文章，收录在《你眼中的光，我心中的火》这本育人随笔中。

“尽管读专升本，学费和生活费要好几万，现在拿出来，不容易，但是摊到以后人生的三十年、五十年，每年就只有几千元。不要让以后后悔。进入本科后，改变的是整个人生，多读书，总是有许多好处。我的上届学生中有一位女生，她爸不要她上我们学校。那时，她妈妈刚做乳腺癌手术，家里一分钱都没有给她，但是，她非常坚强坚韧好学，借高中同学的钱交学费，生活费自己挣。学校给予她很大力度的支持。她很有爱心，长期坚持献血，在学习部工作非常努力。她很坚定地要上专升本，毕业的那年暑假，她去工厂，一天工作12小时，就是为了挣专升本的学费。她是一位很励志的女生，我希望你们每一位同学以她为榜样。不要因为家庭条件不好，就放弃对人生很重要的东西。坚持下去，你会发现，所有的过往都是一笔宝贵的精神财富。

俗话说：‘十个美女九个脖子长’。”

讲到这里，我从座位上站起来，抬头挺胸地站在她们面前进行示范。

“我早已观察过，人的衰老不是头发白了、有皱纹了，而是肩下垂了，腰弯了。我们分院有一位女老师，总是挺挺的，亭亭玉立的样子，我很羡慕。我也经常提醒自己，要挺胸抬头，但是，做不好。你们看，我头发白了，我没染黑；我脸上有斑，我接受它；我不完美，有很多缺点，我接受这些。这就是我，我完全接纳。并不是说，我不改正自己的缺点，不完善自己。只是说，我接纳我过去的贫穷，接纳我现在的不完美，只有这样，我才能真正敞开心扉对自己和别人；才能真正检视自己、奋发图强。

你们已经在前几天看到过我发的朋友圈，就是谈我过去贫困的岁月。我不否认我有这样的过去，还很感恩过去的经历。因为过去所有的一切成就了现在的我。不要以为，富人家的孩子一定有完美的家庭，从心理学角度讲，没有一个人的原生家庭是完美的，都有这样那样的缺失或缺陷。知识分子和富人家庭的孩子所承受的压力比普通家庭孩子大得多，因为他们身边的人太优秀了，潜意识里他们不认输，并且，他们的父母普遍对他们的期望值高。每一个家庭有每一个家庭的幸与不幸，每一个孩子有每一个孩子的乐与忧。不管怎样，我们都要乐观向上、积极进步。

我是从穷山僻壤的小山村走出来的，我懂你们现在的处境，也相信通过你们的努力，将来会过得很好。如果你们有什么困难，尽管和我说，我可以帮你们。我的朋友很多，我可以推荐你们兼职和实习的单位。”

家庭经济条件不好不可怕，怕的是没有人关心他，没有人懂他，没有人鼓励他。因此，对于贫困生，首先要有同理心、有更深刻更广博的爱心。然后，对他们进行励志教育。

2022 年 4 月 8 日

每一个孩子都不一样

刚才有一位同学给我留言，我给他打了三十多分钟的电话。

他认为班长考虑问题不周全，向我求证，问我的意见。

我认为班长的要求没有大问题，没有什么可以质疑的。但是，我没有对他这样说，而是认真地听他把自己想表达的话说完。对他表示理解，最后也希望他理解班长。

我说：“无论哪一场活动，不可能满足所有人的期待，也不定能确保所有人都乐意参加。只要大部分同学愿意或不反对，这件事就要做下去。班长做决定时，不可能也不应该考虑每一个人的想法和感受，不然，这件事就没有办法推进。当然，可能他说话的语气比较坚定，同学们特别是和他关系好的同学心里不愿意接受，心想，都是同学，都是室友，还用命令的口气，还这么较真。但是，他作为班级负责人，处理班级事务时，必须果断决断，必须严肃认真。你有不同的想法，你代表其他几位同学的想法，这很正常。不是说班长对、你错了，也不是说你对了、班长错了。这事就没有对错，只有全局与局部、集体与个体之间的权衡。当班长宣布一项工作时，如果他没有什么大的问题，大家就要服从，就要执行。这不是拥护他的权威，而是这件事必须要做。如果做，就要按照他说的去做。不然，你说这不行，别人说那不行，这事就不用做了。考虑问题时，既要想到自己和室友们，也要想到学校、分院和全班同学。你想想，如果这件事让你去推动，你怎么做？你是不是和他一样的做法？如果不一样，你怎么做？你有具体想法吗？如果有，说给我听听；如果没有，那就得听他的，按他说的去做。”

放下电话，我头脑里出现一句话：“每一个孩子都不一样。”

每一个孩子，来自不同的家庭，有的大大咧咧，有的细腻敏感；每一个孩子，都有独特的个性，有的内向谨慎，有的外向活泼；每一个孩子，都是一个特殊的个体，都有独特的思想，对每一件事，都有自己独特的看法。特别是独生子女，特别是00后，都很有个性，并且，很愿意表达自己的想法。这些，班主任要理解、要包容、也要接纳。无论他的想法是否成熟，他的要求是否合理，我们都要有同理心，要耐心地倾听，以让他获得心理认同感，从而，他就在学校获得了存在感，进一步，他就对学校有了归属感。

但是每一个孩子，又都是一样的。

他们生长在同一片天空下，生长在社会主义制度下，生长在改革开放的中国，生长在职教的春天；他们是一群蓬蓬勃勃的年轻人，他们是一群积极向上的学生，他们是一群想展示自我实现自我的青年，他们是一群懂很多又有很多还不懂的孩子。他们成长的小环境不同，但是，大环境完全一样；他们所受的家庭教育不同，但是，学校教育基本相同；他们的身高不一样，但是，有着共同的心理特征；他们有着不同的人生理想，但是，总的目标一样，那就是要成为德智体美劳全面发展的社会主义建设者和接班人。

作为老师，作为班主任，既要尊重学生的个性，学会倾听学生不同的声音，理解学生不同的想法。正是因为每一位学生都有不一样的理想，我们的社会才会行行出状元；正是因为每一位学生都有不同的想法，我们的学校才会百花齐放；正是因为每一位学生都有独特的个性，我们的班级才会百舸争流。但是，也要引导学生，要有大局观，顾全大局，服从领导，增强团队意识；要引导学生站在不同的角度看待问题，不要有绝对化思维，要多观察、多学习、多反省自己。

2022年4月5日

重“三规”是一种品质

刚才一位学生问我买房贷款的问题。他在QQ里说了一大段话，提了好几个问题。我问他：“你是哪位同学，我这里显示不出来？”他通过QQ群私聊我。

他说：“我是你以前的学生，已经毕业了。”

接着，他又给我发了十多条信息，说他要买房怎样怎样。

我回答了几个问题后，他仍在不断地发信息。我说：“你连名字都不愿意告诉我，凭什么认为我就应该回答你的问题呢？”

这时，他才告诉我他的名字，还补充说，他是另一位同学的室友。可能他知道我很关心他的室友，他的这位室友患有神经症。

关于学生找老师，不称呼老师、不说谢谢、不说再见，我以前写过文章，在这里不再举例了。

给新生上第一次课，我提前一小时到教室，因为第一次在智慧教室上课，尽管前几天到这个教室里学习操作过，还是怕出错。上课铃声一响，我先让全班同学观察整个教室，然后问他们，发现问题没有。

他们一脸的茫然，不知道我让他们观察什么，我指的问题是什么。

我说：“你们看，这桌子和凳子排放得怎样？是不是不整齐？现在大家动动手，把桌子对齐，凳子排放到位。本来这件事我可以让先到的同学做好，我等你们全班同学都到了才告诉大家要这样做，是因为我想让每一位同学知道，以后每次上课都要这样。进教室发现桌凳排放不整齐，先把它们排列好。”

大家排好后，我说：“你们现在再看整个教室，是不是整洁多了。大家排桌凳的过程就是做规矩、规范的过程。以后，所有的事，都要这样做。前面把规矩规范做好，后面按程序做，就轻松了。”

在新生第三次班会上，我重点讲规则、规矩和规范。我说，通过多年的工作，我发现那些名校出来的人，那些事业成功的人，都有一个共性，那就是讲规则、守规矩、重规范。这是一种非常重要的工作态度、工作品质，与智商没有关系。

我们的学生不是智商比本硕博的学生低，而是做事的时候，不够认真、不够严谨、不够细致，不讲规则、规矩和规范，怕麻烦，总想差不多就行了。做项目汇报，PPT做得很粗糙，不讲形式和格式，有的没有目录、有的没有组员和汇报人姓名、有的没有致谢。做作业也如此，以为只要把作业答案做出来了，就完成任务了。

前天晚上11：30，一位学生发好几条信息给我，问我参加竞赛的图标哪一个好看。昨天有一位学生对我说身份证弄丢了，我问他怎么丢的，在哪里丢的，教他怎么处理。可是到现在为止，他都没有回复我一句话。

国庆节，有的学生要回家探亲，有的学生要留校，无论在哪里度假，学校要求都要在智慧微学工上申请填报信息。通知发出去三天了，没有一位学生填报。放假前两天，我再发一遍通知，告诉他们不填报，出不了校门。好多学生马上填报起来，可是一些同学没按规定要求填报。一位同学一申报，同步微信和QQ给我，通知我审核。并且分别留言两次，正如有人在微信朋友圈所做的那样：重要的事说三遍。我有即时清洁的习惯，第一时间会处理这些能马上处理掉的事。她提醒的信息到达时，我也处理完了。晚上12点多的时候，仍有同学在申报。晚上11点后，我不再审核。早上6点我醒来时，看到系统的提示信息和学生的留言，也没有给他们审核，而是到了8点才审核。我就是想给他们一个示范，做事要有规矩。

昨晚，我在班级群里发了一条信息：第一，以后，学校通知我只发一次，并且，只发到QQ工作群里，大家要关注QQ工作群，对自己负起责任来。新生还没有入学，我班就建立了两个群，一个聊天群，供学生互动交流的群；一个纯粹的工作群，这个群不允许聊天，只允许发与工作相关的信息。第二，任何一个通知，大家要认真读，按要求去做，不要想当然去做。一个问题，我只解读一遍。

其实，在班会中，在课堂上，在课后交流中，我反复告诉学生，做事要讲规则、规矩和规范，要沉下心来，端正态度，注重细节，不要只想着自己方便，而是要让别人舒服，要让别人方便，要让整个集体有凝聚力，要让整个团体有效率；不要只想着早点把事做完，而是要精益求精，力求完美。

培根说：“天赋如同自然花木，要用学习来修剪。”现在的学生资质都好，但是，要通过学习做好“三规”来修炼自己、完善自己。讲规则就是认真做人，守规矩就是踏实做人，重规范就是严谨做事。做好“三规”，没有那么难，只要克服浮躁之心，低下头来，认真做人；弯下腰来，认真做事。

2021年9月29日

规则是通向自由的唯一之路

一些学生说，在学校最不喜欢阳光长跑。阳光长跑有规定的跑步时段、跑步路线、每个路段跑的时间及每学期跑步的次数。他们认为阳光长跑规则太细、规矩太多，有抵触情绪。

如果学校不这样规定，你会跑吗？如果你会，那么，就无所谓这个规定的次数、规定的路线、规定的时间了，因为你总是要跑的；如果学校不这样规定，你压根就不会去跑，哪怕只有一个人不愿意去跑，那么这个规则，就十分地必要且合理。

没有规则，许多人都会自觉地做得很好。但是没有规则，也可能形成混乱，就像十字路口，如果没有红绿灯，就没有交通秩序。有了规则，就有了秩序，有了纪律，从而也就有了全社会的公平与效率。

一些学生认为，守规则让人拘束，不自由，他们喜欢随性地生活，把随性当作洒脱。

然而，只要观察我们身边的人就会发现，随性只会把自己的生活弄得一团糟，还给周围的人带来麻烦，给组织带来管理混乱、低效。

迟一次到，仿佛不影响什么，其实影响非常大。有了一次迟到，迟到本人就可能有第二次、第三次……第N次迟到；最坏的影响是带动其他同学迟到，起了不好的示范带头作用，使一些想迟到不敢迟到的同学，有了心理支撑和借口：某某同学不是已经迟到了吗？所以，凡是一个寝室里，有一位同学总是迟到，这个寝室多半还会有其他的同学跟着迟到。很可能一个同学迟到，带动一寝室人迟到。

你的一次一时的短暂自由，给你带来的成本几倍、几十倍的增加。你迟到五分钟，仅仅只有五分钟，你在迟到前，担心受骂；迟到后，挨批了，内心愧疚难受。全班同学还要陪着你一起受教育，正所谓：“一人感冒，全家吃药。”

新冠肺炎疫情期间，如果人人严格遵守防疫政策，戴好口罩，不聚集，那么防疫抗疫的成本就会几何级下降；相反，如果一个人不能忍受居家期间的种种限制，可能造成感染，给社会带来的损失将无法估量。

“生命诚可贵，爱情价更高，若为自由故，二者皆可抛。”这首诗充分说明了人们对自由的向往。人们也总是诗意地想象能像小鸟一样长出翅膀来。然而，社会阅历越丰富，越深刻地懂得，自由是建立在规则基础之上，遵守规则是通向自由的唯一之路。

规则是基于人类社会发展的规律制定出来的。遵守规则，既是尊重人类社会发展的规律，也是凝心聚力，提高工作效率的保障。全班五十位同学一起出去搞活动，可能就因为一位同学迟到，其他的四十九位同学都要等着他。拔河比赛，每队十人，其中一组中的一人，他不按笔直方向使力，导致绳子弯曲，就有可能输掉比赛。

破坏一次规则，意味着突破了一次做人做事的原则。别给自己找麻烦，一分钟的拖延、三分钟的洒脱、五分钟的不羁，可能导致一个星期的不爽；一次随地吐痰、一次随手扔垃圾、一次不守交通规则，可能影响自己成为文明人，甚至可能出现大事故；一次不遵守纪律、一次不遵守组织规则，在蝴蝶效应的作用下，可能影响很多人，影响周围的环境，也会影响自己的一生。

天地万物莫不遵守着各自的规则。行星有自己的轨迹，鸟儿有自己的天空，鱼儿有自己的海洋，人们要日出而作，日落而息。为了维护校园秩序，为了维护课堂纪律，必须有规则，必须遵守规则。如果学生迟到一分钟，老师不管，下次，可能会迟到一大片；如果不规定晚归的时间及熄灯的时间，必定有学生彻夜不归，通宵不睡。不要太相信自控力，更不要太相信一大群人的自控力。人性的弱点非常强大，真正能做到自律自控的人很少，大多数人需要制度、规则约束。所以，防微杜渐很有必要。发现苗头，就要马上把火熄灭。

年轻人喜欢洒脱、向往自由。在遵守规则的前提下，尽情放飞自我，这是最明智的选择。如果学习总是挂科，如果上课总是因为迟到被批，如果因为这样那样的原因导致不能毕业，我不相信他的内心是安适的、快乐的，他的灵魂是自由的。

“自由是戴着镣铐舞蹈”，自由要先长出羽毛来，长出羽毛后，要爱惜羽毛，不然，是飞不起来的。我们要懂得经营自己的人生，做好当下每一件事。把学生守则学好，把自己做好，在制度规则的框架内，充分发挥自己的才智，拥有一个无悔的青春。

2021年9月20日

第三篇

温暖的早晨

温暖的早晨

今天早上下雨，天地灰蒙蒙的一片。

不到7：00，我来到学校；不到7：30，我来到教室。

进教室前，我想，我肯定是第一个到教室的人。

却不是。郭皖如同学，正在电脑前，很专心地忙着。

我走到她身边坐下，问她在忙什么，她说在学习PS。她喜欢电脑操作，在一个本子上做了很多笔记，写了很多术语。计算机和程序方面的术语，我没能记下来。

然后，我问她："其他的课程呢，爱学习吗？"

她说："都挺爱的。"

我又问："'经济学基础'呢？"

她说："也还可以，有点难，但是能懂。"

我说："很多学生学起来很吃力。"

听我这样说，她把"经济学基础"的笔记本从书包里拿出来，翻给我看。

笔记里面有我讲的内容，也有不是我讲的内容。宏观经济学的内容，我还没有讲。

她说："有些是网上的内容，自学的。'经济学基础'还是挺难的，提前预习一下。"

我又和她聊了一些她高中及现在学校的情况。她是安徽宣城人，用来做笔记的本子是高中时学校发的奖励。她那时成绩中上等。现在寝室同学关系融洽，团支书在她们寝室，大家都非常团结友爱。

过了一会儿，余柔迪同学来了。

她一进来，就把桌凳按照我第一次课要求的那样，排放整齐。郭皖如同学马上离开电脑，和她一起摆放桌凳。

原本零乱摆放的桌凳，现在整整齐齐，看着就养眼。我心里暖暖的。

桌凳摆放整齐后，她们俩人都全心地投入学习中。

一位外班的男生站在门口，向教室里看了一眼，我说："你看，多么好的女生！"

他没有说话，开心地笑了。

余柔迪同学也加入了我倡议的与我一起写随笔的团队里。她把这次的随笔放进信封里，交给我。我给写随笔的每位同学买了一本信纸，每本信纸商家赠送10个信封。

这次她写的是一次兼职活动。她和班上的几位同学到学校附近的一个五星级酒店做兼职，女生做服务员，男生做传菜员。从早上9：30到晚上9：30，整整12个小时，一直在紧张地工作。回到学校已经是晚上10点多了。工作结束后，她的双腿不能走路了，脚全部发白。她说这是她人生中最累的一天，也收获了人生的第一笔钱：176元。通过这次兼职，她体会到挣钱的不容易，父母的不容易。表示以后要自我独立，少依靠父母，花钱要有节制，节俭节约。

随后，闻彩依同学的随笔也送给我了。她写的是一次在石膏娃娃上画画的经历。她说从最初的不知所措、小心翼翼，到后来的胆大心细，这是一种小小的成长。画完后，指导老师还以为她是学美术的呢。她说，纸上谈兵、坐井观鱼永远不如亲身实践。她想把这个石膏娃娃作为礼物送给妹妹。第一次离家这么远这么久，她很想爸妈和妹妹。

同学们陆陆续续地来了。进来坐下后，没有人聊天，没有人玩手机。

每一个人都在学习着、工作着，有人做项目报告，有人学英语，有人在准备专升本。

8点整，同学们又开始了特色早自习，由朱丽同学领读英语单词，其他同学跟着齐声朗读。大家都很投入很认真。

书声琅琅，青春闪耀。

就在这个温暖的早晨，我在上课前用半小时的时间写下了这篇随笔。

2021年11月29日

开心的一学期

这学期教授会计13级三个班的“经济学原理”课程。绝大多数同学听课很认真，每个班都有90%以上的学生做笔记。课堂上，他们来不及抄，就用手机把PPT拍下来，课后学习；有的同学还向我要PPT。会计1311班的学生尤其认真学习，这让我在讲台上颇有挥洒激情的感觉。因此，有的学生叫我“太阳”。他们说我很有激情，很阳光。这个称呼让我有些小小得意，我以为老师不只是传授知识给学生，更应该向学生展现自己的人生观和价值观，用自己的人格魅力影响学生，将正能量传递给学生。

会计专业的学生一直很认真，学风好。但是，不喜欢互动，课堂气氛有些沉闷和拘板。今年的这三个班却很好。开学初，我还担心从职高上来的学生可能会不认真，没想到他们不但认真，还非常活跃。

“经济学基础”课程较难，学好需要有较好的数学基础，有较强的抽象思维和逻辑思维，这恰恰是我们学生欠缺的。所以，这门课程，学生普遍感觉学起来很吃力。可是，这三个班的学生仿佛知难却不畏难，有着很高的学习积极性。

当然，在教学中，我尽量将深奥的经济学理论、复杂的经济学模型简单化，用更多的学生生活中熟悉的经济事件和经济案例来导入或说明。努力让学生感受到经济学不是空洞的理论，它就在我们身边，生活中时时有经济学，经济学理论来源于活生生的经济事件和经济案例。

上课时，他们有什么不懂的问题，马上举手问我。课后，他们在QQ

里给我留言。他们很认真做作业，做错了，向我求证，然后订正。我表扬他们，他们也很开心，很受鼓舞。

课间的时候，他们都抢着和我聊天，谈学习这门课的感受，谈同学间的关系，寝室里的趣闻，还谈他们的苦恼。

通过这一学期的教学，我得出结论：第一，上课时，老师要全情投入。要以饱满的热情带动学生，以高昂的激情影响学生，以青春的活力感染学生。第二，要多与学生互动，这既能调动学生的积极性，也能让学生感受到老师在关注他。我总有一种感觉，每每老师念一位学生名字的时候，学生都会感觉到老师的关注与重视，就会增加一份对这门课程的学习热情，增加一份对老师的认可，增加一份对学校的热爱与感恩。第三，上课不应该照本宣科，也不应该局限于PPT。经济专业的教学内容不能只局限于教材，应该多关注和分析经济热点、经济案例。当然，这要求老师有很宽广的知识面，有很强的分析问题能力，还得投入相当大的精力去搜集资料、整理资料。

总的来说，这学期我过得很开心，这三个班的学生给了我热爱讲台的理由，给了我开心快乐的理由。

作为教师，没有什么比在讲台上得到学生的积极反馈、看到学生认真学习更开心更快乐的事情了。

2013年12月24日

新学期第一课

新学期第一次上课。上午，我有四节课，投资1721和投资1722班的“房地产经纪实务”课程。

昨晚半夜做梦，梦到上课，梦中说是下午3：00上课，当我醒来时，2：50分，要迟到了。心里一惊，我就醒了。看时间，4：20分。我平时压力大时经常做梦，但是从来没有梦到睡觉过头了，而是找不到教室，或者找不到楼梯上楼。奇怪的是，以前每每在梦中特别紧张时，我知道自己是在做梦，昨晚我却没有意识到自己在做梦。昨天，我也没有感觉很紧张，这门课的内容我很熟悉，教了差不多十年，教材是自己编的，写了两本书。昨晚，还看了一遍PPT，看了一些房产新闻和视频。

担心上课迟到，我一直认为是最没出息的表现。今天凌晨醒来，我再次感觉自己很没出息，第一，心理承受压力的能力太弱；第二，工作就不应该担心迟到，保证上班时间是最基本的要求。应该忧虑的是自己发展的问题，这正是我目前焦虑所在。可惜，我从来没有做过关于如何发展的梦，可能心思和精力仍在常规工作中吧。

上课前，分院书记来教学楼督学。第一、二节课是我自己班的，没有迟到的学生，他们早就到了，有一位新疆籍的学生没有买到车票，没能及时返校。

上课开讲前，我做了几个小调查。我说：“今天早上能顺利起床的同学，请举手。”

43位同学，有3位同学举手。其余的40位同学表示起床多少有些困难。

我又问："上课可以不带手机吗？"

有学生说："不行，吃饭要用来付钱，饭卡弄丢了。"

"那么，上课能保证不是学习，不用手机吗？"

有学生表示很难做到。

"不旷课，不迟到，可以吗？"

大多学生表示："可以。"

接着，我讲了早上的梦，当然，没有讲这么详细。然后，我告诉同学们："没有一天早上，我能很快乐很爽快地起床。曾经，我是赖床大王，起床困难户。每天早上起床对我都是一项挑战。每一个人坚持做一件事，都很难，都是自己给自己打气。养成一个好习惯要好几个月，养成一个坏习惯只要几天。因为我颈椎不好，年后几天，想多睡会儿，结果仅仅三天就回到以前赖床起不来的状态了。在这之前，我已经养成早上6：00起床的习惯，坚持了好几年。意识到这个问题后，我马上纠正过来，又很痛苦地强迫自己好几天。

不要以为成功人士的坚韧是天生的，人性的弱点每一个人都有。今天早上在路上，看到一篇文章标题为'自我管理时代，你的专注度决定未来'，作者是北大商学院的院长。这篇文章内容我没有来得及看，仅看标题，我就非常认可。信息化时代、智能化时代，就是自我管理的时代。机会很多，选择很多，一旦选定目标，就要专注。对于学生，要能控制好少玩手机、少玩电脑游戏、少赖床，多泡图书馆、多看课外书、多看新闻、多读名人伟人传记、多旅游、多思考。"

有两位女生，用很大的书包挡住她们的脸，我走过去说："让我看到你们的脸好吗？如果看不到，我会感觉不好，我要对着你的脸和眼睛说话，这样，我才觉得我们之间在互动。"她们都笑了。

我说："这门课很实用，不是我上它就说它实用，是因为你们毕业后不是要租房就是要买房，并且迟早都要买房。学好了，买房时省时省力省钱。在学会卖房前，先学会给自己买房和租房。更重要的是，这门课教你学会看中国经济，解读中国经济。房地产与宏观经济的关系十分紧密，房地产对我国经济发展作用巨大，曾一度被定义为我国的支柱产业。你们要多看新闻，不要总是玩游戏看电视剧。要关注国家宏观经济和政策，不要以为这些与你没有关系，关系大着呢。不看宏观经济，不看区域发展，不看行业发展现状和发展趋势，你怎么知道你未来的就业前景？因此，每次上课前，我会带着大家解读一篇房产新闻。"

开始上课了，讲到房地产对社会和经济的重要性时，我让学生回忆GDP的构成，没有一位同学全对上了。我说，其实宏观经济学，都是围绕着GDP的构成来进行研究和展开的，国家政策也是围绕这个做文章的。我用图表讲了城市化进程的进度，与美国和英国进行对比，还用漫画表现出来。我问学生，为什么要实行城镇化，投资1721班的一位同学答全了答对了。我讲到万科的王石在金融危机爆发后对宏观经济及房地产市场的判断时，没有一位同学全面了解王石这个伟大的企业家和万科这家伟大的企业。

在课中，我做过一个调查：还没有做过兼职的同学，请举手。43位同学，只有10位同学从来没有做过兼职。

我再次和学生强调，要多看宏观经济新闻，要多看经济学家的文章、企业家的故事，放假不要总是往家里跑，如果家里不很缺钱，那种纯粹为了挣零花钱的兼职尽量少做，做一学期一年就够了。兼职多找有专业技能的工作。

下课前，我布置了第一次课外作业：要求学生拍一组户外房地产广告，让学生通过房地产广告，对房地产有个粗略的感性认识。希望他们以后无论走路还是坐在公交车上，多关注房地产广告，从而关注房地产行业信息。

正如其他老师所说，这两个班的学生很活跃，互动很好。有位男生用手机玩游戏，我提醒了一次后，他还是玩，我就把他的手机收上来，他乖乖地听课了。下课后，他来拿手机时，对我说："老师，我是从重点高中毕业，来我们学校的。"

我说："那你现在好好反思一下，为什么没有考上本科？"

他说："以前不学习。暑假时，我都只做一个晚上作业，连抄都懒得抄。"

我说："你现在这种状态，以前期末有被预警过吗？"

他笑着说："老师，我很会考试，从来没有补考过。"

我说："那你很聪明哦，更要好好地学习。不要把自己的高智商浪费了。"

正当我在电脑前搜索房产信息时，学校领导来教学楼巡视了。这届领导很重视内涵发展，很重视教学。

下课后，我在教室里坐了十分钟，整理教学资料时，我分院的一位王教授在隔壁教室查看电脑，他明天上课，今天去看看电脑和投影设备能否好用。老师们都很认真的。

2019 年 2 月 18 日

和我一起写随笔

一天早上跑步时，我突然想，要通过一种方式更全面深入地了解学生，了解他们在寝室里做什么，同学关系怎样，他们的心理状态、处事方式、对社会和学校的看法等。接着我思考：用什么方法好呢？深入寝室、参与学生的活动、找学生谈话，这些都可行，也都在做，但我的时间和精力有限，并且，没有和他们生活在一起，很难达到我想要的面广内容深的目的。

又是在一天早上跑步时，我突然想，可以让学生和我一起写随笔。我在过去的几年里，写了好几百篇随笔，其中教育类随笔达到三百多篇。在我写随笔的过程中，我深刻地体会到写随笔的好处，那就是通过记录对自己有意义的事，不断地总结过去、反思自己的言行，从而不断地提升自己、完善自己。另外，还可以提升语言组织能力、写作能力和思辨能力。

我在大一新生两个班中发出倡议，一共有四十多位学生自愿加入和我一起写随笔的团队。我要求他们每周一篇，但不要求写哪些方面的内容、不强调字数，不苛求表现形式、措辞及文字的优美，只求真实，敞开心扉把自己在最近所做、所思、所感真实地写出来。我需要了解学生的内心世界，了解他们正在做的事情，了解他们的成长过程。

我向学生强调：自愿加入，不想加的绝不勉强。但是，一旦加入，就要坚持写下去，不要因为各种原因中途退出。只写几篇，没有什么意义，不能锻炼你的文笔，不能提升你的自省力。

我给每位学生买了一本信纸，商家给每本信纸附赠10个信封。

每周一，同学们将随笔交给我。有的同学写在信纸上直接交上来，有的同学把写好了的信纸放进信封里，信封上写着：To胡老师。

在学生写的第一篇随笔中，有好几位学生谈了写随笔的看法："在中学时期，坚持写日记，坚持写随笔，到大学后，没有再写了。老师的提议真好，让我又开始有了坚持的理由。""写随笔真好，可以自由地抒发内心的感受，为波动的情绪、丰富的情感找到宣泄的地方。""写随笔可以记录大学里那么多美好的生活，可以重现自己做过的事、走过的路。"

一学期结束了，一共收上来几百份随笔。学生随笔的内容丰富多彩，有的写为什么上了这所学校；有的写刚进入大学时的见闻及体会；有的写学习上的困难，还没有适应大学的学习方式；有的写与博士姐姐对比，自己内心的巨大压力和对前景的迷茫；有的写画画的经历；有的写思念父母和家里的宠物猫和狗；有的写社会实践活动；有的写疫情期间被关在学校的感受；有的写寝室趣事、同学间的情谊，有好几位同学写生日活动；有的同学写当班干处理事务的经过；还有一位同学写他如何教一位女同学应对网友约会，以防她上当受骗；临近期末，有的同学介绍他家乡的特产及美食，说下学期开学一定要带给同学们尝尝……

因为除了要求真实外，没有对学生有任何其他方面的要求，学生的随笔如流云行水一般流畅优美，看得出大多数都是一气呵成。他们原原本本地把事情的详细经过记述了出来，把内心的波澜起伏描画了出来，大部分同学都写了一页多，还有的写了两三页。读起来朴实、细腻、感人，我的心情也与之律动。既为他们的成熟感到高兴，为他们的进步感到欣喜，又为他们的懂事感到开心，还为他们的迷茫感到教育的重要意义和教师的重要性。

在感动学生把他的内心世界完全敞开给我的同时，也感动学生的内心世界是那样的丰富，充满着美好纯洁，也充满着青春的迷茫与驿动。每一篇日记，是一个生动的生活故事、是一个发奋的学习故事、是一个纯洁的心灵故事；每一篇日记，是他们学习的记录、是他们成长的记录，也是他们活得真实的记录、活得真诚的明证。

我很感谢他们向我分享了他们的生活和学习，他们的成长故事；感恩他们对我敞开心扉，对我的信任，对我工作的支持。我深知，学生愿意和我一起写随笔，愿意和我分享他们的成长经历，是因为他们看到了我的真诚、我的真实、我的努力、我的付出，感受到了我对他们的鼓励、对他们的关爱、对他们的信任、对他们的期望；还因为他们期待我能读懂他们、能帮助他们、能看到他们的成长、能看到他们的进步、能珍藏他们的故事。

所以，他们的每一篇随笔，我都带着一份感恩之心、一份敬畏之情认真地读。只要学生提出疑惑、迷茫和困难，我都尽量找学生了解情况，帮助他们解决。同时，我也向他们偶尔展示我写的随笔，告诉他们，我也把他们写进了随笔里，我的随笔里有他们的故事，以勉励他们继续努力，不要放弃。

上课前，我收随笔时，好多同学双手递给我，我也双手接过来。向他们说“谢谢！”他们说：“应该感谢老师”。对我而言，他们递给我的不是一篇文字，而是捧上他们真诚的心，希望得到我的关注、关心、共鸣、鼓励与温暖。所以，我真的是以一种很感恩、很敬畏的心情去接受他们对我的信任、对我的真诚、对我的期待。

2022 年 2 月 13 日

和我一起读新闻

我认为大学生最少应该有三大品质或习惯：第一，善于观察，善于思考；第二，博览群书；第三，紧跟社会和时代步伐。这几年，我一直坚持上课前十分钟和学生读一则经济新闻。

以前上课时，我经常讲经济学家、企业家、伟大的企业，很多学生像没有听过这些人和企业，也没有什么兴趣。投资专业的学生不了解索罗斯、巴菲特，不了解他们的哲学思想与投资理念，不了解华尔街代表什么含义。

学习“房地产经纪实务”这门课程，如果不了解中国TOP10的房地产公司、TOP10的房地产经纪公司，不了解王石、冯仑、孙宏斌、左辉这些企业家，我觉得不应该。我让学生去看经济新闻、看企业家的故事，他们不积极。因此，我就想，应该在课堂上对他们进行一些经济学和管理学方面常识的普及，想办法把他们带到经济和管理生活中去。所以，我就在课前和学生一起看经济新闻，解读新闻。

新闻的内容尽量与课程相关，如果没有紧密相关的，宏观经济方面的新闻也可以。我担任的课程主要有“财政与金融”“经济学基础”“证券投资分析”“房地产经纪实务”，涉及这些课程的经济新闻很多，特别是房地产方面的新闻，几乎每天都有大量的信息，宏观调控的政策频出，分析房地产市场的文章不计其数。其中一些文章对于了解中国社会、分析中国宏观经济与政策、研究房地产行业有着重要的参考价值。

因为经济新闻具有时效性，讲哪些新闻没有办法提前计划，但是有两个原则要遵循：第一，尽量选取最新的经济新闻；第二，新闻必须具有代表性。比如房产新政国五条、国八条、“一带一路”、中国降息降准、中国加入SDR、国美股权之争、万科股权之争、中央经济工作会议、国民经济和社会发展五年规划纲要、国民经济运行情况、中美贸易战等。新闻的内容很广泛，内涵博大精深，因为时间有限，我们只选重点内容进行解读，只讨论对我国的经济、对房市、对股市的影响，尽量与专业课程相结合。

大部分经济新闻内容学生看得懂，有些内容特别是金融方面的，学生看不懂。专业术语、行话，我会解释；有个别的词没有时间解释，也没关系，看多了，自然就明白是什么意思。

一则经济新闻往往包含多个热点问题和知识点，如果涉及很重大的事件或热点问题，我就采用专题讲座的形式，比如：房产税试点，我搜集了很多资料，做了PPT，全面分析房产税试点的背景、内容细则、对房地产市场和购房人的影响，还找了几位权威人士的观点进行对比说明。

开始学生没有意识到每次课前读新闻给他们带来的积极影响，慢慢地，学生接受了，习惯了，也有收获了，就会自觉地读。到后来，他们会主动地看经济新闻。

在每届学生中，总有几位看到经济新闻就主动找我探讨，问我的想法。还有女生问我怎么找到这类新闻，说她也喜欢看新闻，但她找到的新闻内容和层次比我的差多了。我建议她多看人民网、新华网。

我常告诫学生：“你们上网时，不要总是看那些没有思想的视频，没有思想的言谈，特别是愤青的言论。那些都是垃圾文化，只会降低你的层次，拉低你的身份。要看就要看有思想、有内涵、有格局的高质量的新闻，它会扩大你的视野，提高你的站位，增强你的内涵。很多企业家、企业界的高管，都很关注新闻联播。我有好几位企业界的朋友，都订阅了宁波日报。通过新闻联播，了解国家的发展方略；通过地方日报，了解地方的发展规划。尽管我们是学生，但是，我们要养成格局高远、思维开放、紧跟时代、紧跟党的路线、紧跟地方经济发展的品质，这是为我们将来就业创业做好准备。每次我读新闻，男生比女生更认真听，别看男生平时没有女生用功学习，但是到社会上，男生普遍比女生发展得好，这是因为他们的眼睛向全社会看的缘故。看新闻，不要只看表面的事件，要揭示事件之间的内在联系，前因后果。通过这篇文章，要找出相关的新闻及经济事件，并且尽可能多地找出专家学者们对这件事的看法和评价。看多了，就会形成自己的想法，久而久之，就有了自己的思想体系、人生观、价值观和世界观。

毛泽东说："情况是在不断地变化，要使自己的思想适应新的情况，就得学习。"经济新闻时时反映经济运行和经济政策变化情况，是学习经济学和社会学的最好素材。看一篇经济新闻，没有什么效果；天天看新闻，才能扩大自己的知识面和视野。每次课前读一则新闻，也只是抛砖引玉，关键在于学生自己平时的积累和用心。

2018年6月6日

你有点紧张吗

一位上过我一门课的学生，今年选了我的“投资心理学”课程。他总是坐在第一排正中间的位置，坐得笔挺笔挺的，目不斜视，认真听课，认真记笔记，从来没有迟到旷课，从来没有看过一眼手机，从来没有和同桌小声说话。下课时，也不和同学们交流说笑。他的眼神不像年轻人那样灵动有光，而是黯淡的。

我向他提问，他马上回答。但是，他的话语在喉头上卡住了，声音出不来。我站在他的旁边，都听不见他在说什么。

我低下身体，小声问他：“你是不是有点紧张？”

他很轻声很轻声地说：“是的。”回答我时，他仍然端坐着，眼睛向下。

下课后，我问他：“你为什么紧张？”

他又用喉音说：“怕出错。”

我再问：“你的父母对你要求很严吗？”

他说：“有一点。”

“是你爸爸严，还是你妈妈严？”

“是我妈妈。”

“你妈妈做什么工作？”

“做早餐，做了很多年。”

“做早餐非常辛苦。”

“是的，每天早上，我妈妈三点多起来，就开始忙。”

“是不是你妈妈觉得她太辛苦了，不想你以后这么辛苦，所以，想要你认真读书，读好了，找份好工作。”

他说：“是的。”

“你自己怎么想呢？”

“我想努力学习，努力工作，以后能帮助爸妈，不让他们这么辛苦。”

我问他答，毫无障碍和停顿。

平时，他喜欢玩游戏。他说：“刚开始玩游戏时，总喜欢求胜，赢了就很开心，输了就很不痛快。结果弄得自己非常累。现在玩游戏时，就不再这么好胜了，只是放松，不管结果输赢，玩得都很痛快，心情也就很好了。”

我说：“这就是进步。没有必要做什么事都把神经绷得紧紧的，玩的时候就要好好放松；没有必要做什么事都要赢，很多时候没有输赢，只有享受过程。你妈以她的经历和阅历来要求你，可以理解，但是，她不一定完全对。有些要听她的，有些不用完全听她的。学的时候要好好地学，该玩的时候还是得好好地玩；想表现的时候，大胆地表现自己；想说话的时候，大声地说话，说错了没关系，没有人会计较；做错了也没关系，人就是在试错中成长。把自己心胸敞开，坦诚对别人，别人也就坦诚地对你，这种感觉很美。”

我和他轻声地聊了好久。他抬头面对我，眼睛看着我，声音越来越大，话语越来越流畅。

后来的上课中，我一直很关注他，常常点名他，鼓励他。有一次，我让他站在讲台上，和我一起朗诵一段话。开始，他发出的又是喉音，我感觉他的嗓子又干又涩。我很轻声很柔声地对他说：“我们都大声一点。”后来，他的声音越来越大，很自信很流利地和我完成了这次朗诵。

真的有好多学生，我认为我们之间的相遇，是命运赋予我们的机缘，要我们相互帮助、相互成长、相互成全。但是每个班，总有那么几位学生让我心痛，引起我极大的关注，然后我就会去了解他、走近他、走进他，从而尽可能地鼓励他。很幸运的是，没有一位学生让我失望过、无助过。他们很配合我，很主动地改变自己，积极地提升自己。每每这时，我都特别地感动，更进一步地鼓励我走进他们，和他们一起走向阳光下。

2021 年 10 月 13 日

下次更要参赛

今年，我指导三组学生参加浙江省证券投资竞赛。今天下午指导学生撰写投资策略报告时，我让他们好好地写报告，不只是今年要确保报告能为自己加分，让名次往前靠，还要为明年参赛做准备。

其中一组的三位女生都说："明年不想再参加了。"

我说："太累了吧？"

她们不停地点头："是的。"

我说："明年就不一样了。今年，你们第一次参加，很多东西从头学起，明年你们就是有备而来。你们还没有学过证券投资的课程就参赛，从实操来说，挺不容易；撰写投资计划和投资策略报告也是第一次，没有经验。今年你们参赛了，在这学期开设的证券投资课程中，你们学起来就要轻松一些，还能通过学习证券投资课程，来反思你们这次参赛实操中的成与败、得与失，肯定有很多东西值得进一步去提升。

今年，你们只是抱着去试试的热情和好奇心，感性成分较重；明年，理性的成分就要多了。把今年参赛的经验、心得，结合未来一年学习的几门证券投资课程，在明年的竞赛中一展身手。明年参赛肯定比今年轻松，明年成绩也一定会优于今年。"

我给她们讲写作框架、写作思路，帮助她们确定报告的关键词，教她们查资料，学会使用中国统计年鉴，把教材拿出来让她们参考。要求她们不能泛泛而谈，而是结合实操的策略、方法、技巧，有针对性地去总结归纳。要求她们不要抄网上的文章，要自己写，要用学术语言，把实操的过程进行提炼，上升为理论。最后，我把自己写的几份报告给她们看，要求他们注重格式规范。

我说："做其中的一份研究报告，我在学校办公室坐到腊月二十九的晚上，当时，我妈妈查出癌症，我都没有回去过春节陪她。我想集中时间在假期把这份工作做完。她做手术后，可以用更多的时间陪她。这几万字的报告，我校对了许多遍，没有一个错别字。还因为数据多、信息量大，获得了答辩专家的好评。"

她们看了，不停地发出感慨。我又把上学期与课代表的聊天记录让她们看，当时我们各写一篇文章，课代表认为他已经尽力了。我告诉课代表，我自己写的这篇文章，我校对得恶心想吐，文笔是练出来的。

"我这次让你们努力写好报告，不只是为了本次参赛需要，还因为我们要通过这次机会，尽最大可能提高查找资料、归纳总结、分析问题、组织语言的能力。以后遇到要写的东西，就不用从头学起。所以这次的报告，要成为以后写材料的基础和范本。你们看，无论是大企业家，还是政治家，都是会写、会说、会做的全才。尤其写，特别能提升你的组织架构能力、独立思维能力、语言组织能力。而写作最重要的技巧就是，反复修改，直到不能再完善为止。"

我拍着她们的肩膀说："我从小到大，没有一个人对我说过这些，不然，可能我今天就不是现在这么差了。当然，最主要是我年轻时太懒散了，没有参加这样的活动，不然，也会有老师指导我的。你们很积极向上，那就无论做什么，都尽最大努力去做好。"

最后，我说："沈××和我交流很多，但是，前两次你在QQ里找我时，直接说：'在吗'，连老师都没有称呼。我打电话给你，说这样不行，一定要先称呼问候。你学会了，仅这一点，这次参赛，你吃了很多苦，也值得。人与人之间的交流，最基本的礼节一定要有。"

这位同学很感激我对她的耐心指导。当时，她发信息给我："在吗？""线上培训什么时候？""我们那个报告要怎么写？""培训直播没有回放吗？"她问了我好多问题，从前到后，没有一句"老师"，没有一句"好的"，没有一句"谢谢"，没有一句"再见"，还没有标点符号，只有问话。我回答完了，她没有任何反应。她也没有加我QQ，是通过QQ群私聊我。

我加她QQ，她问我答。问题结束后，我问她："你为什么从来都不叫老师？""为什么从来都不说谢谢？"然后，我给她打了一个很长的电话。

这三位女生听我讲完这些，很认同，很愉快地表示这两天再熬夜加班，把报告尽量完善。她们从我办公室回去后，沈同学给我发信息："胡老师，我们将好好利用这次机会，锻炼自己，提升自己。"

2021年9月23日

适应大学的学习

才给新生上第二次课，就有一位女生说：“老师，你上课时，书上的内容讲得太少了。PPT上的一些内容，书上没有；书上的一些内容，你又没有讲。”

我问她：“你是希望我按照教材上的内容从前讲到后，还是希望我多讲一些经济案例和经济生活故事？”

她说：“当然希望你按照书上的内容来讲，不然，我没有办法预习和复习，考试会挂科的。”

那就是照本宣科啰。

我说：“这是大学，不是中学。我们不是为了应试才学习，不是上课内容必须按教材来进行。教材只能体现该门课程的主要内容，每一门课程的内涵很深奥，外延很广很广，不是一本教材就能全部囊括。教材在大学也只是参考资料，要想学好这门课，只用这本教材远远不够。现在你们用的这本教材里，没有介绍经济学发展简史，我认为这是必须要让你们掌握的内容。经济学被称为社会科学之王，不要以为经济学只讲经济，生活中有哪些事不与经济学相关呢？正如我前面和你们所讲的，马歇尔说：‘经济学是一门研究人类一般生活事务的学问。’学习经济学发展简史，就会明白，为什么亚当·斯密要推行自由主义学说，凯恩斯要强调政府干预、宏观调控。这些学说都有产生背景，是时代的产物。读懂了这些，就会读懂当今各国为什么采取这样或那样的经济政策。讲到经济学第三次革命，我给你们分享一篇文章‘全球货币争霸史’，通过这篇文章既可以了解凯恩斯这位有名的经济学家，也可以了解一战、二战的很多背景及战后各国采取的政策。当然，这篇文章，你们目前不一定能完全看懂，但是，可以让你们有一些经济学的概念。学经济学的目的，不是考多少分，而是用经济学原理解释经济和生活现象，并且能用经济学理论指导经济生活。

在每一节课中，我的信息量非常大，教材上的几句话，可以被我延伸成一节课。我们不需要赶进度，像你们高中一样，两年把三年的课上完，然后一轮一轮地复习刷题考试。我们不会提前把课上完，然后回来帮你一轮一轮地复习。我们只会在下次课前，回顾一遍上次课的主要内容。我们会提供大量的资料，让你课后学习。所以在大学，要广泛地阅读，多读课外书，学经济学，要认真地看我分享给你们的这类文章，多看经济新闻，这个过程不仅让你学会经济思维，拥有经济头脑，还让你学会思辨。只要你经常看经济类的文章，你就会发现，不同的经济学家提出的观点不一样，不同的评论家对经济政策的评论不一样，你要学习从这些不同的观点中总结、提炼，最后形成自己的观点和思想。

在中小学，一门课可能由一位老师上几年，在大学，每学期有好几位老师给你上课，下学期又换了老师。同一位老师，一般不会给你上三门课。因为，在大学，要让你接受不同的思想碰撞，接受不同的思维方式，接受不同的教学风格，不让你形成僵化思维、固定格式。

大学的学习目的，是让你学会学习方法，学会独立思考，学会用原理去解释社会生活现象，并且从社会生活中归纳出一般的规律。正如刚刚说到的马歇尔，有人说经济学很高深，但是他说：‘它只是研究一般生活事务。’要改变中学的学习方式和方法，学会接受不同老师的思维、教学风格，集思广益、海纳百川，最后，才有你自己的思想、思维和判断。

希望考好成绩，是好事，说明你很上进。但是，仅仅看教材、学PPT，可能只会让你及格，很难让你获得优良成绩。因为考试题中，主观题、分析题比例很高。并且项目课程中，实操和项目报告在考核中占比也很高。在大学，要想考试获得高分，得乐学、活学、善学、苦学；得用心、动手、动脑，得（课）内（课）外兼修。”

后来，这位学生对我说，“经济学基础”不是最难的课程，因为我善于化繁为简，化难为易。另一门课才是真难，老师总是让他们分析案例，这是她最头痛的。她不会，向我求助。

我说：“这才是大学，就应该这样学习。你得适应大学的学习方式，活学活用。”

我班一位学生问我：“计算机等级考试，有老师辅导吗？”

我说：“没有，学校里没有辅导。”

他说：“怕考不好，好无奈。”

还有学生说：“老师讲课太快了，来不及抄笔记。”“老师布置的作业太灵活了，没有标准答案，很难做。”“老师一节课讲的东西太多了，记不住，消化不了。”

说这些话的同学都非常认真。

但是，这就是大学。

英语等级考试、各种资格考试，都没有特别的辅导。在大学，真正体现了“师傅引进门，修行靠个人”。课堂上讲的内容是要学的知识中的沧海一粟。大量的知识要学生自学，这也就是为什么在大学没有每天把课排满的重要原因。这么多的课外时间，是要学生自学的，不是让学生在寝室里睡大觉玩游戏的。

刚进入高校，适应课堂教学就像适应你的生活一样。离开家了，生活要独立了，这个要学习、要适应。大学的教学方式和风格，同样要学习、要适应。要摒弃像中学那样，等着老师来灌你，来逼你。大学只会用制度来约束你，其余的主要靠你自觉，最终的成绩，都是你自我选择、自我努力的结果。

2021年11月19日

这就是工作

今天在投资班举行了一场辩论赛。辩题是："刚毕业的大学生应不应该买房"。提前两个星期布置了任务，要求课代表写出辩论赛策划方案；课代表、主席、辩手、评委、计时员上网学习辩论赛视频；每位非辩手同学就辩题写出自己的观点，提供给辩手参考；正反方各自进行排练；赛前提前布置教室。

8：10课代表来了，首先发给我一份策划方案，再发给参与的同学。我说这个不急，先把教室布置好。

因为布置教室是宏观问题，全局问题，涉及全班同学进入活动状态的问题，要先安排布局好。布置好了教室，再发策划方案，参与同学都到岗了，发下去也容易得多，不用再找同学了。

有学生问："教室怎么布置啊？"

我要求观众全部面向辩手，把桌子搬过来，让他们把桌子和凳子抬起来，不要拖动，以免有响声影响楼下的班级。班长坐在辩手席上让同学们搬，没有同学动手。大家你看着我，我看着你，大概是等着我指定谁来搬吧。我让班长带头，他们才开始行动。好几位同学，不起身，坐在位子上，搬动自己的桌子，弯着腰挪动着凳子。

我对课代表说："黑板上要板书。"

她问："写什么？"

我说："辩题、班级、正反方观点。"

她说："粉笔只有粉笔头了，没有黑板擦。"

我说："到隔壁教室去拿粉笔，黑板擦就在这儿呢。"

黑板擦放在讲台显眼位置，她没有看到。也许是有些紧张吧。

她在黑板上把班级写得很大，而辩题写得很小很小。我让她重新写，突出辩题。

教室布置好了，同学们也各就各位了。这时，有一位同学说，有一位计时员请假了。

课代表说，计时员好找人，这好解决。

这位课代表在我布置任务的当天晚上，就把策划方案第一稿发给我了，我提出意见后，她很快修改好了，再发给我。说明她在写的方面很主动积极。

但是，在组织活动中，课代表太被动了。你布置一项，她做一项；没有布置，没有明确下达指示和任务，她就不做。不能说她没有积极性，只是她平时缺乏相关的锻炼。所以这次，如果能把她组织活动的能力培养起来，我觉得很值。

辩论赛结束后，我做总评，先肯定了他们的成绩，接着我说："通过本次辩论赛，凸显了我班在工作过程中的许多问题。什么是工作？就辩论赛来说，主席主持、辩手辩论、计时员计时、评委打分，这就是工作全部？不，这只是工作的一部分，也可以说是工作的核心部分。为了保证这个核心工作的开展，前期要做大量的准备，要有很多的协调和沟通，即'台上一分钟，台下十年功'。所以，我要求课代表提前写策划方案；要求同学们查资料；要求主席和辩手正装；要求上网去学习，要求排练；要求要有桌牌。就是从形式、内容到过程，全方位全过程保证全员参与，保证整个活动顺利开展，完全符合辩论赛的规则和规范。

"布置教室的时候，大家不主动，说明我们工作不积极，事不关己，高高挂起；事关己，能不做，还是不做；老师不指名谁做，就不做。这种心态在工作中特别害人，工作中那么多事，老板哪有时间一一布置？工作中时时出现新情况，主管哪有那么多精力随时跟进安排？都要靠大家发挥主观能动性，自觉去处理完成。

计时员临时请假，找人替换也许不是难事。当你是活动中的一位成员时，就不应该轻易请假。必须请假，要提前和课代表或老师说，如果自己找人来替换，也应该和我们说一声。请假了，这天涉及你所有与工作有关的事，你都要安排好。这是工作态度，是一种责任感，一种团队精神。万一你是辩手呢？一时无人可以替换，怎么办？这说明我们有些学生比较自我，只考虑自己，不考虑团队和集体。

课堂活动中，班干部、课代表特别重要。你们的全局观、你们的积极性、你们考虑问题的周全细致、你们的执行力、你们的行动力，决定了这场活动的质量与效果。你们若不主动，其他同学不可能积极；你们若不提前学习怎么做，活动中就会出现混乱。”

讲完规则规范方面的问题，我再讲专业方面的问题。下课了，没有一位学生想起来离开。有好多位同学不停地点头，认为我说得很对。有一位同学说：“老师，你看，我就是正装。”

第二场是我班的辩论赛，梁贤富同学白衬衣、黑西装，还戴了校徽。整个人看起来精神状态就特别好。郑周燕同学作为主席，语速平缓，语气庄重，语调抑扬顿挫，条理清晰，很有主持范。这就给全场一个非常好的开端，对于营造庄严认真的气氛特别重要。就这场活动，他们排练了好几次。活动结束后，教室的桌凳归位。

这就是工作！

我班这两位同学对于什么是工作进行了很好的阐释，每一件小事、每一个环节、每一个细节、每一个行为、每一句话，认真对待，就做成了一件大事。

2019年4月3日

倒计时法

在大一的时候，大多数学生认真学习；到了大二，一些学生就开始放松要求；到大三后，个别学生就准备放弃学习了。

每每看到学生越来越不能坚守初心，敷衍应付时，我就对学生说："你看，时间过得超快吧。一年过去了，大学的1/3没有了，只有两年了；两年过去了，大学只有一年了；到大三时，你都不相信这么快就要毕业了。所以，要珍惜时间，不要以为浪费一小时没事，虚度一天没关系。每一天每一分每一秒都很宝贵，它们都是我们的生命，逝去了，就不会再来了。"

生活中、工作中，总有一些事极不愿意做，而又必须做，怎么办呢？我的习惯是用倒计时法来激励自己。

在学校工作中，我最不喜欢的工作是监考，我想没有几位老师喜欢监考。连续一个星期，十多场监考，不能说话、不能做事、不能看书、不能用手机。监考的第一天还好，我大脑飞转，可以思考一些东西。仅仅过了一天，大脑就不转了，因为人没动，没活力了，没激情了，大脑也动不了。

不喜欢监考，还是得监啊，一场都不能落下，迟到一分钟都不行，必须提前到教室。

于是，很多年前，我发明了一种方法，就是倒计时法。

比如，要监考12场。监考的第一天早上，我一醒来就想，1/6过去了，只剩下5/6了。其实，那时还没有监考呢，但我假定已经过去了。因为对我来说，早上起床最艰难，起来了，今天的什么事儿都不是事儿。第二天早上，一醒来，我又想，已经过了1/3，还剩下2/3；第三天、第四天早上……你看，这么快就过了1/2、2/3，只剩下1/2、1/3……这样，我每天的心情也就不太坏。其实，还挺开心的。觉得这么不喜欢的事，终于被我这么轻松地干掉了。

倒计时法，还可以安慰自己，现在烦恼的事，不想做的事，将来想做都没有机会做。还是趁现在有机会，把它做好，免得以后追悔莫及。比如，有些人退休后迅速衰老，不就是因为无所事事吗？现在有事做，应该感恩。每天忙得像打仗一样，没有时间休息，很疲惫，不要抱怨，因为有人在待岗状态呢。总有一天，我们会无比地怀念被一拨又一拨仿佛永远也做不完的事环绕的日子，无比地怀念高压力高节奏高效率的岁月。

在申报项目、做课题研究、指导学生比赛等工作中，我也常用倒计时法。凡是我感到时间紧或压力大的工作，我都设置倒计时。设置倒计时，就是给自己强烈的心理暗示，再努力一个月、十天、五天、三天，这座大山就被我爬上去了，可以站在更高的地方看风景了。但是，在这期间，必须咬紧牙关，严格要求自己，追求完美，不能有一点松懈。

今年，我开始坚持跑步。我不喜欢运动，尤其不喜欢跑步。但是今年，我说要跑步锻炼身体，就跑了，没有任何犹豫和退缩。每次跑了三百米，我就开始喘不过气来，呼吸像抽风箱一样，好想马上停下来，坐在地上。因此，我每次都先设置跑几圈、跑多久。这样每跑一圈，我就想跑了几分之一，还剩下几分之几。每每只剩任务的一半后，我就感觉胜利在望。

倒计时法，有一个非常重要的好处，就是无论学习还是工作，都让你有一种紧迫感。假如按照平均年龄计算，我们还能活五十年，过了一年，也许没有什么感觉。但是，换一种计算方法，就会有另一种感觉。比如，第一年过去了，过去了1/50，只有49/50；第二年过去了，过去了1/25，只剩下24/25；第五年过去了，过去了1/10，只剩下9/10；第十年过去了，过去了1/5，只剩下4/5……这样算，就感觉很可怕。

到了五十岁后，许多人感觉时间过得特别快。就是因为人们知道大限在后头，这就是倒计时法。

“当你还沉浸在新年快乐的喜悦中，时间却招呼都不打，悄悄地溜走了。新年的第一天过去了，全年的1/365没有了；第二天过去了，全年的1/180没有了；第三天过去了，全年的1/120没有了；第四天过去了，全年的1/90没有了；第十天过去了，全年的1/36没有了；一个月过去了，全年的1/12没有了；两个月过去了，全年的1/6没有了……你以为的新年伊始，它早就选好了方向与结局。”当我把这段话发到朋友圈，有朋友评论：“太恐怖了！”这就是时间的魔力。当你意识到时间的这个魔力后，你还敢事事抱怨，天天睡大觉吗？你还有勇气躺平吗？

人生最多只有三万多天，我已经过了快两万天，最多只有一万多天可以支配了。现在每天对我来说，都特别地宝贵。感觉每天时间都不够用，恨不得一分钟当一小时用；恨不得每一个月都有三十一天，多一天也很宝贵；恨不得能分身，一个身体工作，一个身体学习，一个身体享受生活。每天我都在充实中度过，哪怕是玩，也很高效率地玩。因为，我已经深深地认识到：时间是我自己的，我的生命在一天天一秒秒地减少。

可惜的是，到了四十多岁以后，我才懂得光阴的宝贵。但是一旦明白了，就要更加发奋图强，把以前虚度的时光抢回来。遗憾的是，怎么也抢不回来了，只有拼足当下，用好未来。我希望我的学生不要像我，要到四十多岁后才明白这个道理。好好珍惜当下，认真过好每一天，上好每一节课，做好每一件事。点滴用心，日积月累，将会拥有一个无悔的青春与完美的人生。

2021年9月3日

学会算账

有学生开小差不听课时，我便和他们算账。

三年大学，看起来时间不短，有一千多天，但事实上，却只有一瞬间。可不，你才开学两个多星期，这一学期的1/8已经过去了；年后，二月很快过去了，全年的1/6没有了，再过一个月，全年的1/4就没有了；你去年的今天才进大学，今年就大二了，很快就要毕业了。

为了你能接受教育，除了国家要提供高昂的教育经费外，你的父母还付出了相当高的成本。每年学费6000元，住宿费1000元，每个月生活费及杂费2000元左右，还有其他的开支。每一年，你父母最少要为你支付3万多元，摊到每一天，大约100元。再摊到每一节课上，假设每天你有4节课，每星期20节课，全年32周上课时间，你1年一共有640节课。基本上，每节课，你父母要为你付出50元。还有机会成本，如果你不上大学，而是去工作，还能挣钱。所以，在大学的每一天每一小时，都是有代价的。你父母在付出金钱和期望，你在付出宝贵的时间。因此，我们要珍惜在大学的美好时光。

今天上课时，我对学生讲，要对数据敏感，要善于搜集数据、整理数据、分析数据、找出规律，然后作出相应的判断。前年春节前，很多地方还没有提倡就地过年时，我就在朋友圈中呼吁：大家最好就地过年。如果一个城市暴发疫情，需要全民检测，这个城市有500万人口，假设一个人做核酸检测，从社区的通知，到取样、检测再到出报告，需要5分钟，那么总共需要2500万分钟，即41.7万小时。如果一个工作人员每天工作10小时，那么需要工作4.17万天，即需要114.2年才能完成所有的检测；如果需要在一天内完成500万人的核酸检测，那么需要4.17万人同时工作。我这只是估算，计算过程也不严谨，只是想说明，这个数字是庞大的，成本很高。所以，每一个人都要在防疫和抗疫中做好自己，不给国家、社会和别人添乱。

所以，很多事情，不要以为小就去做。你随地吐一口痰，随手扔一张纸，觉得不影响什么。但是，如果每一个人都往地上吐一口痰，每一个人都随手丢一张纸，这世界就变成垃圾场。

如果你每天记10个英语单词，1年就能记3650个，这是一个很了不起的数字。如果每周看1本书，1年看50本书，10年看500本书，这是很了不起的积累。1天记10个单词，1周看1本书，不难，难在每一天每一周，关键在于坚持，无论这一天你有多忙多累，无论这一周心情多么糟糕，都坚持去记去看，就养成了自律坚韧的品质。

每天多努力一点点，假定在原来的基础上，再努力1%，那么1.01的365次方，就是37.78；相反，如果每天懈怠一点点，假定在原来的基础上，打折扣1%，那么0.99的365次方，就是0.03。所以，不要忽视每一天的努力再努力，每一天的咬咬牙挺一挺，每一件事的完美再完美，每一件事的极致追求，几年后，滴水穿石，涓涓细流汇成大海。

人生总共就只有3万多天，浪费1天，好像没有什么了不起，好像不经意，但是1个月1年很快就过去了，人生的几百分之一、几十分之一就没有了。

要学会算账，要对数据敏感。学会计算时间，就有时间的概念，就会管理时间，将有限的人生放长放大放远；学会分析经济数据，就有经济的概念，就会投资和经营，就会积累财富；学会剖析生活数据，就有人生的概念，就会好好地经营人生，获得人生的智慧。

但是，有些账不要算。单位发了多少工资，多少奖金福利，对每一个人，都是很重要的数据，关乎到每个人的利益。但是，这个数据不用去细算，要相信，绝大多数情况下，单位不会算错。不要把有限的时间用在不能改变结果的事情上；请朋友吃一顿饭，花了多少钱不要算，友情无价；和别人共事，不要算这件事我做了多少，你做了多少，合作要双赢多赢。付出一定有回报，今天没有，明天会有；明天没有，明年会有；明年没有，10年后必定有。该粗的时候要粗放一些，该糊涂的时候要糊涂一些，该勤的时候要勤一些，该懒的时候要懒一些。生活中、工作中，和别人算得太精细、太精明，不会有真正的朋友，也不会有长久的合作伙伴。要把时间和精力用来分析经济、市场和社会，分析事物发展趋势，寻找自然和社会的发展规律，从而赢得整个人生。

2022年3月2日

爱上读书

我常对学生说，要多看书，从书中获取知识和精神食粮，充实自己的课余时间，把自己从网络游戏、网络连续剧中解放出来，把自己从空虚无聊中拯救出来，把自己从狭隘的知识结构中拯救出来，让自己畅游在知识的海洋。

每每这时，就有学生问我，应该读哪些书。

不仅学生让我推荐书目，因为这几年我读了一些书，许多朋友也让我推荐好书。

除了专业的书外，我以为首先应该读大量的经典文学及人文社科类的书。经典文学不仅语言优美，还内藏着深厚的历史、人文知识及深刻的思想。人文社科类的书，教我们了解人类、认识社会，增长我们的见识，扩大我们的视野，培养我们辩证思维，塑造我们开放的思想，养成我们健全的人格，树立我们科学的人生观、价值观和世界观。世界名著中包含的知识博大精深，具有广泛而又深远的教育意义。

我读的书中，70%以上是经典文学作品。我发现伟大的作家，都是伟大的心理学家、社会学家、教育家及哲学家；25%左右是人文社科类的书，心理学、社会学、教育学、哲学和人物传记，我都喜欢。人物传记我尤其偏爱。通过人物传记，我了解了一个人成长与发展的规律，一个伟人成功背后的社会背景、家族基因、个人品性及努力，尤其是其中的教育者，让我更加重视。《乔布斯传》，让我看到了乔布斯的父母、学校及老师在乔布斯成长中的关键作用，看完后，我写了一篇随笔“乔布斯成功背后的教育者”。经典文学中也蕴含着科学的教育理念，《杀死一只知更鸟》是一部讲述种族歧视、反对种族偏见的小说，小说中的主人翁，叙述者的父亲阿蒂克斯·芬奇却是一位非常懂得教育的父亲，堪称家庭教育典范。作为教师，作为母亲，我从中受益匪浅。

我很少看经营管理方面的书，很少看实用性很强的书，这些书不是不值得看，而是我不喜欢。通过看书，我认为最重要的是了解人性、了解社会、掌握人类发展的规律、事物发展的规律和社会发展的规律；我也极少看很深奥的书，看不懂，也没有耐心去研究。我并不为此觉得惭愧和内疚。我看书一点也不功利，喜欢为主。

因为我是教师，我尤其关注各种作品中包含的教育元素。即使看高仓健写他母亲的一篇获奖随笔“母亲的教育是斯巴达式的”，我也写了一篇读后感“成功而又失败的母爱——读高仓健随笔”。每一个人因他的成长经历、职业身份、兴趣喜好的不同，感兴趣的书籍不一样，也因为不同的成长经历、兴趣喜好、角色和身份的不同，同一本书，不同的人读，关注的重点也不一样。文学工作者可能更关注文体结构、语言及思想；心理学家可能会从心理角度进行解读，社会学家从社会角度进行分析，教育工作者则更加关注其中的教育内涵。这也是经典作品之所以成为经典，经得起时间的洗礼，广泛地普惠各类人群。

有的学生说，他只喜欢看小说。小说，很多人都喜欢看，因为有故事情节，就会引人入胜。我也是从小说开始看起的。看小说，也不是不好，只要小说的内容健康，都值得看。小说看多了，自然会想看社科类的书，因为想更深入系统地了解社会和人类。

看书要养成习惯。在最初阶段，要给自己定一个大目标和一个小目标。我刚开始看书时，定下了每年看100本书的大目标，每个月力争看10本书的小目标。为了实现这一大一小的目标，我真是争分夺秒。早上

6：00睁开眼，先看书半小时到1小时，再下床；晚上11：00睡觉前最后一分钟，在看书；火车站、地铁站、火车上、私家车上，甚至电梯上，我都看过书。有一次，我感冒了，放松了对自己的要求，每天看一会儿，5天过去了，还没有看到100页。意识到这样不行，我马上决定，不管感冒不感冒，都要认真看下去，那晚，我就看了50页。每天早上半小时到1小时，大部分晚上三五小时，周末经常十几个小时，这样整整坚持了5年，我一共看了六百多本书。

看书是精读还是粗读的问题，我没有发言权。我只有粗读的经验，只要了解了书中的思想，我就满足了，并不逐字逐句地去研究。除了诗歌，我基本上不重读看过的书。但是，我会偶尔通过网络回顾经典名著中的名句，这在网络上很好找。偶尔，我自己也会整理出来。以前，我还写一些读后感，挖掘其中的教育元素。因为现在很忙，基本上没有写读后感了。

如果每读一本书都写一篇读后感，肯定受益良多。相对来说，学生属于自己的时间要多一些，可以坚持下来。写了100篇读后感后，写作能力将会大幅提升，思想境界将会大幅提高，文化修养将会大幅增强。

每次去图书馆我都很紧张，找书紧张；看到那么多的好书，我尤其紧张，感觉时间不够用，感叹人生太短暂。每次翻开经典著作，我都感慨这些作者太伟大了，那么洞悉人性、人生和社会；每次打开诗歌，我每一个细胞都充满了音乐感、韵律感；每次看完一本书，我都要想好久好久书中包含的思想。

谁也不会想到，在大学时期除了看了一些武打小说外没有看过一本课外书的我，现在这么喜欢读书。不仅喜欢读书，我还喜欢买书。我买书有两个特点：好像我有无限多的时间看书。只要看到一本书被推荐，浏览一下简介，我就马上下单，好几次，一次就买了二十多本；好像我有许多钱买书，我买书，从不看书价，也不看打折还是不打折。以前，我不读书时，也喜欢买书，来宁波前，书房堆满了书。

清朝的金缨说："案上不可多事，心中不可少书。"多看书，案上的事自然少了许多。因为忙于看书，没有时间关注许多不必要关注的琐碎，把生活简单化了；还因为不停地看书，内心充盈了、精神世界丰富了，物质世界也就变得简单了。年轻人在成长过程中，经常陷入迷茫，处于困惑中，可以说，没有一个问题，书中找不到解决之道；年轻人还会偶尔有孤独感、无助感，可以说，没有一个你想要找的知心朋友，书中找不到；年轻人有强烈的好奇心、强烈的求知欲，可以说，书中既有你想要的所有答案，还会提出更多的新问题，等待你去思索探究。

爱上读书吧，你将变得无比富有、无比聪明、无比智慧、无比充实、无比丰富。

2021 年 3 月 5 日

旷课的学生

今天早上7：30，我到教室，已经有好几位同学在教室里看书。上午我有四节课，前两节课是我自己班的。

同学们陆续来了，在8点的时候，学习委员领读英语。

有一位始终坐第一排的同学没有来。我和班长不停地给他发信息、打电话，没有回音。

第一节课，有督导老师听我的课。我讲课，班长继续联系他。

一下课，我继续打电话给他、向分院反映、和他的父亲联系。同时派三位同学去他租住的地方找他。这位学生长得很高大壮实，我就多派了一位同学去。

在大学，学生一节课没有上，不普遍，偶尔也会有，一般不会如此兴师动众。只是这位学生患有精神分裂症，他的父亲辞掉家乡的工作来宁波一边打工一边陪他。

学生找到他租住的房屋，拼租的人帮忙开了大门。他所住的那间房子，怎么敲门也没有人打开。随后，我们分院丁书记带着辅导员过去，征得学生父亲同意后，把门撞开了。

这位学生正躺在床上酣睡。

和他拼租的人说，他晚上1点多才睡觉，可能睡晚了，早上睡过头了。

他父亲说，他每天早上要有人叫醒，才能起床。上周五，他回老家办事，走前没有通知我们。

后来，这位学生对我说，他颈椎病犯了，头晕，犯困。

我问他，为什么那么晚才睡。

他说，从下午6点睡到凌晨1点，然后起来洗澡，忙乎了一阵子。

丁书记安排这三位同学陪他去医院检查，检查结果显示，他没有什么问题。这三位同学陪他吃午餐，他下午去图书馆学习。

这件事，我不想让更多的老师知道，不想让其他班同学知道。因为很可能有人认为学生失联了，造成不必要的紧张。特别对患有精神分裂症的学生，人们相对敏感一些。我班同学上完我的一二节课后，他们分成A、B班上三四节课。我让班干在三四节课上课时，对任课老师说，班上有同学生病了，他们去陪同了。派出去的三位同学在智慧微学工上请假时，我让他们请假理由写陪同同学看病。

晚上9：00，我联系这位同学，电话打了很多次，没有联系上，又给他爸打电话。他爸有房东电话号码，没有室友的电话号码。他让我不要担心，说孩子可能睡了。我可不敢这么大意，必须有学生的信息，我才能安睡。

幸而，后来学生回复我了，说是洗澡去了。

如果再没有消息，我得去一趟他住的地方。

我让他爸爸以后留存室友的电话，以便必要时好联系。

这位同学在我们学校勤工俭学，打扫实训室。下午实训室老师发信息给我，说他周五骑车把人撞了，导致他做卫生迟到了。撞成什么样，她不清楚。

我心里一惊："是不是他骑车把人撞伤得很严重，要赔钱，他爸回去筹钱了？"

学生说："没什么大事，别人也没有让我赔钱。"

我问他爸："他长期吃药，有没有副作用，比如昏睡、头晕之类的？"

他爸说："没有。"

新生开学后不久，我有幸见到了一位心理咨询专家，她曾多次在中央电视台做嘉宾，我向她详细介绍了这位学生的情况，以及我在这之前为这位学生所做的工作。她肯定了我的做法，给了我许多建议。她认为只要学生坚持吃药，有良好的家庭和社会支持系统，他的病有可能好。

他的父母很不善于表达，他的父亲说得最多的一个字是“好”，他的母亲说得最多的一个字是“中”。

这位学生非常认真，上课一直坐第一排，听课很投入，积极回答问题，思路也很清晰，基础不错。他也很有礼貌，有问有答。只是不经常看班级群信息，所以，一些班级信息、他勤工俭学的报酬、他转专业的资料等要班干和我特别地通知他。在国庆放假、元旦放假期间，我也会和他聊聊。

晚上，先生听着我和学生及家长沟通。然后，我们就这个问题进行了交流。我们都认为，一些家长不懂得家庭教育，不懂孩子，才导致资质非常好的孩子出了这样那样的问题。这样的孩子，我们老师更应该多关注，多付出爱心。

退学的学生

这学期开学，我班的陈同学因为学习成绩没有达到要求，被退学了。七门课程考试，他过了一门，还有三门重修。

陈同学是去年九月转到我们班。那天快下班了，教学秘书通知我，有位学生转到我班，我开始以为只是转专业的，她说是从高一届转下来的。职业敏感性让我意识到这位学生很特殊，马上向她了解情况。果然，这是一位精神病患者，休学了一年。她说，一会儿学生到她那里办手续，我请她让这个学生办完手续来我办公室，我要和他聊聊。

陈同学很快过来了。他对于自己的病情直言不讳，没有丝毫隐瞒，家庭情况也基本说清楚了，除了目光无神，说话很慢，有些话我要问好几遍他才能领会外，其他方面都正常。这次开学，也是他自己从温州的农村到学校，没有人陪伴。

陈同学走后，我给他爸打电话，进一步了解陈同学和他家庭的基本情况。他爸在云南打工，在一个工地干活。妈妈在家务农，也有精神分裂。他还有一个哥哥，正在北漂。陈同学在精神病医院住过一段时间，现在仍在吃药。他很想在学校学习，他要求住在原来的寝室里，原来的同学也愿意接受他、帮助他。陈同学的室友让我很感动。

挂掉陈爸爸的电话，我找班长过来谈话，要求他帮助陈同学，平时要特别关照陈同学。因为他住在其他班寝室，一些活动和通知要特别地通知他，不要把他漏掉了。

接着，我向分院领导汇报该同学情况，领导们希望我能帮帮这个孩子。当学工办的老师让班主任填学生心理情况登记表时，我第一时间就填好了。她说："你这速度。"

我说："责任重大，必须的。"

在一学期多的时间里，陈同学安安静静的，上课准时到，但听课没有效果，只是呆呆地看着老师和黑板，并且不交作业，也不参加班级和学校活动。实践教学周的材料也没有上交，我让班长帮他做。平时各种工作和活动，他完全依赖班长，所有的事情都是班长特别通知他，他不看班级QQ群通知。

今年正月初九的晚上，他爸打电话给我，说陈同学到学校了。我大吃一惊：离开学还有一个星期，怎么这么早就到了。

他说陈同学问班长什么时候开学，班长说十六日开学，他就公历十六日到学校了。他把公历和农历混淆了。那晚，我打了好多个电话找宿管负责人和宿管老师、陈同学及他爸爸，说了好多次"对不起，春节打扰了"。宿管负责人很重视，表示每天都会安排值班老师去看他。宿管老师也说，每天都会重点关注他。

鉴于陈同学家庭的基本情况，我向分院申请给予这位学生资助。领导很支持，马上同意了。

我给陈爸爸打几次电话，他都没接。打给他妈妈，她说不清楚。唉，这个家庭不是一般的困难，是非常的困难，这更坚定了我想好好帮帮他的决心。最后，总算和他爸通上电话。

我说："你们去办一份贫困证明，可以获得贫困补助。"

他说："我得考虑一下是否值得。"

我说："机会在这里，让亲人帮忙跑一趟，不费事。"

他说："要弄证明，太麻烦了，算了，不要了。"

寒假前，学校给贫困生送温暖，我给陈同学报上了。那天，分院领导和我到寝室送了四样东西给他：被套、床单、干果和饼干，这些礼品全是品牌商品。学校对学生真的很关爱，考虑很周全，我都觉着温暖。他低着头，不说一句话。我让他向领导说“谢谢”，他就说了一句“谢谢”。

上学期期末，陈同学补考课程多。我给他爸打电话，反复强调，春节一定要让他好好复习学习，否则，退学的可能性很大。春节再和他爸通电话，了解他在家的情况。他爸说，孩子在家很用功，每天都在看书，每天学习六小时。

补考前，我把补考时间、地点和要约见老师的电话写在一张纸上给陈同学，生怕他漏了一门；给他讲考试技巧，让他把每门试卷的每道题都写满。

遗憾的是，他还是被退学了。他爸问：“可不可以不要毕业证，留在班里上课，因为孩子很想留在学校。”

我说：“这肯定不行，如果这样，学校就乱套了，还有那么多退学预警的学生在看着呢。”

我问分院领导，是否可以把学生送到成教班。领导也很想帮这位孩子，准备找教务处和成教学院沟通，看能否给这个孩子机会。可是，不到半小时，陈爸爸又打来电话：“算了，不要读了，万一在成教学院呆不久，还是要退掉的。”

就这样，陈同学离开学校了。班长全程陪同他办手续。

我问他以后的打算。他说，回去后就去打工。

去年他来时，我就想，要尽最大努力和能力帮助这位和我儿子同龄的可怜孩子。而他自己又是那么想呆在学校，可是，还是没能帮上。

他离开学校快两个月了，我还在想着一系列问题，为什么有那么多的孩子患有精神分裂症？老师该如何帮助这类学生？

十多年前，我在本科任教时，一位学生因为精神分裂休学后到我班，他妈妈一直陪同，遗憾的是，他没有读完。这位孩子曾经多次自杀。退学后，他还让他的山东老乡向我问好。

前年新生开学，我的平行班来了一位新生，他和班主任才讲了几分钟，我就初步判断他有精神问题。他不听老师问什么，自说自话，说他是因为成绩被弄错了，才来了我们学校，他本来应该上清华北大，最少应该上浙江大学；他应该获得文学奖什么的。后来，医院诊断他患有严重的精神分裂症。开始，他父母还不愿意承认，想让孩子继续在学校就读，可是医生建议学生赶快住院治疗。

老师不是精神病方面的专家，很难彻底根治一位精神病学生，只能尽最大努力让学生感受到温暖。然而，无论怎么用心对待这类学生，每每见到他们，想起他们，我心里面还是酸酸的。

2016年4月20日

转专业降级生

有一位学生，转专业降级到我班。他从不参加班级活动和学校活动，经常不上课，或者上课迟到。他刚来班上时，班长就向我投诉，说他不参加班级活动，不出早操，将我班积分排名拉下来了。班长给他打电话，他不接；QQ留言，他不回。我给他打电话，他也不接。给他留言，他回话了，尽管不及时。我约他见面，他一直推时间。他说，有什么事情，QQ里面和他说。我和他QQ聊天，看不出他有什么异样。我去找他，向他了解情况，他总是躲躲闪闪，敷衍了事，什么都不说，把自己裹得紧紧的。

今天，他的爸妈来到学校，找分院领导，想申请孩子住在校外。我给他打电话，他接了，这是他第一次接听我的电话，我让他和父母一起来我的办公室。

无论我说什么，他爸爸都要抢话，还要借此训责他。

没有办法和他们一起谈，我让他出去，先和他父母谈。

和他父母谈完后，我单独和他谈。

首先，我问他："你对父母的感觉怎么样？"

他说："我爸爸太强势太专制了，在家都是他说了算。我妈妈是爱我的，但是，她也不理解我，总是管得太多，给我帮倒忙，让我有很大的心理压力。"

我问："你怎么看待自己？"

他说："感觉我自己的个性不好，很敏感，凡事都想得很多。特别是我有强迫症，总是担心有尖锐的小东西刺伤我的手。”

他很自然很坦率地告诉我，他有强迫症。在我和他的父母交流时，他们最初还想隐瞒。

“什么原因，让你有强迫症？”

他说：“读高中的时候，我有一位叔叔做胃镜，刺穿了胃部，致死。还有，小学一年级的时候，有一位同学出车祸过世了。不过，这件事对我影响不大，因为不是我班的同学，我不熟，只知道这件事。但是，我一直记得这件事，可能有一些影响吧，也说不清楚。我叔叔的死，对我影响更大。所以，我现在特别怕尖锐的小东西刺伤我。”

“你现在的状态怎样？”

“我总是睡不着，整夜失眠，高中以前更严重。睡不着的时候，倒不是想很多不安全的事。高中时，总是想动漫的画面，那时，动漫看得特别多。”

我问他是否在治疗。

他说：“我不愿意吃药，药的副作用太大了。我也不相信心理咨询师，咨询了几次，没有效果。他们帮不了我，只能通过自己的力量去改变。现在，我正在康复中，没有以前想那么多了，对于许多事，当时想不明白的，事后能想明白，觉得没必要想那多。曾经，有一位心理医生被我烦死了，但是，他理解我。还有一位高中同学也愿意听我说，愿意接受我。我在网上看了很多关于强迫症的知识，它们教我怎么做。我也通过网络学了很多其他的知识，比如人为什么会做梦，人类发展趋势是什么。”

“你愿意和同学住在一起吗？”

他说：“我担心安全问题。回寝室睡觉不是不可以，只是学校图书馆刚装修，我担心上图书馆的同学，将小钉子带回了寝室，会伤害到我。任何新装修的地方，我都觉得不安全，担心有细小的东西刺伤我。所以，最近，我也不上图书馆。”

他和我们分院领导说，他不想上学读书。因为他害怕他爸爸，才说要上学。在他父母面前，他表示，他还是很想上学。

之前，他不想和我见面深谈，是因为不了解我，不愿意对我敞开心扉。今天见面后，他很快把所有的一切都告诉我，没有让我去调动他。也许是我平和的语气感染了他吧。

我说："强迫症只是一种心理病症，如果你不在意，就不会影响你的生活。你坦然地承认自己有强迫症这个事实，比抗拒自己有强迫症，可能对你更有利。接受它，就接纳了自己，这样你就没有精神压力面对自己。"

他承认这一点。但是，一旦有压力，他就会忍不住不停地洗手。只要他爸在家，看到他洗手，就要骂他，导致他更想洗手，从而进入了恶性循环。

我接着说："不管住在校内还是校外，都要遵守学校的规章制度，不能旷课，不能迟到，学校和班级活动要参加，上课要认真学习，作业要交，不然，影响班级，也影响你自己。你本来心理有疾病，如果在学校因为不守纪律，会带给自己更多的麻烦，你的心情会更糟糕，不利于你的心理康复。强迫症是心理疾病，要治病、要吃药、要做心理咨询，这些不要抗拒。做心理咨询时，要有耐心，不能只做几次觉得没有效果就不做了。如果那么容易好，就不会有这么多人受困扰了。我刚才也和你爸妈讲了，他们俩人也应该同步去做心理咨询。网上的那些治疗方案，不一定科学和系统，还是要接受医院的系统治疗。白天要适当运动，晚上按时睡觉，这有助于你的睡眠。我觉得你目前最好的治疗方案是，把自己沉浸到学习中，把所有的时间、心思和精力都用来学习，这样，其他的事就会少想很多。"

他说："老师，你说的我也知道，我想做到，但是很难。"

我说："当然难了，不难，你早就好了。所以，需要你更加努力。今天，也许你已经感觉到了，我是一个什么样的老师，以后，有什么困难与问题都来找我。”

看着这位无助的孩子，我心里很难受。孩子在受到心理创伤时，如果父母能及时地进行心理安抚、疏导，可能就不会在孩子心理产生深远的负面影响。我真心希望，每一位父母都能自觉自知，意识到自己的教育不当会给孩子带来伤害；每一位父母，都能倾听孩子的声音，看到孩子的内心世界；每一位父母给予孩子的是温暖、是幸福，而不是沉重、不是压抑；我真心希望，每一位父母的付出都能得到幸福的回报。

关于他爸爸对他的教育，我写在另一篇随笔里。

图书馆前的鸟窝

我在校园里行走时，也是脚步匆匆。然而，总能在一瞥中发现许多美好：路旁的一种红叶石楠，从春天的红色慢慢变成夏天的绿色，我总要多看它们几眼。年后，开学才几周，几棵白玉兰开得无比美丽，我为此写了好几首小诗；紫荆花开得很惹火；迎寒风而开的茶花，是萧瑟的季节里一道美丽的风景，它们凋落后铺成心形，很吸引人的眼球，打动人的心灵，引得很多老师和学生拍照；杜鹃花开得红艳艳，一号教学楼后面的两株杜鹃花，其中一株开得似一团火，另一株树枝枯死了许多，却有几枝开得格外艳丽，每次见到它们，我都敬畏生命的不屈与绚丽；在拐角处，从绿化带上长出一枝高高的月季花，颇有亭亭玉立的感觉。

不久前，我突然发现图书馆前的一棵树上有一只鸟窝，这引发了我的好奇心。

校园里有很多种小鸟儿，我这个高度近视眼最少看到了五种：白鹭、麻雀、鸽子、夜鹭、斑鸠等。还经常看到小鸟在路上悠闲地走走跳跳。在清晨，总能听到树林中传来一声声清脆的鸟叫，它们叫得可欢了，像刚学会说话的孩子那样带劲，我每每听了都觉着悦耳赏心，忍不住闻声寻去，只见它们在枝头间跳来跳去，相互追逐，游戏时光。

在我的故乡，喧嚣的公路边、空旷的田野上，在一些高高的树上有几个鸟窝早已不稀奇。鸟儿把鸟窝搭在图书馆前空旷的广场上的一棵高高的树上，倒是令我感到很新奇。我在想，是什么鸟儿呢？这么有文化有远见。难道它想让它的孩子一出生就能闻到书香，受到古典新籍的熏陶，从而变成一只有文化的鸟儿？它为什么不搭建在图书馆后面安静的地方，那里是一片小树林，难道它也怕寂寞吗？还是它在主干道旁的空旷广场上守望着什么？

瑞士教育家亚美路说：“教育最伟大的技巧是：知所启发。”我在新生研讨课“学会独立思考”一课中，讲到这只鸟窝，要学生学会观察、质疑、分析、求证。不要对身边的这些寻常事物、寻常现象视而不见，只关注工作、学习与日常生活；不要见到了这些，就像看到一片落叶一样，熟视无睹，不要说：“这不就是一只寻常鸟窝吗？我早就看到了。”要有一颗好奇心，多问问，多想想，多查资料多求证。这是什么时候搭建的鸟窝？从鸟窝的位置、鸟窝的形状判断是哪种类型的鸟儿搭建的鸟窝？校园里还有其他鸟窝吗？它建得那么高，是为了登高望远，还是远离其他东西的侵扰，或者是为了保护未来出生孩子的安全？如果你真的很感兴趣，还可以长时期观察是哪种鸟进出这个鸟窝，从鸟进出的频率看，里面是否已经有小鸟，小鸟又是什么时候开始学会飞行。

站在不同角度观察事物，就会从不同角度去思考问题，久而久之就会形成创新的思维方式，这些可以从学生时代起培养出来。

我们总说要独立思考，怎么思考？是从多个角度观察事物，在寻常处发觉不寻常，引起好奇心开始的。许多伟大的发现，都源于日常生活，浮力定律来自阿基米德跨进澡盆的那一瞬间，万有引力定律来自苹果砸到牛顿头上的灵感。

哈佛大学前校长陆登庭说：“如果没有好奇心和纯粹的求知欲为动力，就不可能产生那些对人类和社会具有巨大价值的发明创造。”有了好奇心，就会产生疑问，就会去思索为什么是这样而不是那样；如果是那样，将会有什么结果与后果。

2019年4月1日

老师，能让我通过吗

刚刚一位会计专业的学生找我，恳求我让她的“经济学基础”课程补考通过。她说：“老师，我就只差6分，你找找，应该能找出分数来的。”

我说：“这有两个不可能，第一，确实找不出分数来了。客观题，对了就对了，错了就错了；主观题，能给的分都给到顶了；第二，分数都提交到教务部门了，在我没有批错的情况下，也不可能改。”

上学期“经济学基础”课程，20%的学生补考，主要是女生补考。好几位女生上课很不认真，放不下手机，不让她看手机，就像霜打了一样，软绵绵地瘫在座位上。这样的学生不补考才怪呢，补考通过的可能性也几乎没有。

现在有一个现象，女生比男生更加呈现两极分化的状态，爱学习的女生特别用功，不爱学习的女生特别不学习，她们沉浸在手机游戏、视频和电视连续剧中。

“经济学基础”课程不像其他的文科课程，可以在期末考试前几周突击，这门课程要平时认真学习、记笔记，课后要复习，要做题，才可能学好。

我的另外一门课程是开卷考试，两个班还是有8人补考。考前有学生问我考试范围，别说开卷考，闭卷考我也不会告诉他。我从来就没有划考试范围的概念。我出的考题比较灵活，不仅需要学生平时认真听课，还要求学生多看经济新闻。并且每次课前，我都会和他们一起读经济新闻。补考之前，还是有学生不断地问我考试范围。最后，有一位学生补考没有通过。

补考的时候，学生能通过肯定会让他通过的，只是有些学生在主观题上一个字都不写。还有的学生随意写，与考试题目完全不相关。有一位学生在一道主观题上只写了几个字：老师，求过。这样，能让他通过吗?

补考从来都不是目的，补考只是警示学生，平时要认真学习。在上课时，我反复和不爱学习的学生讲，你跟着大家一起学习，会学得很轻松。一旦补考了，学起来会很累。“经济学基础”课程补考，通不过的概率很大，要重修，这个会很痛苦。但是，一些学生听不进去，平时不学习，考前还不认真复习。个别学生在补考的时候迟到，还有睡过头的学生没能参加补考。这样的学生不补考、不重修、不被退学预警，才不应该呢。

来找老师要成绩、要通过的学生，在补考学生中还算是好学生，还有希望，他还懂得要。有个别学生彻底放弃了，补考就补考、重修就重修、预警就预警，好像到大学里来，不是他要来的，是父母让他来的；学习不是他应该学的，而是老师逼他学的。幸而大部分补考学生能意识到补考的意义，能珍惜补考的机会，假期在家学习、开学前提前返校复习。补考对这类学生的警示作用明显，以后补考的概率很低。

有时，为了让一位学生顺利毕业，老师真是精疲力竭。有人说，毕业是学生自己的事，你可以不管。但是，哪能真不管呢？他糊涂，老师不能跟着他糊涂；他偷懒，老师不能跟着他偷懒。如果他真的那么自知自觉，我们老师也就没有价值了。

尽管如此，我还是希望，老师的价值体现在引导学生做人做事上，而不是把大量精力放在维持课堂纪律、强调学习的重要性上。

2021 年 9 月 14 日

如何对待网络信息

上课时，我经常就经济新闻或经济事件向学生提问。学生总说：“我知道这件事。”让他详细地讲这件事的前因后果、内在逻辑关系、里面包含的经济理论、对我们的启示，他们就答不上来了。很多时候，他们仅限于知道有这么一件事，至于这件事的内涵与外延，他们没有去深挖、去思考。所以，表面看，好像学生知道得很多，其实，他们懂得很少。因为碎片化的信息太多了，他们不能沉下心来研究；因为网络信息覆盖得太快了，他们没有好好地消化。就像零食和快餐吃得太多了，没胃口吃正餐一样。最大的遗憾是，他们还不认为是自己的胃口被零食和快餐败坏了，只认为是正餐做得不好，越发地浮躁、一知半解、没有耐心听课、静不下来潜心钻研。

互联网时代，很多信息会第一时间放出来，很多事也可能因为这样那样的原因被放大、放得很大甚至无限大。喜欢当瓜众的，每天都有瓜吃。

我经常和学生讲，不要在网上凑热闹，不要随大众的观点而动，不要被一些细浪支流带偏了，要看大势跟大浪，要去探究热点事件背后的原因，要有自己独立的判断。对于经济新闻，要看数据，研究数据，得出自己的结论；对于社会新闻，要看人性，要看社会发展规律。不要鹦鹉学舌、人云亦云，更不要跟着起哄愤青，在网络里面刷存在感。我们的时间很宝贵，不要浪费在这些上面。凡是我们主动去接触的东西，一定要有利于我们的学习、进步与成长。

世界很大，社会事多，没过几天，就会有一个热点新闻出来。我们不要轻易在网络上发表自己的看法。网络上的信息真真假假，仅凭这些碎片化的信息、没有经过考证的信息，怎么能作出正确的评判呢？我看了法国社会心理学家庞勒的《乌合之众》这本书，对于网络上的言论与情绪，我比较冷静与理性。无论网络上的哪一个事件炒得多么火热，我始终坚持一个原则：制度层面的相信国家，相信国家的治理能力；法律层面的相信法律，相信法律的公正；社会层面的相信社会，相信社会在进步；个人方面的相信人性，相信人性向善向美。

生活在互联网时代，海量信息，热点事件，你想远离是不可能的，也没有必要远离，因为这就是你生活的环境，你得接受它。但你不能被它们迷惑了双眼和丧失了判断力。要充分利用网络上提供的信息，来研究你感兴趣的事。我喜欢探究成功人士，很好奇他们是怎么成功的，尽管成功必须具备的特质有哪些我早就知道了，但是，对每一位取得巨大成功的人士，我仍有很强的好奇心去探究他的家庭教育、他的父母、他的思想、他的思维、他的努力。我喜欢研究家庭教育，不仅喜欢研究成功人士的家庭教育，还喜欢研究被舆论吵得很热的可悲可恨之人的家庭教育。我发现前者几乎都有不错的基因，所以，我觉得作为父母要努力拼搏，为后代提供一个优质基因；后者几乎都有一个残缺的原生家庭，所以对这类人，我抱着深深的同情与怜悯。人们常说“可怜之人必有可恨之处”，我却认为“可恨之人必有可怜之处”。我还会跟踪一些热点的经济事件、企业经营事件及校园事件，国美股权之争、万科股权之争、马加爵案、药家鑫案、复旦学生投毒案等，我都看了大量的研究性文章。国美股权之争，网络上能找到的有研究意义的文章我都找来看了。药家鑫案、复旦学生投毒案，我分别写了随笔。跟踪、研究这些事件，丰富了我的知识结构，对我的教学、育人有重要的帮助。

网络上海量的信息，你怎么捞到对自己有用的信息呢？那就是尽量找研究性文章，找相关的书看，比如，比尔·盖茨和梅琳达离婚，媒体炒得网海沸腾，我就买梅琳达写的书《女性的时刻》；马斯克很成功，他的新闻很多，我就买她妈妈的自传《人生由我》。看后，我写了两篇随笔“凤生龙”“真正的美人没有迟暮”；冯仑被称为地产界的哲学家，我就买他一系列的书；俞敏洪一直在激励大学生，我看了他的好几本书和许多演讲；华为很厉害，我看了好几本华为的书。法律方面的热点，我就找律师写的文章；经济和房地产热点，我就看张维迎、吴泽平，还有大企业家的文章。

网络上的热点新闻不要排斥，这是提供我们研究某一方面的机会。如果一件事没有被媒体推出来，它的很多信息我们得不到，一旦这件事被推到大众面前，它的方方面面信息就都暴露出来。只是我们要有一双锐利的眼睛，刺穿云雾，得见山山水水；要有一颗善良的心灵，去发现美好；要有一双有力的手，推动自己向优秀者学习、向卓越者学习；更要有一个理性又善于思考的头脑，大浪淘沙、抽丝剥茧，把庞大的网海仅仅当作学习的工具，而不是打发时间的一个玩具。

习近平总书记指示：“在信息时代做好老师，自己所知道的必须大大超过要教给学生的范围，不仅要有胜任教学的专业知识，还要有广阔的通用知识和宽阔的胸怀视野。”信息化时代，做好一位老师更难，老师必须用大量的时间了解网络上的信息、科学利用信息充实自己的学识，方能引领学生正确地对待网络信息。

2021 年 9 月 2 日

我们和本科生的差别

今天给会计专业新生上第一次课，课程是“经济学基础”。老习惯，先给他们讲一堂人生课。

首先，我问同学们：“你们为什么考上了这所学校，而不是考上本科，而不是高考没有落选？”

他们面面相觑，不明白我为什么这么问。

我接着问：“你们和考上本科生的差别在哪儿？你觉得考上本科的同学都比你聪明，还是都比你们勤奋，还是他们都掌握了学习方法，或者是他们学习习惯好？”

大多数同学认为，和考上本科的同学相比，没有他们勤奋，没有他们学习习惯好。他们不承认自己的智商比考上本科的同学低。

接着，我就开讲了。有些观点我已在随笔“新生见面会”中阐述了，在这篇文章里不再重复。今天我重点谈后者：我们与本科生的差别在哪里？

我说：“到我们学校来的学生，一般来说，有两门课成绩普遍不太好：数学和英语。数学代表逻辑思维，英语代表学习态度。数学成绩不好，并不是智商不高，而是不愿意思考。现在的学生智商都不低，差别是愿不愿意思考，善不善于思考。还有，你们不喜欢刷题，数学需要大量做题，考不好数学的学生，普遍做题量不够，也就是勤奋不够。英语成绩不好，不是英语难学，而是英语要花时间去记去背。愿意花时间学英语，就要有很强的自律性，能控制自己，别人出去玩，你记单词；别人玩游戏，你背句子。凡是不爱学习的学生，不愿意花时间学习的学生，不能很好控制自己玩心的学生，英语成绩都不好。

高考，我们不是输在智商上，而是输在不善于思考、不够勤奋、不够自律这三个方面。如果这三点不改变，我们不仅会输了高考，还会输了以后的人生。

当然，并不是说，职院就不行，更不是说，我看不起你们。只是我们一定要认清自己，看到自己与别人的差距，找出自己的不足，这样才能提高自己。高职院校的学生有许多优势，其中最大的优势是动手能力强，很快适应市场。但是，工作三年后，我们大多数学生的发展落后于本科生。本科生刚入职时，可能没有我们灵活、接地气，但是，由于本科生爱思考、善于思考，工作时间长了，他的优势就体现出来，他们普遍比我们走得更远，站得更高。因为我们只会做，只会执行，他们却在做中不断总结为什么要这么做，不断思考应该怎么做，才能做得更好。比如，你们会计专业的学生毕业后去企业，最初的月工资收入三千多元左右，几年后，也就五千元左右。如果只会记账，只会动手不会动脑，你始终是记账的会计。如果你善于思考，在做账的时候，根据财务数据思考公司的成本为什么上升这么快，应该从哪些方面进行控制、怎么控制，公司该如何筹划税费、如何理财，从财务管理的角度去做账，你就成为管理者。无论地位和收入，财务总监都高得多。我让学生做项目、汇报PPT，他们经常把所有相关资料直接复制粘贴上去，PPT中大段大段的文字没有逻辑关系，很少用图和表进行描述，这就是不归纳、不总结、不思考、不认真的表现。真正愿意思考、勤奋好学、严格自律的学生，会把这些材料的内在逻辑关系理顺，高度总结凝练材料的核心思想，然后进行分析，提出自己的想法。

今年一位专升本的学生在我的文章后面留言说：‘感觉我们和本科生

相比，自信心、胸襟和视野方面都有很大差距。’本科生除了完成学业外，还看大量的书，还关注社会和经济生活，而我们的学生很多时候上课都不能认真听课，课后更不学习。时间久了，差距就拉开了。”

然后，我问学生：“不迟到、不旷课，你们做得到吗？”

学生都说：“做得到。”

我又问：“不带早餐进教室，你做得到吗？”

学生还是说：“做得到。”

“每次上课前，和我读一则经济新闻，你做得到吗？”

学生依然回答：“做得到。”

我再问学生：“上课不玩手机？你们做得到吗？”

学生沉默了。

我说：“迟一次到，仿佛没有什么，但是迟一次到后，很快就会有第二次、第三次……第N次迟到，旷课也是这样。所以，最好的办法就是一次都不迟到。每次提前到教室，从不旷课，这就是自律，这就是勤奋。你们会计专业的学生向来爱学习，过去百分之九十以上的学生上我的课都做笔记。但是，在期末，如果不靠平时成绩拉分，‘经济学基础’课程还会有不少的学生不能通过（听到这里，有的学生露出惊讶的表情）。‘经济学基础’对你们来说是一门很难的课程，也是经济管理专业非常重要的基础课程，西方国家有人认为经济学是社会科学之王。因此，上课时，不仅要认真听课，还要开动脑筋，勤奋、思考、自律同时进行，才能学得好。还有一点要特别强调，控制好手机，一次不玩，就不会玩第二次。

刚才，我布置课外作业，要求你们每人写一篇文章，谈谈你理想中的大学是什么样的，你感受到的大学是什么样的，你三年的规划是什么。我没有要求字数，如果我现在不提示，有的同学可能交给我两三行字。你们的写作能力、思考问题的能力、对自己的认识、对人生的看法、组织语言的能力及你们的态度，会综合反映到这篇文章中。三年后，你会看到自己的变化，自己的进步。”

下课后，课代表说我的课讲得好，喜欢听。

我希望同学们从第一节课开始，一直到最后一节课，都保持这样的专注与学习热情。

2017年10月9日

置业规划设计方案汇报

在“房地产经纪实务”这门课程中，我让学生做一份置业规划设计方案，方案每人都要做。基于时间的考虑，每组只派一位同学上来以PPT的形式进行汇报。

这是一次大型作业与活动。学生要将前面所学的所有房地产知识与技能都融合起来，做成一幅作品。置业规划设计方案包括：购房者基本信息和财务状况、购房目的、房源的选择、首付比例、贷款额度及还款方式的确定、税费的计算等。这些内容在前面都讲过，学生也都做了相关的实训项目。

如同以往每次汇报一样，同学们之间的差距越来越大，大到难以想象，很难将一个班两个组进行比较，你不会相信是同一位老师，在同一个时间、同一个地点教出来的学生，但事实就是这样。有一个班万豪组（我让学生以房地产开发公司或房地产经纪机构的名称给自己的小组进行命名）的PPT做了五十多张。前天组长问我，页数太多了，有关系不。我说没有关系，只要内容的确需要。下达任务时，我建议学生PPT保持在15~20张之间，防止做得过于简单，也防止眉毛胡子一把抓，把不相关的东西都塞进PPT。同时，要求PPT必须以图表为主，文字要简洁，用关键词。当然如果确实需要，内容多也没有关系，重要的是通过这个活动，学生多学到一些知识和技能。这组作品的设计、框架、结构和形式都很棒，内容也非常充实，找了四个楼盘，围绕地段、开发商、价格、配套、户型等方面进行了全方位比较，最后，很理性地确定具体房源。当然也有一些小问题，比如在假定中，该家庭支出与收入不太合理，公积金贷款超额度，但是，有这些小问题很正常，否则就不需要我这位老师了。

这位汇报的同学上课很认真，一直和我互动得非常好。他家买房时，他全程参与，所以，他对宁波目前的房地产市场很了解。这点对学生非常重要，家长让孩子积极参与日常家庭决策与活动，孩子从中学到许多社会知识和经济知识。从这组学生做的PPT及汇报情况来看，他们以后买房没有问题，还可以指导别人去买房。如果他们去房地产经纪公司就业，会很快进入工作状态。

就在同一个班，第一组做的PPT只有11张，除掉目录、致谢及关于买房重要性说明外，只有五张PPT有实质内容。这五张PPT做得很粗糙，购房者假设太简单，家庭成员没有详细说明年龄、工作单位；收入结构和支出结构都没有讲，只有总收入和总支出，没有明细；更没有选房确定房源的过程，没有税费的计算。这幅作品，很难体现他们已经上了八周课。

学生汇报时，我的要求也比较高，不允许他们对着PPT从前到后读出来，要他们自己组织语言。PPT里面的知识点错误、错别字、标点符号和常识错误，我都要指出来。

这个任务综合又具体，要求也很细化明确，能全面考量、评估学生前面所学的所有内容，又能培养学生综合思考分析问题的能力。两个班，有一半的同学做得相当不错，房产知识和专业技能掌握得很好，能做出客观的分析。但是，还是有少数学生在应付。

我总结时说："你们同时上课，如果有人认真，有人不认真，在第五周后就明显分化。平时一节课，仿佛老师讲不了多少，你学不了多少，但是，每节课一点，每次课一点，每天一点，每周一点，爱学的同学知识和技能越积越多，不爱学的同学掉队越来越远。现在，同学们智商都不差，差就差在每节课的这一点上。'不积跬步，无以至千里；不积小流，无以成江海'，一些同学不懂得平时的积累，不愿意时时做功课，日日下功夫。2015届有位武汉籍的朱同学，毕业后去房产中介机构做销售，2016年收入突破了50万元；2017年开始带团队；截止到2018年3月，他自己就买了两套房。上课时，这位学生一直坐在第一排，很投入很认真，总是抢着回答问题，和我互动最多。我请一位房产中介的工作人员给我们专业做讲座，他很有心地记住了这位房产中介工作人员的联系方式。实习时，他联系了这位工作人员，去他那里工作。毕业后，留在那里。和他一起去这家房产机构工作的另一位同学，实习时就被淘汰出局。

"好成绩不是一天生长出来的，像种花种树一样，每天不见长，但是，在日晒夜露中、在风吹雨打中，不知不觉中长成了参天大树，开出了漂亮的花。我们学生把每一次课听认真了，每一次作业做认真了，每一次活动做扎实了，一学期后必定能摘下几个大桃子；三年后必定收获累累硕果。"

2018年4月23日

撰写商业计划书

学生让我指导他们参加“挑战杯”比赛。到提交材料截止日的尾期，他们才决定参赛，获奖的可能性很低。但是，参赛的目的主要是为了学习、提升能力，基于这点，也就无所谓时间的长短了，尽力去做，才是最重要的。

这次参赛的要求，其实就是写商业计划书。

我先把三个组二十多位学生召集到教室里，给他们讲怎么写商业计划书。

首先，要跳出学生的身份，以创业者的思维去写这份商业计划书，这是最重要的定位。角色不明，写出来的东西就不像商业计划书，而是学生做的作业。

第二，要组建团队。团队成员都是学生，也可以，但是要写清楚，每个人的经历阅历，每一个人有哪些优势，有哪些创业或从业经验，每一个人的职务与职责，做到优势互补。还可以充分借力，向项目所在行业的从业人员借力，邀请他们加入到该项目团队中来。团队成员最少有三个分工：管理、技术和销售。

第三，要明确你准备做什么、为谁做、怎么做、何时做、做成怎样。做什么，即你的产品或服务是什么？为谁做，即你的客户群体是哪些？怎么做，即你的商业模式和盈利模式是什么？何时做，主要是你的项目进度安排；做成怎样，即你的产品或服务在市场中的地位。要做到这些，必须有充分的市场调研，获得大量的信息，然后总结、分析。

第四，要对经济效益进行分析。要有投资预算、融资计划，对收入及盈利情况进行预测。所有这些要合理合规，符合实际。有的学生写得太简单，投资预算只有电脑设备和办公室租金，融资计划没弄明白是怎么回事；收入盈利情况分析只有总收入、总支出。仅仅通过这一点，就说明对该行业、该产品（服务）不了解，市场调研不充分，所以，项目也就没有可行性和操作性。每一项的预算都必须有依据，不能凭空设想。比如投资预算中的设备，要精确购置多少台（套）设备，每台（套）设备原值是多少；要购买哪些材料，分别买多少，价格是多少，什么时候买，都要一一明确精确。

第五，优势分析。市场竞争激烈，凭什么你能把这个项目做起来，在团队、技术、产品、市场和管理中你有哪些优势，要详细地写出来。不要泛泛而谈，要具体明确，比如你有技术优势，你就要把你的技术指标、产品参数写出来，与目前市场上的技术和产品相比，有哪些改进与提高。

最后，要有风险分析。创业不可能没有风险，创业前要对风险进行充分认识与评估。一般从政策、市场、资金、技术和管理等方面进行分析，并且要提出化解风险的对策和措施。

后来，在指导大二那组学生中，我详细地帮助他们分析了项目。这组负责人叶同学说，他一看到“挑战杯”比赛，就马上想到他的家乡奉化桃业。他家乡的桃业没能形成规模经济，桃农还是用比较传统的思维在生产和销售。他想帮助家乡人的愿望非常美好，他的这份初心令我很感动。用身边熟悉的产品做项目，很接地气，很理性，成功的概率要大一些。

但是，他们的盈利模式没有理顺，我指导他们理了四个产品线：门票、桃果、桃饮料、桃点心；他们的商业模式太简单平面。只有线上线下，线上有哪些模式、线下有哪些模式都没有说明。我说：“在项目着手前，要做大量的市场调研，用图和表表现出该产品市场容量，分析行业发展趋势，找出该行业的痛点，然后去解决这个痛点。你要想把桃产品做成高端，就要有研发团队，要和大学、当地农科院所合作，开发出新产品；你要想做好桃产品的推广，要联合当地的政府、桃业基地和桃农，还要联合一些品牌的销售平台，帮你做推广。当你没有多少人员、没有多少资金时，你要找到生产厂家，你就只做桃产品的研发和推广，其他的和别人合作，让他们去做，你只要设计、研发、控制质量和进度就行。写商业计划书，不要写成作业，只有点和线，没有面，更没有空间。既要有很好的宏观架构，还要能落地，能付诸实践。别人拿到这份商业计划书，就能看出你适不适合创业，能不能把项目做起来。最少，通过企业写的商业计划书，我能看出他们是管理型的公司、技术型的公司、业务型的公司，还是资源型的公司。做企业，一定要做成管理型的公司，你的经营理念是什么要明确。还有，桃农的思想比较保守，他们也比较现实，一定要很快看到收益，否则，他们不会相信你。你怎么说服他们与你合作，是这个项目很重要的一个环节。很多人想做农产品项目，都没有做成，其中一个重要原因是这个问题他们没有想清楚，或者想清楚了没有解决。”

这两位学生很努力，最后他们的项目从分院推荐到了学校。时间这么短，能出这样的成绩，已经很了不起。他们表示，明年再努力。

2022 年 4 月 1 日

第四篇

永远相信孩子

永远相信孩子

新生入学一个多月，一位家长联系我，她说："我今天是想咨询一下，我的儿子有肠痉挛，不能剧烈运动。一跑步肚子就会痛，从小学的时候开始，看了好多医院，一直无法治愈。他说，需要去医院开具证明，对吗？"

在得到我的肯定回复后，她联系了宁波一家医院的院长。她说："他胆小又内向，不敢一个人去，您能否找个学生陪他一起去。实在不行，我和他爸过去一趟。"

她不在宁波，这点小事，哪能让他们这么劳累奔波呢？

我向这位同学了解情况后，对她说："您放心，孩子自己会处理好的。我刚和他聊过了，他很独立。您的孩子既不内向，也不胆小，挺活泼的，同学们都很喜欢他。"

我问这位同学："你需要我找人陪你去吗？"

他说："不用的，老师，我自己会处理好的。"

我说："我相信你一定能自己处理好。"

他很自信地笑着点头，表示认可。

"儿行千里母担忧"，更何况是一位从小就有着难治之疾的儿子在几百里之外，这位家长的心情我理解，但是，我感觉很多父母既不了解孩子，也不相信孩子。

他们可以不联系医院的院长，让孩子带着病历，自己去医院，现在的医院服务非常好，孩子完全可以自己处理这件事。

她的孩子真的一点也不胆小和内向。他很喜欢说话，说话时，也总是带着笑，很阳光很温暖很积极的模样，和同学们关系处理得很好。写这篇文章时，这位同学笑眯眯的表情一直在我眼前浮现。

她对孩子的评价，让我吃惊。可能很多孩子嫌父母管得太多了，太爱唠叨了，都不喜欢在家表现自己吧，以致，父母不了解孩子。

每每家长为了孩子很简单的日常和我联系时，我都要告诉他们：相信您的孩子，这件事他能处理好。

孩子上大学了，很多家长还不敢放手，担心这担心那，生怕孩子饭没吃饱，觉没睡好，课没选上，同学关系处理不好。在我儿子大学的家长群里，我也看到了许多焦虑的家长，上学报到、选课、竞选学生会、实习、就业、签证、谈恋爱，都要担心。有的家长还到学校去偷偷地看孩子军训，甚至有的家长担心疫情期间孩子从国外回不来，好工作都被别人的孩子抢光了。

通过我的长期观察，孩子不比父母懂得少，不比父母能力差，只是在某些时期，思考问题不够全面，韧性不够强、做事不够细致。父母只需要把握孩子发展的大方向，然后，努力做好自己就够了。我还发现，孩子对父母的了解，也比父母对孩子的了解要全面要深入。所以，父母不要给孩子贴标签，说孩子这不行那不行，成绩不好、学习能力差、内向胆小。父母只要稍微了解孩子在学校的表现，就会发现，孩子足以让他们骄傲与自豪。有许多学生，一次次从失败中站起来；有许多学生，顶住巨大的压力，完成了竞赛项目；有许多学生，成为出色的班助；有一些学生，从残缺的原生家庭中，获得了新生……我时常感动他们的努力、他们的成长。

孩子是一个独立的生命个体，有着很强的独立成长的原动力；学校是一个非常负责任的社会组织，会帮助孩子健康成长；班级间、同学间是一个温暖的大家庭，孩子有事需要帮助时，会有很多双手前去援助。家长不用管那么多、那么细，遇到问题和困难，他们自己会想办法解决。让孩子处理自己的事，会让他更快成长，更好地融入班级和学校；让他们多实践，他们就会找到处理事情的规则；让他们多扑通，他们就会找到社会发展的规律。

相信孩子，其实是相信自己和社会。相信自己的家庭教育，相信自己的言行会潜移默化地影响孩子，相信社会上有很多人会帮助孩子；相信孩子，其实是增强孩子的自信，给孩子直面困难的勇气，给孩子成长的动力，给孩子广阔的发展空间。无论孩子在身边还是在远方，相信孩子，是他自己那艘小船的舵手，能在风雨中独当一面；无论孩子处于顺境还是逆境，相信孩子就是窗外的那棵树，一定会向上生长；无论孩子学习成绩好还是暂时不好，相信孩子，一定是那朵会盛开的夏花。

2021 年 10 月

他是我的榜样

“挑战杯”比赛接近尾声，我任教的大二学生请我做他们的指导教师。我自己的班有两个队，也让我指导。他们都是临时参赛，时间紧，任务艰巨，我的时间和精力不够，没有接受这位学生的请求。

这位游同学不放弃，她说：“老师，您再带带我们呗，再考虑考虑嘛。王凯学长向我们推荐的您，我和王凯学长是一个部门的，我觉得王凯学长的经历很值得我们去学习，然后就找他给我们推荐老师，他第一个就推荐了您，所以，我还是打算向您争取一下。”

学生都这样说了，我还能拒绝吗?

她的这段话让我很感动，她不是一被拒绝，就马上气馁，就马上放弃。这种锲而不舍的精神，是我一直提倡的，也是我喜欢的。

我还感动的是，她向勤奋者学习，以优秀者为榜样的这种品质。

王凯是我的课代表，工作期间表现非常出色，我看到他的努力与进步。在我的引荐下，他以优异的成绩入职银行。由于他出色的表现，银行到我们学校来招聘毕业生，他带进去了我们分院的三位同学。这家银行原来是不招专科生的。

王凯曾经对我说，他刚进校时，文体部的部长很热心友善，乐意帮助人，工作能力很强，工作中对同学们的要求也很高。有一次，当他想放弃时，她批评他、鼓励他。他很感谢他的部长，以她为榜样，决心以后也要当学生会的部长。

这两件事，不仅让我感动，还让我心生敬佩。说明这两任部长在平时的工作中，赢得了所在部门小伙伴的信任、尊重与认可，也说明了学生们内心都有积极向上、向优秀者学习的可贵品质。

只有心向优秀，才能成为优秀。同学们相互学习、相互促进和提升，你以我为榜样，我以你为模范。早上起床时，相互鼓气；阳光长跑时，相互助威；记英语单词时，相互督促；专升本学习时，相互激励。我的上届班级中，两位班助给我班学生树立了榜样，在我班学生进入大二后，他们也都争先当班助，希望像他们的班助那样，为新生提供服务与帮助。这就是一种优秀品质的传承。

我喜欢看名人传记，喜欢和学生讲伟人的故事，也时时鼓励学生要看成功人士的成长故事，告诉学生，无论是富兰克林还是曾国藩，年轻时都不出色，但是他们在人生中不断地学习与努力，成就了光辉灿烂的一生。

一些学生以为伟人、名人高不可攀，离我们太远，其实一点也不远，他们都是奋斗出来的，他们都是我们的榜样。

然而，最好的榜样，莫过于同学和朋友，特别是同学。大家天天在一起，优秀者的一言一行、一举一动，你都看在眼里，记在心里。你会琢磨他为什么成绩好，他为什么能当班长，他为什么能当部长、当学生会主席，他为什么竞赛能拿第一，他为什么球打得这么棒，他为什么舞跳得那么美，只要时时留意观察，都能找到理由。而这些背后，无非是努力、努力再努力，付出、付出再付出。

人都是有惰性的，人也都是有局限性的，唯有多与优秀者做朋友，多与努力者合作共事，才能不断地提升自己。

对于心中有目标、有榜样的学生，他们参与学校活动、参加竞赛，我们都要全力以赴地支持。结果不重要，重要的是他们有这种态度和品质，把这件事认真做下去。

学生的榜样，胜过父母的千言万语，胜过老师的苦口婆心。所以，作为班主任，要积极在班级树立榜样。一个班要有学习的榜样、读书的榜样、音乐的榜样、运动的榜样、生活的榜样、助人的榜样、管理的榜样。让人人成为某一方面的榜样，也让人人都有可以学习跟进的榜样。所以，老师要善于培养榜样、发现榜样，不要因为学生只是小小的善而忽视了他，不要因为学生只是小小的进步而否认了他，不要因为学生只是小小的爱心而疏忽了他。要鼓励他，帮他把小善小进小爱发扬光大，进而激发他的潜能，成为别人的榜样，从而也就让他有了价值感和自豪感。如果一个班，人人都可以成为榜样，人人都有学习的榜样，这样的班级就会形成你追我赶、百花齐放的班集体。

这是我最想要的班级，这是我最想做的事。我也会努力，成为学生的榜样。

2022 年 3 月 17 日

团队的力量

上午10：00左右，我去看新生军训。他们坐在太阳底下休息，脸上都是汗，但是，他们都很兴奋，眼睛里都是光。

我对他们说："我现在很怀念以前的军训，直到现在，只要听到进行曲，还想踏着节拍走。"

他们大声地说："来吧，老师，和我们一起，再温习一遍。"

看到他们晒红的脸，流汗的脸，我脱口而出："宝贝们，我看了天气预报，今天33度，明天34度，过了明天就好了，只有30度了。挺挺就好了。"

他们开心地说："我们也快结束了。"

不知道为什么，我突然叫他们"宝贝们"。真是上了年纪的人，都自以为是长辈吗？他们也很自然地应了。在家，他们就是宝贝。

中午，学校进行消防演练。所有新生都坐在图书馆前面的广场上，腰杆挺直，头高高昂起，认真地观摩前方的消防演练。

头上艳阳高照，水泥地上晒得滚烫。今年的秋老虎，真是一只大老虎，持续高温，特别晒。而宁波的湿度很大，对于外省籍的很多学生，穿着厚实的迷彩服，更加觉得闷热难熬。

在正中午，炙热的太阳底下暴晒，让一个人坐下去，恐怕他一百个不乐意。他会看看天上，看看地上，再摸摸屁股，看看周围。但是一群人，只要一声令下，齐刷刷地坐下，没有人有万分之一秒的犹豫。服从命令、融入团队，是很自然的事情。相反，如果与众不同，别人都坐下，你不坐，你就要承受很大的心理压力。

我拍了几张此情此景的照片，发到朋友圈。好几位做企业的朋友点赞，他们深深地体会到团队的重要性。

我经常回忆我们分院曾经做过的一次团建活动。在宁波商量岗拓展，前面做了几个节目后，就开始跳圈，跳了几个小时。每组成员必须在规定时间内通过才算合格，有一个人动作稍慢，就会影响整个团队的成绩。这个活动单调又枯燥，要在平时，老师们一定觉得无聊透顶。但是那时，我们把自己置之度外，考虑的只有团体，所有人都只有一个目标，就是尽最大努力，用最少的时间通过，不影响整个团队。每跳一次，大家相互鼓励，共同总结经验。连平时很有个性的老师也全身心地去做，都没有皱一下眉头。

这就是团队的力量，这就是团队的魅力。不需要特别的命令和手段，一群人聚在一起，给定一个目标，无声无形中有一股力量，让你自觉地去践行。

每一年学生都在参加各种活动与比赛，他们形成一个团队，完成了个人在短时间内不可能完成的工作，常让我心生敬佩。我看到了暑期实践团队的努力拼搏，看到了竞赛学生几个月的苦战，看到了项目小组的精益求精。

众人拾柴火焰高，团队对群体最大的好处是凝心聚力做大事，做一个人不可能做的事，在大家相互激励下、拼比下，每一个人把自己的潜力发挥出来，形成一股强大的力量，推进群体向前；团队对个人的好处是可以克服个人的缺点与不足，使胆怯者勇敢、使狭隘者大气、使短视者远见、使弱小变强大、使自私变无私、使平凡变伟大。

所以，我叮嘱上课不听课的学生，劝告他们千万不要掉队，任何时候，跟着大部队走很轻松地就能上去，一旦掉下来，一个人再向前爬，就很难。再难的课程，大家在一起学习，都轻松；一旦补考，一个人学习，就要难很多。无论是课程的学习、参加竞赛，还是各种活动，最低的底线是不掉队，成为团队里的一分子，跟着学习、跟着进步，跟着跟着，就长大了，成熟了，进步了。

怕孤独，融入你的团队；怕落后，跟紧你的团队；要成功，引领你的团队，成为团队的核心人物，带领团队形成强大的向上向前的凝聚力。

2021 年 9 月 22 日

做自由的选择

昨天一位从我校毕业八年的学生，来到我办公室，和我聊了三个多小时。她是我曾经的课代表，在杭州专升本毕业后，回到宁波工作。她说，她一来宁波上大学，就决定以后要在宁波工作和安家。

一个月前，她离职了。原来的那份工作，单休，几乎每天加班，有时要加班到晚上12点多，照顾不了还不到一岁的孩子。她妈妈身体不好，带孩子很累，负面情绪也很多，对孩子成长很不利。

她很纠结。想找一份工作，既想要待遇好，能供得起房贷，养得起孩子，又要不加班，能在早晚和周末照顾孩子，还想从人力资源转行到运营。她在人力资源岗位做了六年，放弃掉，又感觉有些可惜。

前面的几份工作她不是很满意，而是迫于生活压力才做。第一份和第二份工作，都是在五星酒店做人力资源。选择在酒店上班，只是因为酒店可以提供吃饭和住宿。她说："现在再就业，想擦亮眼睛，找一份自己想要的工作。"

我说："你的前置条件太多了，决定了你很难擦亮眼睛找到理想的工作。当你有那么多限制条件时，你只能平衡这些条件，找一份折中的工作。收入可以，加班不太多。但是只要你转行，收入肯定会下降，并且会大幅下降。经济条件不太好，考虑收入是必须的，毕竟人得面对现实，面对一日三餐。但是，可以算一下，你们俩年收入多少就可以保证基本开支，生活质量不太差。在这个基础上做选择，更现实更理性。如果你一个月挣5000元，一年挣6万元，能保证你家的生活，你就果断地转行，做自己想做的事，喜欢做的事。你现在才30岁，要多学新知识与技能。尽管人力资源工作有六年经验，但是，这么年轻，多经历一些岗位，知识结构完善一些，眼界开阔一些，考虑问题周全一些。哪天重新做HR，你会发现，和以前处理问题的方式肯定不一样，要周全很多，为以后做管理者奠定基础。”

她说：“找了一段时间，转行运营很难，不是待遇的问题，而是没有企业愿意要我。”

“不要急，机会总是有的。今年就业形势很严峻，不好找工作。但是，要相信自己，一定有机会。从另一个角度讲，你这么年轻转行都难，如果四十岁再转行，是不是更难？仅凭这个经验，你就要坚定转行意愿，不要犹豫。”

她说：“我没有安全感，一个月没上班，就感觉要被社会淘汰了。”

我说：“陪陪妈妈和孩子，不是很幸福的事吗？把心态调整好，再上班，对家庭、对孩子和对工作都有利。现在你觉得工作重要，若干年后，你会觉得孩子的健康成长更重要。陪好孩子，是最低的教育成本，也是最快乐幸福的事。”

她说：“我想去度假调整一下，释放几年累积下来的压力与负能量。但又心慌慌的，怕玩久了，找不到工作了；我妈妈也不愿意和我一起出去度假。我不能丢开她，自己去玩。”

我说：“我感觉你一直在纠结中，考虑的东西很多。想很多，会有内耗，让人很累。既然想出去放松几天，就马上去实现。你妈妈不去，你自己去，有什么关系呢？她过她选择的几天，你过你选择的几天。许多人说我过得轻松，那是因为在平时，我尽量满足自己的每一个小愿望。比如，今天上午开车时，因为开小差跑错了，又到了田野。那时，已经12点多了，午饭的时候早过了，我还是把车停在路边，在田野走几分钟，看看稻田、玉米、白鹭，拍些照片。我喜欢田野，经常绕道去田野看几分钟。就这几分钟，把我从刚才紧张的工作状态中解放出来了，心境一下子开朗。一些小愿望要及时实现，不要累积，积一次，能耗加重一次，久而久之，就会让人很压抑。如果说换工作是大事，受制于经济和孩子，会考虑很多，不能做自由选择，那么，出去度假三五天，却是很容易实现的事情。要及时满足自己的小心愿，及时清洁自己的负情绪，这样你就会过得很轻松，很快乐。

“从长远看，你还是应该遵从自己的内心，去做运营。现在你年轻，转行有机会，到四十多岁，你经济条件好些了，再想转行，更难。刚才说，玩时要做自由选择。其实，做大事，更要尽量做自由选择，不能被眼前的困境束住了手脚。要做到这点，特别难，人不可能不考虑现实，但是只要能挺过来，就应该奔着理想去努力。不然，以后就会后悔。有人说，选择比努力重要，这个观点我不是很认可，但是，在决定人生发展方向时，选择真的特别重要。找工作时，不能太看重眼前的得失，要看到十年二十年后的自己。如果继续做HR，也没问题，接受就好，坦然就好，不要在多种选择中摇摆内耗。如果继续做HR，尽量选择制造业的HR。因为宁波是制造业大市，宁波单项冠军企业数排全国第一，专精特新小巨人企业数排全国第三，制造业的就业机会要多一些。你现在这个牙科行业太窄了，宁波没有几家民企口腔单位需要HR，发展空间就受限了。”

人都是社会人，不是自由人，要做自由选择，真的很难很难。但是，正是因为现状不是那么美好，有很多困难，更要做出有利于长远发展的选择，用短期的清苦、拼搏，换取未来的富裕与快乐。

2022年6月17日

你会玩吗

你会玩吗？

玩，谁不会？这么简单的问题，还用得着问吗？

我在一百多位大二学生中进行调查。

一些学生说，挺会玩的。

他们说，通过跑步、玩哑铃等健身活动，发现了快乐，感觉很充实；通过玩摄影，发现了生活中的许多美，感觉很开心；通过和朋友在一起，散步、说笑、打球，感觉很快乐，只要与朋友一起，不管玩什么，都开心；喜欢写日记写随笔，把生活中的点滴记录下来，感觉很有趣。

也有学生一脸茫然，反问我："玩什么？"

他们以为会玩，是要玩到一定水平，玩成专家、玩成玩家。比如唱歌，要唱到校园十佳歌手里去；打球，要打到冠军这个水平。

其实，只要玩得开心、快乐，令自己充实，都是会玩的表现。

会玩，首先是指高质量地玩。玩我所想、玩我所喜、玩我所乐，尽情地玩、开心地玩、痛快地玩。

有同学会说，游戏和电视剧就是我所想所喜所乐；玩游戏时，我就是痛快地玩、开心地玩；看电视剧时，我就是痛快地看、开心地看。

果真如此吗？

如果上课时玩游戏，你真的玩得痛快吗？如果作业没有做完，看电视剧，你真的很开心吗？

也许你此时玩游戏，正是不想听课学习，在逃避。

也许你此时看电视剧，正是不想做作业，在逃避。

逃避，永远不会让一个人真正快乐。

你每天把所有的课余时间都用来玩游戏、看电视剧，这不是全情投入。恰恰是因为现实生活没有目标，没有动力，没有乐趣，你才一直留恋在虚拟世界。

真正会玩，要看玩什么、什么时候玩、怎么玩。

玩游戏可以，但不是天天玩时刻玩，白天玩了，半夜还在玩；看电视剧也是玩，不是下课看，上课还要看。

人是鲜活的生命，要活得有意义；人是社会人，要活得有社会价值。不能把玩当作学习与生活的重心。不管玩哪方面，玩都只是调剂，都只是陶冶情操。玩需要有现实的生活与工作作为支撑。

但是，也不要把玩当作可有可无，甚至认为完全不玩的好。不会玩的人，要么不会工作与生活，要么是工作狂，将来可能会成就一番伟业。劳逸结合，生活有情趣，人的身心才会得到平衡与健康发展。

玩时，会让人放空压力，轻松愉悦；会让人思维活跃，产生灵感，激发创造力，提高工作效率；会交到很多好朋友。

我发现身边的一些人很不懂得玩。吃饭时谈工作、喝茶时说婆婆、散步时想家务。工作和生活不分、学习与玩不分，是消耗、低效的表现。不会工作和学习的人，往往不会玩。因为玩时，会想着还有作业没有做完，还有工作没有完成。要想玩得痛快，必须在工作和学习时，竭尽全力，即时高效，不马虎不敷衍，不留尾巴，不留遗憾。

要想生活轻松愉悦，要处理好边界问题。其中一个非常重要的边界就是把玩与工作、学习和生活分开。工作时奋力拼搏、学习时全心投入、生活时认真付出；玩时痛痛快快、洒洒脱脱，像一个孩子一样，完完全全放飞自己。

2020年6月9日

爱情的烦恼

一位学生给我留言。

“尊敬的胡平老师，冒昧地打扰您。上过您两门课，觉得您是潇洒、乐观的人，而且也是心理咨询师，所以，想寻求您的帮助。最近，有烦恼一直困扰我，给您发这篇文章，希望您可以给我一些建议。

“我遇到的是感情问题，我和我男朋友谈了半年恋爱。这个暑假我回家看书，准备专升本。他去一个工厂打工，那里包吃包住。工作了四十几天，前两天，他回家了。他工作时间很长，所以，我们只能每天晚上聊几句。他回家之后告诉我，他在厂里认识了一个女生，和她很聊得来，经常互开玩笑。他也向我坦白，他们回家之后，在微信上依旧聊很多，还经常一起打游戏。从理性上讲，这也没什么，聊天的内容没有超出朋友的范围。打工时，两个人都是无聊的人吧，现在都回家了。但是，我知道后，尤其是问了一些聊天的细节，发现我很介意，有点生气。

我们之间比较坦诚，我告诉我男朋友我的介意，他也向我保证会把握好分寸，他只是把那个女生看成一个聊得来的朋友。他都这样说了，我还能怎么样？还有一点，我和我男朋友的相处与他和那个女生相处是截然不同的，那个女生是大大咧咧的，和男生打成一片，但是我们之间就不怎么开玩笑。他说我们是情侣相处，他们是朋友相处。我也不是很理解……也许我自己不是一个喜欢打闹的人。

我现在矛盾的是，是我太敏感了小题大做，还是我男朋友的这种行为就是不合适。我觉得两者都有吧。我不可能限制我男朋友的交友，让他从此不再和其他女生来往，但是我心里又会不舒服。其实，问题描述到这里，我还不至于要写文章向您求助，我突然想到我这样太神经了，赶上疑神疑鬼了，我自己过得很不安，也会让对方很烦。我甚至真的觉得我的男朋友就把注意力放在我身上就好了，没有必要再和其他女生来往。这当然非常极端，我也知道不对，但是，我没有办法控制自己的情绪。

我觉得现在这个局面，我的心态有很大的问题，但是我不知道该怎么办，理性和情绪之间的矛盾，让我也没办法向谁发脾气。理论上大家都没有错，但是，我心里会非常不舒服。通过这件事，让我意识到自己的心态是不对的，这件事可大可小。在恋爱当中的占有性和排他性让我非常心累，既然意识到了，我还是想改善，这是我自己的问题，即使换一个人谈恋爱，也会再次陷入这种困境。如何平衡对象和异性的相处，我该以怎样的心态去看待这种事？请老师帮帮我。”

看了这位学生给我的长长留言，我的第一感觉是，她有很强的自省意识和能力，这点非常难能可贵。在亲密关系中出现问题时，许多人包括很多成年人，首先都是数落对方的过错，指责对方，而不是反省自己。

所以，我先对她表示认同，表示非常理解她的感受。坦诚地告诉她，如果换作我，也会生气、也会伤心，也会有矛盾纠结的心理、无能为力的感觉。

我说：“你男朋友很坦诚，说明他很爱你，也很信任你，他们之间就只是普通朋友。有时，普通朋友比情侣之间更谈得来，因为恋人间普遍很敏感，有些话不能说不想说；而他们可以无所顾忌，不用特别刻意表现自己的优点和长处，隐藏自己的不足与缺陷。当然，这会让另一方心里不舒服，有种被替代的心理。但是，正如你自己所认识到的，这是正常现象。热恋中的男女，希望全部拥有对方，拥有他的全部空间，拥有他的全部感情，包括爱情与友情，甚至亲情。但是恋爱的蜜月期之后，双方都需要回归社会，需要有自己的空间、自己的朋友。这是时间的问题，不管你愿不愿意，迟早得接受。”

她说：“老师，这些道理我懂，只是现在就是很纠结，很矛盾，也很痛苦。”

我说：“你这样，你男朋友会不会感觉，你不信任他，也有点烦？”

她说：“是的，他也觉得我太敏感，妒忌心重，不信任他，他也很受伤。”

我说：“如果一直这样下去，他要么不会把所有的一切都告诉你，要么会离开你。有人说，婚姻走到最后，看到的都是自己。爱情也一样，爱到深处，出现问题时，看到的都是自己的人格特征。你已经发现了自己的问题，就得有意识地改变自己，当然改变自己很难，但是必须去做。同时，也要扩大自己的交际面，有自己的兴趣和爱好，不能把所有的精力和注意力都放在他身上。否则，他一方面觉得甜蜜，一方面觉得压抑。时间久了，压抑成分就会高于甜蜜，他就想逃离。无论亲情还是爱情，都应该给别人自由的空间，这是他成长的需要，也是我们自己成长的需要。我们不可能总是黏着亲人、情人，他们也不可能总是在我们身边，我们最终都要成为社会人，这才是完整的人。”

道理她都明白，所以，和她沟通不费劲。只是她需要时间，让自己在这个过程中成长。

2021年9月16日

兼职的困惑

我的课代表找到我，说他很迷茫，想找个地方兼职，但是想去的企业都去不了。

他这学期只有四节课，课余时间很多。想锻炼自己，也想挣些生活费。他的家庭条件不是很好，不想用家里的钱。

我帮他在微信朋友圈里推广了一下，只有一位金融人士感兴趣。但是，他只要全职。我的一些企业界的朋友说，他们不愿意要兼职生，因为培养起来很累，好不容易培养出来，他们很快就跑了。

今天，这位学生又对我说，一家品牌服装店给他21元/小时的兼职工作，还有一位任课教师介绍的一家保险公司，给他月薪1000元，做财会工作。他不知道去哪个地方兼职好。服装店的收入高，但是，对以后工作帮助不大；保险公司收入低，但是，以后他如果想做证券，会有一定的帮助。

我说："这个完全看你自己的选择。如果你家庭条件很不好，很在乎每个月多挣1000元，就去服装店；如果你家庭条件不至于给不了你生活费，你就去保险公司。你以后想做证券，保险和证券同属于金融行业。人生多学点理财知识与技能，也挺不错的。但是，长期做下去，发展空间可能有限，毕竟不是你的专业，也不是你感兴趣的岗位。"

他说家庭条件也不至于需要他挣生活费，只是他自己不想给家里增加负担。还是准备去保险公司上班。

在大三，迷茫的学生很多。他们以前做兼职，主要做很简单的工作：发广告、帮房产公司打营销电话、托管带孩子、外卖打包、做酒店服务员等，很少到写字楼，进入一家公司从事相对复杂一些的工作。而这些公司也因为成本的考虑，一般不接受学生的兼职。所以，当他们面临实习、面临就业时，往往仍然一筹莫展。想去的企业去不了，不想去的企业感觉到处都在招人。

找工作，无论是兼职、实习还是正式就业，最好都能根据自己的兴趣、爱好来确定，并且尽量选择发展空间大、能多学技能的工作去做。刚入职，学的东西越多，以后工作起来越得心应手，往更高平台发展才有可能。一开始就把自己限定在小小的职业范围内，将来换工作的机会就少，找到好工作的概率就小。

如果不需要特别考虑家庭经济条件，应该选择能多学东西的地方去兼职和实习，不要只看眼前的待遇，这种待遇三年五年都不变，只会消磨人的激情与学习欲望。年轻人，应该去找一些有挑战性的工作，能学到实际技能的工作，迅速提升能力的工作。

把眼光放远一点，跳出眼前的局限去看问题，就少了一些迷茫和纠结。

2021 年 9 月 13 日

你自己决定

我把一位同学推荐到银行，面试中他表现很优秀，银行录用了他，他却犹豫了。目前他在保险公司实习，保险公司给他月薪1000元，银行给他月薪3000元。在保险公司，他已经熟悉业务了，如果去银行工作，心里没底。并且，因为他要专升本，去银行可能工作不了几个月就要离职。

他问我，要不要去银行。

我说，你自己决定。

后来，他又来问我。

我还是说，你自己决定。

他坚持要我帮他决定："老师，你说嘛，我到底要不要去？"

我说："银行的岗位比你在保险公司的这个岗位有挑战性，做业务跑市场多一些阅历，成长得更快，当然压力也很大。保险公司的这份工作让你轻松一些，可能更有时间和精力去准备专升本考试。我可以帮你分析在银行和保险公司工作的利弊，但是，我没有办法帮你做出决定。不能说我介绍你到银行，你录用后，就一定要你去银行。最后的选择还是要你自己做出，你最想要什么，你就做什么，不要考虑我的感受和想法。你不去银行实习和工作，也没有关系。在这个过程中，你参加了两轮面试，已经长了一些见识，学到了一些东西，态度和能力得到了肯定，也值了。"

之前，他找兼职工作的时候也找过我，要我帮他做选择题，我让他自己决定。

最后，他还是决定去银行工作。

他的选择在我的预想之中，因为他很努力很喜欢挑战自己，不甘于做一个普通的自己。

我很愿意帮助学生，却不想替学生做出决策。无论我带班还是任教，平时我都会鼓励学生专升本，但是，在专升本报名前，我从不做动员工作。新生刚入学，我只讲当班干、进社团的好处，竞不竞选班干、竞选哪一个班干，要不要进社团、进哪一个社团，完全由学生决定。不因这位学生很有当班长的天赋，他没报名竞选，就动员他；不因那位学生不适合当班长，就要他放弃竞选班长。

这是学生的人生，应该由他自己作出选择。越是重大事情，越应由学生自己作出最后的抉择，家长和老师都不应该干预。哪怕学生对未来没有明确的意向，对选择项没有足够的认知，我们都不应该替学生决定人生，而是帮他分析各选择项的优劣和利弊，把最后的抉择权全部交给他。

让学生自己决定人生，是培养学生独立性的重要课程。一些家长习惯替孩子做决定；孩子上大学后，就习惯让老师和同学帮忙做决定，这不利于学生成长。一些学生学习与做事没有积极性，很被动很拖拉，其中一个很重要的原因，就是父母代替孩子选择的太多了，使孩子缺乏责任感。

谁选择，谁负责。学生自己作出的选择，就会对自己负责。无论结果好坏，都由他自己承担。这样，作出抉择时，他就会认真谨慎，对选择项进行全面的了解、分析与评估；选择后，他就会全力以赴，不会为自己找借口是别人要他这样做的；有一天，他放弃了这项选择，也没有关系，他从此就知道这条路不适合他，或行不通，他就会吃一堑长一智。人不就是在不断的试错中成长的吗？

2021 年 10 月 27 日

删了别人的微信

一位上过我两门课的学生说："我喜欢待在小圈子里，不喜欢太热闹的地方。对待朋友圈也是这样，每过一段时间就会清理微信圈的圈友，如果与某人没有什么交集，又对这人不感兴趣，就把他删除。不久前，删除一位圈友后，这位圈友很生气，发朋友圈说我没有礼貌，还把我骂了一顿。我心情郁闷了好久，感觉自己真如他说的，没有礼貌。"

他接着说："我是个自我评价很低的人。很在乎别人的感受，很在乎别人对我的看法。但我又的确不喜欢把一些没有交集的人放进自己的圈子里。这让我有些纠结，影响了我的情绪。"

我问他："这位被你删除了的圈友，你怎么看他的感受？他有理由生气，还是不应该生气？如果别人把你删了，你会生气难过吗？"

他说："我删他，他生气，我能理解；如果我被人删了，可能会有一些难过，但不会像他那样过激，发朋友圈骂人。"

我说："这说明你自我评价不是很低。你看，如果换个角色，你就没有他那么在乎这件事。他很生气，说明他比你更在乎别人对他的评价和感受。网络时代，加谁为好友，删除哪个好友，都很正常，不用想很多。当然在被人删除、被人屏蔽的时候，心里多少会有些难过或看法。我也有这样的体验，一些人主动加我微信，加的时候，同步把他的朋友圈对我屏蔽了，包括个别学生、个别学生家长及个别社会人。最初，我也感觉不好，心想：你要加我，又把我屏蔽了，什么意思嘛？但是现在，基本上不会影响我的心情。把我删除的人，只不过他觉得我们不在一个圈子里；把我屏蔽的人，只是他不想让我走近他。我也会偶尔清理朋友圈，删除一些从来都没有互动的人。”

他说：“如果我很在乎的人删除我，我也会很难过。只是感觉我有些封闭，不喜欢和很多人打成一片。只喜欢小圈子，深交几个朋友，没事的时候，就一个人坐着静静地想，而不去凑热闹。”

我说：“这说明你能忍受孤独与寂寞，从某种程度上，还能享受孤独与寂寞。总是泡在人群中的人，要么能成为明星，要么会一事无成。成为明星的人微乎其微，大多数人都被淹没在人群中。很多成功的人士，你看到电视上他很活跃，其实私底下，他们不是很合群，因为他们要有自己的空间，去思考去拼搏。你要是在去食堂的路上遇到我，你会发现，我基本上都是一个人独来独往，吃饭的时候我也总是一个人，没有和同事坐在一起。我很喜欢拥有不受任何人打扰的空间，哪怕周围人声鼎沸，我常常沉浸在自我的世界中，静静地想刚上的课、刚发生的事和未来要做的事，或者就只看风景，就只发呆。

这个被你删除的同学那么生气，可能有两种情况：要么他把你当作真朋友，要么他自我评价低。既然你们平时没有什么交集和互动，真朋友的可能性不大；他自我评价低的可能性更大。既然你决定把他删除，不把他当作圈内的朋友，就不用在乎他怎么说，不用在乎他对你的评价。不要让他的情绪影响你的情绪，做一个有良好自我认知的人，做一个独立判断、独立决断的人。从我对你的了解看，你自我评价不低。首先，你每次都坐在同学中间，朋友不多，但是，人际关系很好；其次，年轻人正是想独立却没有完全独立的时候，特别地想要得到别人的认可。因为他们自认为长大了，成熟了，但是，在现实中，却处处碰壁，经常受打击。因此，越发想要得到别人的承认。在希望得到认可却又没有被认可时，表面上一些年轻人很叛逆，很自信，个性张扬，其实他们内心多少有些自卑。你想想，你是不是也是这样？很想得到别人的认可，却又没有完全被认可。你删除的这位圈友，是不是也有这样的心理？”

他承认，他现在有这样的心理，他删除的那位可能也有。

我说：“这是正常的心理，这是推动我们走向成熟的动力，不用回避在成长过程中情绪的波动，内心的纠结。坦然地接受自己，努力做自己，然后再努力做最好的自己。”

海明威说：“人生最大的遗憾是一个人无法同时拥有青春和对青春的感受。”青年人的迷茫、彷徨来自于多方面，人际关系、别人的评价，都是很重要的影响因素。然而，我们正是在无数个小小的迷茫、纠结中，不断地探索自己的内心世界、不断地思考外部世界，从而走向成熟。

2021 年 10 月 13 日

好朋友不理我了

昨天，有一位学生在我QQ上留言：“老师，我有点困惑，想你给我一点建议。我和一个同学莫名其妙地出现了矛盾，不知道怎么解决。然后，她故意处处针对我。我觉得很无奈。你可以告诉我，我该怎么做吗？”

我让她今天下午到我办公室聊聊。

她不愿意透露与她闹矛盾同学的姓名，只说以前她们关系很亲密，现在，那位女同学突然不理她，让她很伤心。再深入了解，原来，她们俩人形影不离，后来有两位同学加入进来，那位同学就不理她了，她被孤立了。

她问她的好朋友，为什么不再理她。

那位同学说，后面加进来的两位同学中，有一位同学不喜欢她。

她说：“我很伤心，感觉被人嫌弃和遗弃了。前几天总是偷偷地流泪，现在感觉好些了，但还是难过，觉得尴尬难受，不知道怎么面对。”

她是独生女，与父母很亲密，家住宁波市的一个县，离学校不远。她妈妈经常打电话给她，关心她的点点滴滴。她也很恋家，很依赖父母。在外面，她也一直很依赖别人。这位同学很关照她，把她当作妹妹。她说，她对人很专情，认为是好朋友，就应该永远是好朋友。

我先肯定她，对她说：“你有几点做得非常好：第一，你很重感情，对朋友用心专情，纯洁善良；第二，你能采取措施，争取她的友谊，说明你真诚阳光，怀抱美好，主动积极；第三，你困惑时，能主动找老师寻求帮助，你有突破困境的强烈愿望，这说明你内心有很强的成长要求、自我完善的意愿。第四，你能自我反省，知道自身存在的问题。一个人能自觉自知，很难得。”

我进而延伸说：“独生子女都有一种依赖心理，其原因不在于你本人，而是你父母对你的依赖，进而形成了你对他们的依赖。你第一次离开温馨幸福的家，离开处处关爱你的父母，独立生活和学习。你在潜意识中会寻找能依赖的人，来代替你的父母，你很有幸找到了，那就是这位同学。她在你与父母的亲密关系和社会关系中起了桥梁作用。她帮助你度过了刚来大学时的那段寂寞时光，陪你度过了从依赖到独立的一个过渡时期。

但是，她如同你的父母一样，不可能一直陪伴在你的身边，她有自己的处世观和交友观。她的处世观和交友观如同你的处世观和交友观一样，随着阅历的增长，随着内心的成长，不断地变化。她不再理你，尽管会伤害你，但是，对你不是坏事情。以前，你们总是形影不离，你把所有的注意力都放在她身上，而忽略了周围的很多人和事。她远离你，将促使你把视线开始转向其他的同学和更多的事物。你的社交圈更广，将结识更多的人，看到更多的风景。你的视野将会更开阔，心胸会更宽广，思想更开放、包容和接纳。

她之所以会伤害你，是因为你太在乎她，其实是你需要她，需要她像父母一样关照你，爱护你，你对她产生了依赖。而她呢？不仅需要保护你，充当长辈和姐姐的角色，她也需要被保护、被关爱，她也需要依赖别人。这件事只能说明她主动调整了处世观和交友观，她也在成长。

她的离去，正好给了你独立成长的空间，是你成长中必须经历的过程。一个人总得离开家，走向社会，走向独立，这个过程很辛苦，有阵痛。成长说起来好听，其实是个痛苦的过程，是在不断地被肯定和被否定、被爱和被背弃的过程。但是，最终肯定是走向主动去爱别人，肯定别人；主动去爱社会，美化社会。”

她很认真地倾听我的娓娓细语，红着眼圈，好几次眼泪都要流出来了。开始时，她想流泪，是因为提到伤心事；后来，她认为我说得有道理，有点感动了。今天，正好是西方的圣诞节前一天，我送给她一个苹果，她不要。我说，这是我送给你的平安果，是礼物，一定要收。她收下了。

马上要上课了，她走了。

晚些时候，我去班上开班会，讲有关期末的注意事项。悄悄地留意她，看到她脸上开心的笑，我很开心。离开教室时，我特地多看了她一眼，她向我轻轻地招手、甜甜地微笑。

2015年12月24日

我喜欢财富

有一位学生，很喜欢琢磨做生意。但是，没有一个项目他坚持做下去了。想着什么赚钱，就做什么。曾经，在网上购买批量餐巾纸，然后拆成一小包卖给同学；曾经，炒股炒外汇，赔钱了，不再做了。毕业季，他想把毕业生的教材和专升本的资料收上来，卖给下一届的学生。

凭着对他的观察和了解，我有些为他担心，于是，我问他："毕业后做一份工作，从3000元做起，你有兴趣吗？"

他说："这个还真没有。3000元的工资待遇太低了，满足不了我对钱的期待。"

我问他："你对钱有什么期待？"

他说不上来。

我又问他："你是否喜欢财富，对创造财富很有兴趣？"

他说："是的，就喜欢追求财富。"

他家庭条件不差，但他认为仍不够好，想改变家庭现状，使之变得富有。

我说："喜欢财富，有财富的概念，有追求财富的欲望，是好事，很好的事。不过，财富是积累出来的，不是一天创造出来的，要有挣小钱的思想准备。很多企业，大学生刚入职时，只有很低的底薪。在宁波，2000多元底薪的销售人员多的是，要挣钱就要有销售业绩。刚开始，能拿到3000元养活自己，就很难。

你喜欢琢磨挣钱的事，现在总在寻找各种挣钱的机会。可能你迟早会创业，但是，毕业前几年，最好找一家创业公司，好好学习，好好积累和沉淀。工作时，不要总想着创业，想着做微商挣小钱，安安心心地把一份工作做好，扎扎实实学几年。如果工作中总是想着挣钱的事、创业的事，工作就做不好。没有一位老板愿意用总想着创业的人，他想要的是踏踏实实、勤勤勉勉、忠诚专心工作的人。我见过很多聪明人、很想发财致富的人，却没有把企业做起来，原因尽管很多，基础不牢、不踏实、不务实、不执着，是很重要的因素。我也看了许多成功企业家的故事，他们在成功前，都经历了漫长的痛苦沉淀与积累。"

我问他："你知道你有哪些优点，有哪些缺点吗？"

他说："我的优点就是喜欢财富，喜欢想与财富有关的东西，这是我最大的优点。为此，我愿意吃苦，愿意受罪，也会很执着坚韧。我的缺点是很懒，不喜欢动；还有就是犹豫不决、患得患失。考虑问题比较复杂，生怕失去，也不敢冒风险。"

"你还不敢冒风险？国际政治经济形势你不懂，竟然敢炒外汇了。做投资要掌握的知识非常多，不只是技术分析的那些技能，最重要的是懂哲学、懂人性、懂政治、懂宏观经济。你对财富感兴趣，现在就要认真学习理论知识，无论哪一位企业家，做到后来，都在补习理论知识、文化知识、专业知识。只有技能，没有理论指导，不能上升到理论的高度，做不大做不强做不久。有些人做业务很强，做小公司没问题，稍大一点的公司就做不下去了，原因是不懂管理，管理要知识、要智慧。"

他说："我现在不炒外汇了。我不懂管理，我将来也可能只会做业务，做销售。"

"是做一个业务型的人，做一个业务型的公司，还是做一个综合素养高的人，做一个管理型的公司，现在下定义太早了。现在的你，很年轻，很想在市场上试一把，很想快出业绩，快点挣一些钱。但是我还是建议你深积知识，广积技能，不要太急于一头扎进创业里去，不要想着挣快钱，快钱很难挣到；即使挣到了，对长远发展不一定有利。”

这位学生上课不认真，特别是作业做得很潦草，随便应付。我感觉他以这样浮躁的态度做事，做大事，还需要磨砺。越是想做大事，越是有抱负，越是想创业，越想挣大钱，越要把基础知识打牢，越要有很全面的知识结构，越要务实踏实。

2022年5月18日

我最自豪的事

在大三学生中，我进行了一场调查：在大学两年多的时间里，你最自豪和最遗憾的事分别是什么。

学生普遍认为，大学有许多事情发生，有趣的、有意义的事情不少，也不乏让人自豪和让人遗憾的事情。

“最自豪的事应该是大二时，有一次去做志愿活动。组长让我们把一排树进行移植，我从来没有做过这样的事。我和组员们一起努力地干活，小心翼翼地铲着树苗周围的土，生怕伤到树的根须。然后，在另一旁挖一个坑，合力将树放进坑里，浇上水，又小心翼翼地将土填上。铲的过程又慢又累，生怕伤到树根，最后我们出色地完成了任务。看到树苗挺立在我们挖好的坑里，觉得累得值。”

“运动会时，我班1500米没有人报名，体育委员找了几个人，他们都不想去，最后来和我商量，想让我去凑个数。我的体能是比较弱的，但还是答应了。其实，我心底没底，相对于名次，我更担心跑不下来，所以，开跑前有些心慌。最后，我坚持下来了，尽管名次是倒数，但对我来说，中途没有停下来，我就觉得自己了不起，为此，我很自豪。”

“这三年来最令我自豪的，抑或说是收获吧，是一种认知和成长。对比以前，极大地增长了我对社会、对世界的认知，提高了了解社会运行逻辑的清晰度，这些都是看似细微、实则影响深远的变化。我想，每一个人的成长也是在慢慢地变化，被自我的信念、被周围的环境潜移默化。”

“我最自豪的是，进入大学那天起，我就想改变自己，不管怎么样，我都想去尝试。于是，我树立了三个Flag：第一，拿奖学金，从小到大，我从来没有拿奖学金，在大学，我一定要拿到奖学金；第二，我想当部长。刚进来时，结识了一个学姐，她是部长，我们一起跑步，她对我特别好，总是帮助我、鼓励我，我决心以她为榜样，也当上部长；第三，我想在大学谈一场恋爱。这两年多来，我认真听每一堂课，做笔记，认真做作业，尽量做课代表。第一学年，在班上平均成绩第七名，拿到了二等奖学金。拿到钱的第一时间，请室友吃了一顿饭。经过班助的鼓励，当了副班长，并且坚定要去体育部，从当小组长做起。中间也有迷茫，运动会期间选择了放弃，另一个部门的负责人骂了我一顿，把我骂清醒了。在部门工作时，认识了一个很可爱的女孩子，和她一起度过了一年多美好的时光。‘五一’期间，我们自驾去了青岛。”

“我的自豪感来自于一次考试。考基金时，一次性报两门，在半个月的时间里，把基金从业资格证考出来了。这件事，让我知道拼一拼、搏一搏，自己还是能做出来的。以前做事，都是半途而废。”

“大学三年，可以说是目前人生度过的最为精彩的三年。相较于初高中的死读书，大学这三年多了几分色彩，从一开始就有步入社会的感觉，到之后的疲惫，再到之后的觉醒，从中有很多新的体会。其中最自豪的是，考出了第一本资格证书，是基金从业资格证。那个时候就感觉脱离了原来的懒惰，变得自律。努力一下，我确实可以变得不一样，也变得成熟了许多，不再要别人强迫、下任务，才去被动地学习一点。只要我努力，我也可以做得很好。”

“练车时，教练说话很难听，毫不留情，我天天被他骂，他对我不抱希望，其他人相对来说要好得多。科目二我一次性地过了，他看好的学员没通过。这件事增强了我的自信心。”

“有一件事让我每次回想起来，不禁感叹当时状态的火热。考驾照对我来说，是一场噩梦。考科目三的那一天，必经处有一个施工点，我不得不换一条路，但当我直行的时候，考官踩了急刹车，原来我只注意前方，没有注意到另一侧有一个正在打电话的骑摩托车的人；第二次考时，路段比之前开过的要凶险很多，红绿灯中间有辆大卡车挡道，前面还有人急刹车，我在红绿灯中间至少停了三次。车停下来时，我整个人都心惊肉跳，但是，没有出现一点错误。到现在，我仍然佩服自己的随机应变能力和处变不惊的心态。从最初对考驾照的恐惧，到这次遇险不惊的转变，让我觉得自己其实还是可以做得很好的。”

“最自豪的还是选择了专升本吧，但是，觉得很渺茫。因为在图书馆里学习的同学实在是太多了，而且，他们还很用功，很卷，势必要卷出一条通道。总感觉自己分分钟要被杀的那种，有点力不从心的样子。”

“最自豪的是部门中担任团日组长，操办学校团日活动。在任期间，与团队的小伙伴们克服了许多遗留的问题，将团日开展的整个过程进行了优化。虽然，为此放弃了参加第二次双代会，但是，看到自己带出来的学弟学妹们将工作事务掌握得非常好，也心满意足了，可以安心退休了。”

“参加一个画稿比赛，最初不知道怎么做，但是，还是非常努力地去做，搜集资料，构思画面，用心去画一张图。最后，没有获奖，当时很难受，毕竟付出了那么多。但是，现在回想起来，挺自豪的，从画画的小白，最初的一筹莫展，到后来对画画有一些了解，我觉得这个过程比获奖对我更重要。”

“在大学，最自豪的事，莫过于考出好成绩。”

“在大学，终于可以兼职挣生活费，不向家里要生活费，这事让我感觉自己长大了，独立了。”

让学生回顾令他自豪的事，强化他的自豪感，增强他的信心，培养他的自信，这事做得很值。

每一位同学都有自豪的事，这是一件让我多么自豪的事啊！

2021 年 12 月 15 日

让孩子自己找老师

儿子所在大学家长群里，有位家长发牢骚说："孩子寝室的玻璃窗破了，已经十多天了，这么冷的天，孩子冻坏了，吹感冒了。向辅导员反映，没有效果。学校管理这么差，太让人失望了。"

一位辅导员说："这事辅导员李老师已经向学校反映了，辅导员只能反映，决定权不在辅导员这里。"

家长说："给我学校主管电话，我自己找去。"

辅导员说："这个事情建议让孩子自己来处理解决，孩子都这么大了。需要有一定的处理问题的能力。"

家长说："孩子们去找，有用吗？你们辅导员都没有办法解决，只说不干，能解决冷的问题吗？"

辅导员说："希望您能冷静一下，我们和您一样希望孩子能够在宿舍生活得舒心，辅导员并不是不作为，为了您的孩子李老师做了很多工作，也在积极的解决中，希望大家在一个互相尊重理解的氛围下，共同努力解决问题。"

过了一会儿，大概是辅导员去了解情况了，他接着说："希望家长能做好孩子的教育引导工作，这件事情，从始至终孩子都没有找辅导员反映过问题，都是家长直接联系辅导员，最开始是孩子父亲晚上给李老师打电话，李老师第一时间联系沟通，也联系到维修人员，并且把维修人员的电话号码给宿舍其他同学了。孩子作为一个大学生，这样的事情连辅导员都不去找，您反倒说找没有用，难道我们的大学生只会跟家长沟通吗？难道他们不需要一定的解决问题的能力吗？”

儿子所在的分院是全校校风最好的分院，本来儿子不想转专业，就因为原来那个分院的寝室同学每晚玩游戏到深夜。儿子对现在分院的学风、对寝室的室风，对班主任、辅导员非常满意，认为老师们很有爱心，很负责任。

家长群里，家长们无论问什么，辅导员们都积极迅速回应，我感觉他们很认真负责，也很辛苦。

这让我想起了我自己的学生，每届总有一些关于学生请假、补考、专升本、换寝室、交学费、当班干这样的事情，家长打电话给我，甚至曾经还有家长因为孩子补考要来学校。我和家长说，这种小事情让孩子自己来找我，他们都是大学生了，要学会处理自己的事。你们家长，重点关注孩子的身体、思想、心理和发展方向，生活中、学习中的小事情，都应该完全放手，相信孩子，相信学校和老师。大部分家长能理解接受。可是，也有个别家长不理解，还认为是我态度不好。一位毕业生，报到证没有收到，家长不停地打电话给我，还说要来学校。我说：“让孩子自己联系我，他都大学毕业了，他自己的事情让他自己处理。不用你操心，更不要来学校。”自始至终这位学生都没有联系我，都是家长在心急火燎的。

从学生进校的那天起，我们就要求学生要学会独立，学会自我管理。可是，我感觉相当多的学生仍停留在中学时期的状态，什么事情都要老师和班委团委去推才会去做，即便自己的事，也很被动。上课迟到旷课、早操不出、活动不参加、寝室卫生不做，这些本该是他们自己的事情，却成了学校领导的、老师的和班干的事情。我担任班主任多年，每届都有学生反映，寝室里同学不好相处，要求换寝室，或要求把某位同学赶走。昨天下午我监考，这个班的学生再过一周就要毕业实习了。可是，在开考前五分钟，还有十几位学生没有到教室；开考时间到了，还有六位学生没来；

开考十三分钟，最后一位学生才缓步而来。这个班的学生我带过课，和他们较熟，他们交卷后，我就问他们，怎么连考试都这样的不积极。每位班主任在考前都开过期末考试主题班会，任课老师也会强调考试纪律和注意事项。我不知道他们如何面对即将到来的毕业实习，如何在七个月后真正踏上社会，在社会上获得认同。

现在的学生大多是独生子女，父母在家里包办了一切，他们也习惯了父母的包办。在离开家上大学前，父母没有对他们做好独立生活的心理准备和一些必要的准备工作，他们上大学了仍然事事关心。有的家长每天晚上一定要给孩子打电话，如果孩子没有接电话，他就着急，打到我这里来了。在他们眼中心里，孩子仍需要他们的悉心呵护。正是因为父母离不开孩子，总是包办孩子的一切，导致孩子不能迅速地适应大学的生活和学习，不能对自己负责，什么事都要老师督促，班干推。

我一直鼓励我班同学在小长假时不要回家，让他们去旅游，去同学家乡看看。可是，大多数同学还是回到了父母身边。不仅如此，家里有一点小事就要回家，表姐堂哥结婚、爷爷奶奶生日，都要请假。如果请假我不同意，家长就打来电话。我和家长说，你把孩子交给学校，肯定希望学校有严格的规章制度，你肯定希望这个制度大家都遵守；你的孩子在我班，肯定也希望我班管理严格，我班有一个积极向上的学习氛围。所以，这样的事情还是请你不要打电话来，如果我准了你孩子的假，别的家长也会打来同样的电话，这个班就不是你希望的班集体了。我很感谢绝大多数家长理解和支持我的工作，但也很郁闷，有个别家长用两种标准来要求我们。

我非常认同儿子大学辅导员老师的话，作为大学生，需要有一定的沟通能力，不要事事依赖家长，只敢和家长沟通。大学生，不仅要完成规定的学业，还要学会生活自理、自我管理、自我发展、精神独立。如果事事依赖父母，而父母又不愿意放手，这样的学生尽管拿到了大学文凭，可他的能力、思想仍停留在中学阶段；尽管他是二十多岁的成人，但思维和精神仍是个孩子，很难适应复杂的社会环境。

所以，家长一定要学会放手，孩子成长是自然的事，不要过多地干预。孩子一进大学，就要有意识地把他当成有思想、有作为、有能力的成人；要相信学校，相信老师，学校的环境绝对优越于社会，甚至优越于很多家庭。家长只需要给予孩子信任的目光，这种信任的目光比什么都重要，让孩子感觉自己长大了，是成人了，可以解决自己的问题了，从而就会对自己负责，生活上照顾好自己，学习上积极进步。

做一位奉献社会的人，前提是在大学生时代先学会解决自己的问题，对自己负责，从而才能对别人负责，对社会负责。

2015年12月5日

不要剥夺孩子吃苦的权利

又到军训时节。

昨晚在先生的学校，看到校门口停满了车。新生拉练7公里，很多家长来看孩子。先生说，很多学生没有坚持下来，他班有12个。学校没有要求老师一起跑，老师们却坚持下来了。

去年，我班学生军训时，有两位学生因为身体不好，在旁边坐着，看同学们军训。两天内，就有四位家长说孩子有这样那样的身体问题，不能参加军训，这种现象在以前我担任的班级中不曾出现过。

不用想，肯定有学生对家长说，军训很苦，如果身体不好，就不用在火热的太阳底下受罪了，不用“一二一”“不用正步走”“不用向前看向后转”，坐在旁边看同学军训就可以了。

我对家长说：“我没有权利让你的孩子不参加军训，你把以前的病历特快专递寄来，由我们的校医鉴定，出具不能参加军训的证明。”

同时，我马上召开班会，阐明军训的目的是什么。不晒太阳、不流汗、不吃苦、不受累，能叫军训吗？要求学生从现在开始，不得向我及教官请假。我只看医院证明及你现场是否晕倒。从那天起，没有一位学生家长打电话给我，前面四位家长也没有寄来以前的病历，没有一位学生晕倒，没有一位学生没有坚持下来。

现在的孩子智商都高，都聪明，为什么后来发展差异那么大呢？最根本的原因在于非智力因素，即能否坚持、吃苦、承受挫折等。父辈吃了很多苦，现在经济条件好了，他们不想让孩子吃苦受累。孩子的书包由父母背；父母工作再忙，对孩子还是车送车接；自己一身寒酸，孩子一身名牌。去年，新闻爆出，武汉大学一位学生家长因为孩子的寝室没有空调愤愤不平，号啕大哭。她说，孩子从出生起就一直用空调。

寝室里、教室里没有空调，真的不能忍受吗？你的孩子没有试过，你怎么知道他忍受艰苦的潜力有多大？如果他真的不能忍受，就要想想，为什么别的孩子可以，你的孩子不可以？新生入学后，接下来的军训，你的孩子怎么办？“吃得苦中苦，方为人上人”。我们期待孩子将来有所成就，又希望孩子少受苦不受罪，哪有这样轻松美妙的人生？如果不是我们的前辈这么艰苦奋斗，哪有今天这么富足美好的生活？

其实，在群体中，学生吃苦，不难熬过。如果在37度的高温中，让一个人独自在水泥地上站一整天，他肯定受不了。但是，如果很多同龄人一起，进行高强度的军训，挺挺就过来了。训练结束后，还感觉很爽。我大学军训一个月，军训结束后，体重增加了三斤。我的同学们都说，军训结束后，感觉腿比以前直了，走路有精神了。到现在，听到进行曲时，我还是不自觉地踩着节拍走。

孩子比我们想象的坚强，有无穷的吃苦潜力。科学研究表明，人的大脑可能只开发了10%，我觉得人对苦难的忍受也可能只开发了5%。社会在进步，物质条件在改善，但不管什么时期，人生都不易，都必须要学会吃苦受累受委屈。现在的一些学生做事不认真，对自己不负责任，很大原因就是因为从小被父母剥夺了吃苦受累的权利。

疼爱孩子，不让孩子吃苦受累是一种本能，但我们对孩子的爱要有理性，要基于生活现实，要看到孩子很远的未来。不要剥夺孩子吃苦的权利，不要怀疑孩子吃苦的能力，这是他们生存的必备品质。要坚信，他们很坚强，他们很坚韧，请放心请放手。

2011年8月18日

校园里的商品展销会

一年一度的商品展销会今天下午开幕。在突降的寒风中，师生们热情高涨，分院举行了隆重的开幕式，学生们忙着大箱小箱地搬运商品，老师们忙着去学生摊位走走看看。几条道上人流如潮，一派热烈繁荣喜气的景象。

学生们一接到通知，就热火朝天地进行了热身运动。给学生们上课时，课间看到班长向同学们发布商品展销会的通知：展销会的主题、摊位分布、摊位种类及各种价格。班长还没有说完经营范围，就有同学问这个问题那个问题，平时安静的教室里立刻沸腾了，他们不是向班长发问，就是和同桌或周围的同学讨论卖什么、该租哪个摊位。

两周前，我正准备出去吃午餐，有位学生怯怯地走进办公室，用怯怯的声音说："打扰老师们一下，只需要两分钟"。他接着说："我想调查下，老师们希望在商品展销会时买些什么商品？"

我一听学生来调查校园内商品展销会，便来了兴趣。问他是哪个班的，为什么想到来调查，调查了几位老师。他说，他是企业管理15级的学生，根据调查，过去商品展销会的销售额，老师购买的金额是学生的两倍。既然老师是购买的主力军，就想听听老师们的想法和建议。从一楼到四楼，他已经调查了11位老师。

这样的学生，我还不得认真配合？

有几位女生来到我们办公室，找一位老师，送来了几盆小盆栽，说是放在这里养着，商品展销会时再拿去卖，希望这位老师能定期给盆栽浇水。末了，她们说："老师，到时，你就买了吧？"真高明啊，先让老师对盆栽养出感情来，到时不怕你不买。

有好几位学生让我给他们建议，问我他们这样的设计怎样。投资专业15级新生王聪同学和我沟通了几次，就商品的种类、包装、价格区间、口味征求我的意见。她来自千岛湖，准备卖千岛湖的特色小吃：烤香鱼、香鱼排、小黄鱼、鱼粒等，她的店名叫秀水鱼特产店。我建议她包装要精美，但不能奢华；可小袋，也可大包；定价不要太高，几元钱一小袋，最好卖。海报做出来后，她发给我看，要我帮她宣传做广告。

我说，要买她的小鱼干。

她说，会便宜一点卖给我。

我说："你等着吧，我会杀价的，我可是砍价高手呢。"

她说："等着呢，放马过来吧。"

我自己带了一班大二的学生，她们卖打底裤袜，在精品摊位，只要走过去，总能看到。她们远远地招呼我，每走一次招呼一次。前两次不是赶着去参加开幕式，就是要开会，没有时间和她们多聊，只是走过去看看，说上几句话。今天下班了，我走过去。

我拿起薄的袜子，她们说15元；厚的呢，30元。

我假装惊叫："这么贵，人家才卖10元，网上才卖5元呢？"我纯粹瞎说，除了图书，我还没在网上买过其他商品呢。

学生说："哪里啊，老师，我们调查了，展销会上所有的打底袜和打底裤，我们最便宜。两条厚的55元怎么样？"

我说："好贵啊，没钱啦。"

最后，我还是按30元一双付了款。

她们说："老师好好啊，亲一下吧。"

我把脸凑过去，她们真的亲了我一下。

不管你带没带他们的课，学生眼睛紧紧盯着老师，只要你的头稍微向他们摊位偏一点，他们就叫“老师来看看吧！”“老师、老师，这边这边！”你一走进摊位，只要卖小吃的，就让你先尝尝。他们用盘子装了些散装的小吃，弄成小块小块的，专供路人试吃；有的学生还跑到路中间来拉老师，把小吃拿在手上，挡着老师的去路，如果不去他们摊位，便不让老师走。

老师们提着大袋小袋，笑着走回办公室，同事们相互分享和学生做生意的心得体会。很多学生在最后一天才出手购买，等着摊主们甩卖。

据说，去年，有学生卖打底裤和袜子，销售额为8000元，净赚3000多元。我班几位学生去年赚了几百元，也有学生亏本的。

每年的商品展销会都像过节日一样，校园内彩旗飘飘，从教学楼通向南区食堂的几条路上，各色鲜艳的遮阳伞、顶篷架起来，摊位紧挨着，里面摆满了琳琅满目的小商品。有同学们家乡的各种特色小吃；有袜子、袖套、拖鞋、围巾、暖手袋、服饰、小毛毯、靠枕等生活用品；有耳机、鼠标、电脑桌、鼠标垫等小电子产品及配件产品；还有布娃娃、毛毛熊、小盆栽等工艺品及装饰品。

有学生说：“老师比学生还要抠门小气。”

我问学生：“老师为什么会这样？”

因为老师挣钱不容易，学生不懂得钱来得不容易。老师在过日子，学生在经营着好玩。

我买了一位同学的地瓜干，这位同学后来又来找我买，我还是买了。但也告诉她，不要这样对别人，让别人感觉不好，对她的信誉有影响。

有学生卖水果，第一天卖六十元一箱，没人买，第二天二十元一箱。显然学生定价有问题，同时，在校内卖水果，成箱卖给学生，买的人肯定很少。散卖效果就要好多了。

老师主要给学生们鼓舞士气，告诉他们不要太在乎赚多赚少，就当将来做生意练练手，了解进货渠道、学习合作、学习营销、学习与人沟通谈判、学习控制库存和风险。大一的学生特别有激情，更需要鼓励和警示。否则，很容易因为太过乐观，没有风险意识，造成亏损；也可能因为没有挣到钱，容易产生挫败感。

我让学生从商品品种、定价、购买群体、摊位位置和布置、广告促销等方面进行分析，好好总结展销会这几天的经验与教训。

商品展销会，不只是学生们从事经营销售方面的实战练习，也是同学间相互学习、相互协作、相互提升的盛会，还是增进师生感情、促进互动的一个非常好的平台。

2015年11月19日

提前招生测试有感

今天我专业举行了提前招生综合素质测试，作为面试评委我见证并评估了部分考生的综合素质，很有收获。

我们考场一共有37位考生参加面试。绝大多数学生形象气质都很好，很自信，很大方，有话说，敢说话。只有三四位女生比较紧张，即便如此，她们会主动地说："我有些紧张。"从综合素质看，00后的学生比90后的进步了很多，比我们这些60年代、70年代的人更是一大飞跃。女生大约是男生的两倍。相对来说，男生的思辨能力比女生要强。

每位考生有8分钟的时间回答两个问题，一个是对于社会问题的看法，另一个是工作任务分析。8分钟的时间都用完的考生，严格说来只有一位，有四五位考生用时超过了5分钟，其他的考生都在3分钟左右。对于学业压力大的高中生来说，这些涉及面广泛的社会现象，开放式的题目，能条理清楚、逻辑严密、观点鲜明地说出话来，挺不容易。

我们考场有五位学生思辨能力和口头表达能力很强，对学业规划、对社会甚至对自己的人生选择都有自己的看法，并且还很积极向上。他们能辩证地看待社会现象，能多维度地分析社会问题，并且还能提出独到的想法。他们对投资与理财专业比较了解，对这个行业有所了解，有较强的投资与理财意识。还有两位学生已经在买基金和股票了。其中一位考生坐在考生席上，就像和朋友聊天一样，大方随意，身边的案例信手拈来，侃侃而谈，逻辑严谨，思路清晰，手势丰富，用满了整整8分钟。有思想、善表达、敢表现、充满自信，能看到身边人的闪光点，积极学习身边普通人的优秀品质，这是年轻人可贵的地方。

今年和前几届的对比来看，学生的综合素质大幅提升。前几届面试中，总有学生坐在考生席上很拘谨、面红耳赤，一句话都说不出话。那时，能说的学生是少数，说不出话来的是多数。现在，能说的是多数，不能讲的是少数。前几年，有些学生的思想比较偏激，对社会现象要么全面肯定，要么全面否定。今年的学生都能从正反两方面，多角度多层次地进行分析；前几年有个别学生的价值观，我觉得有问题，比如，有一位女生说，读投资与理财专业，是为了将来管好男人的钱。她说：俗话说，要管住男人的心，先要管好男人的胃。处在现在的社会，更要管好男人的钱。今年的学生，思想都很开放，观点比较全面，个人意识很强，但又能够站在别人的角度去理解社会现象和社会行为。当学生被问及如果一位富家子弟带了六个苹果到寝室，室友以为他会一人一个，他却每天一个独享了。对于这个问题，考生从两个方面回答，从私有财产支配权来说，他有权这么做；从人际关系来说，应该共享。

今年学生综合素质大幅提升，我想，最主要的原因可能有三个：第一，社会越来越开放，家长和老师的思想也越来越开放，以致考生的思想也越来越开放；第二，家长和学校越来越尊重学生的个性发展，培养学生独立思考的意识和精神，赋予学生充分表现自我和表达自我的机会；第三，智能手机的普及。尽管各中学禁止学生在学校使用手机，但是放假时使用手机的学生普遍存在。他们从手机上获得了丰富的社会信息，了解了一些社会现象。从这方面看，智能手机是学业繁重的高中生了解世界和社会的一个很重要的窗口。

几位评委都说，如果这几位表现突出的学生能来我专业，我专业的生源质量会很好。我们当然非常希望这样的学生能来我专业学习。不过，我在教学中也发现一个问题，提前批考进的有些学生综合素质很高，很活跃很积极，但是上课不认真，很浮躁。如果只是思维活跃，而不能沉下心来认真学习，还是不够全面，不能走得很远很高。必须深基础、厚理论，才能有很好的发展。早上，评委们提前一个小时到教室，我和中信证券的一位副总就大学生在企业的表现交流了想法。与许多企业人士的看法一样，她也认为一些刚毕业的大学生在企业最突出的问题是眼高手低，不能吃苦，很浮躁，很自我，团队协作能力较差。

综合素质有许多优势的90后、00后，如果能克服浮躁、急功近利、个人主义，能够低下头认真学习，夯实基础，对他们个人，前景无限广阔；对我们的国家，很有希望。

2018年4月14日

老师，你是怎么做到的

今天，上届的团支书浩浩同学来看我。在学校办公室，从上午8：00多一直聊到下午3：30，内容广泛涉及学习、生活、爱情、工作、社会、老师、同学、本科与专科的共性与不同，他一如既往地问了我许多问题，我一如既往地回答他的提问。我笑着说，你和我都可以做一期很好的访谈录了，你的问题很多，我回答得很有条理，像准备好了似的。

谈到投资1722班，我们共同的感觉是我管多了，他也管多了，我们很累，很有收获，但是，有几个同学可能因为我们管多了，什么事都很被动。

我问他："你现在在本科当班长，是不是要比原来在我班当团支书轻松，管理方式是不是有些变化？"

他说："我不再完全替代同学了，会提供联系方式，让同学们自己去处理一些。我感觉自己没有以前那样奉献与付出了。老师，你是怎么做到的？这个年龄到现在为止，仍然保持一份真诚、一份简单、一份激情、一份拼劲。"

我想都没想，答道："第一，我很满足，我是大别山里的一个小女生，曾经什么都不懂，什么都没有，一路走过来，不说有上千人帮助我，也有好几百人，每一步都有许多人的相助；没有他们的帮助，我一步都走不了，出不了小县城。许多人我只见了一面，有的还只是加了微信，一面都没有见过，就很真诚地帮助我。感恩需要能力，需要对他们有所行动与付出，我没有那个能力，但是，我时刻心存感激；不管是谁帮助我，我都不认为是应该的。外面的领导、同事和朋友，家里的亲人，无论谁对我好，我从来都没有认为我得到的是我该得的。我在家很受宠，先生每晚回来第一件事，便是倒一杯水给我，或递一杯酸奶、一个水果给我。我从来没有认为他应该这样做、必须这样做。尽管在他面前我很任性，会耍小脾气，但是在外面、在大事情上我很通情达理。就拿昨晚请他同学吃饭来说，我帮他选地方，让他们吃完了好逛逛月湖；他陪同学，我点菜；正好碰到他原来的学生家长在隔壁桌一个人用餐，他和学生家长聊几句后陪同学，我就去陪他学生家长说说话儿。上来第二道菜是海苔麻糍，我马上送给这位家长，让他先尝尝；菜快上完了，我马上去买单。这些事情和细节我会帮他处理好，让他和他的客人感觉舒服，这是我认为自己必须做好的。并不是很多朋友认为的那样，我在家什么都不管不做，'十指不沾阳春水'，先生就是宠我。没有一种幸福是天上掉下来的，都是自己努力的结果。如果我真的把在家里的小脾气拿出来，让他没面子，他在家就不会这样宠我了。在外面更是如此，凭什么别人对你好，还不是因为看到你的某些优点？没有能力帮别人，做一个善良的人、真诚的人、简单的人、阳光的人，不难，让和你交往的人，都能从你这里获得正能量。

第二，阅历多了，见多不怪了。以前很难想通的事，现在想都不想了；以前不理解的事，现在觉得就是这么回事；以前很伤心难过的事，现在睡一觉就好了；以前觉得自己很辛苦很委屈，现在觉得自己很幸运很幸福；以前觉得全世界都欠我的，现在觉得我欠全世界的。这些年，见过一些生活很艰辛的人，见过一些很阳光积极向上的人，见过一些拼命三郎的人，见过一些大起大落的人，遇到了一些很真诚友善乐于助人的人，也碰到了几个不好相处的人。阅历多了，最大的好处就是感恩过去、感动身边、感谢拥有；见识多了，最大的好处就是胸怀变得宽广了一些，包容了许多。当你身边大多数人都很努力，你就跟着努力；当你身边大多数人真诚，你就跟着真诚；当你身边大多数人善良，你就跟着善良；当你身边大多数人自带光芒，你也就必须变成一个小太阳。可以说，很多时候，都是身边的人推动我向前走。感恩他们，我必须努力；学习他们，我必须勤奋；追上他们，我必须拼搏；与智慧的他们同行，我必须做一个思想简单的小学生。

第三，比以前自信了。现在基础比以前好了一些，自信了许多，不再那么要强了，那么较真了，很多事就没有那么敏感、那么计较了。”

浩浩又问：“你是从一开始起就做到这样的吗？”

我说：“不是，我和你一样，是后天不断学习得来的。我年轻时也很有个性，以为自己有理、自己对了，就可以理直气壮。大学毕业刚当班主任时，因为隔壁班总是偷我班的凳子，我差点把隔壁班的门踢破了。那时，学工和教务的几位科长都被我喷过。只是后来阅历多了，变得懂事了。你不见，无论国内还是国外，当领导的，都是年龄大的人，不是年龄大的人做事快、效率高，要说快，年轻人肯定快，但是，年轻人没有韧性，只知道一直向前冲，绊一跤就摔伤了，冲不上去了；而年龄大的人，因为有韧性，有智慧，懂得迂回，处事就圆润了。我发现我身边很多人都比我懂事早，好像他们天生都懂，而我什么都要反复学习。你比我强，你喜欢问，喜欢学，我都是放在心里，慢慢去消化，慢慢去领会。我很少去问别人，这样不好。”

浩浩又说：“我感觉你读书时很用功。”

我说：“不是这样的，我读书时很不用功，那时只做了一件事，就是谈恋爱。基本没有认真学习过，也没有参加什么活动和社团。我是四十五岁以后才开始发力的。你比我强多了，年轻时就很努力。”

又谈到敏感。他说，他很敏感，想得多，很累。

我说，我也很敏感，其实，我超级敏感，我能通过别人的眼神、语速和语气，来判断一个人的心情，甚至性格和气质。只是我不是广泛地敏感，我只对感兴趣的人敏感，其他的人，我要么不去观察这些；要么观察到了，也不在乎。

他又问我是怎么做到的。

我说："是阅历，还有心气与思维方式。没有绝对的好人和坏人，没有绝对的好心情与坏心情，都与当时的情境有关，就看你怎么去理解别人。"

他说："我现在的老师讲，市场营销就是做好人。"

我说："我再进一步，所谓做好人，是指两个方面：第一，营销不只是求客户，而是把好的产品或服务推荐给客户，给他带来价值，这是做好事；第二，要真诚待人，这是做好人。好人做好事，营销就成功了。"

下午2：00，同事应老师来了，他是我的徒弟，他来问我创业竞赛的事，后来他指导的学生也来了。我对浩浩说，他如果有事可以走了，他却在旁边听得很认真，还拿纸笔记起来了。

应老师和他指导的学生走后，他又和我探讨起诚实的问题来了。

处世的哲学，要一辈子去学习，浩浩一直在孜孜求索。他依然想很多，有时想多是对的，要思考、要反省、要检讨自己，但有时想多了，只会阻碍自己的发展，还让自己和周围的人都很累。

他说："我想得多，总想为自己留条退路。"

我说："不用留。前路肯定比后路宽，想做就全力以赴，就像你当初考专升本一样，认真去备考公务员。如果前路堵死了，就自己找条路去走。没有一个人的人生是往回走的，所以，后路不用留。"

他不停地说，今天见到我很高兴，探讨了他心中的几个困惑，但又有新的问题了。

以后有机会再慢慢探讨吧，我也不一定都对。

他还说："没有比较就不知道，到了本科，才知道我们学校的老师太负责了，付出太多太多了。"

管理方式不一样而已，无论本科还是专科，绝大多数老师都是负责的。

2021年5月4日

我已经给客户发信息了

我朋友公司录用了一位重点大学应届毕业生。她态度端正，善于学习，也热爱学习，除了不喜欢和别人沟通，遇事不及时汇报外，工作中没有别的缺点。刚到公司时，让她联系客户，她总说："我刚发信息过去了。"

很紧急的情况，我朋友明确地告诉她，要给客户打电话，她还是通过QQ发信息给客户。有时，让她跑一趟客户公司，她还是坚持通过QQ联系就行。

朋友很恼火，这事看起来小，在工作中却一点也不小。轻者影响工作效率，重者影响与客户关系的建立，还让他心里总没底，不知道事情落实了没有。

针对这种现象，我和做企业的朋友们探讨，他们认为刚毕业的大学生普遍存在这个问题。他们在大学时已经习惯了使用QQ和微信聊天工具，没有使用电话的意识。

有了微信以后，这种情况更加严重，学生们在大学期间很少打电话，基本上都是通过微信发信息。而企业与大学不同之处在于：企业经常有重要事情和紧急事情要处理，等不得你在QQ和微信上有一句没一句。一件小事，电话里一分钟讲完了，QQ和微信里几十条上百条信息都说不清楚，耗上一小时甚至更长时间。工作效率大打折扣。更何况企业老板和员工都很忙，很少有人整天守在手机旁收发微信，很少能及时回复，你就得等着他们的信息。尽管你在等时仍然在忙别的事，但是，那件事没有处理完，你心里始终挂记着，影响做事效率，事情一旦积多了，也影响心情。更何况，有时客户忙忘记了，没有回复你，你心里又会想，是不是上次有什么事没做好，客户对你有意见，不理你了。心里一旦有这种想法，就会影响情绪，也会影响工作的积极性。一旦客户多次不回你，你就会放弃掉这个客户。其实，客户也许只是忙，一时没有回你信息；或者他认为这条信息对他不是最重要的，他先处理重要的事情去了。

刚入职的大学生不愿意用电话进行沟通与交流，不只是受生活习惯的影响，还因为不善于沟通与交流，不敢于去沟通与交流，特别是面对企业的老板，他们有畏惧恐慌的心理，不知道怎么去面对，因而就用微信和QQ这种不见面的方式。

这件事看起来小，但是，说明了学生习惯把学生时代的生活方式带到工作中去，而工作方式与生活方式有非常大的不同。生活方式追求舒适、自在和随意，不追求效率；而工作方式基本上要把效率放在第一位，既要注重说话的内容，又要讲究说话的形式。内容要说得清楚明白简单直接，通过你的高效沟通，让客户获得更多的利益或为客户节省成本，从而为客户创造价值；沟通形式既要让客户觉得你有职业素养，又要让客户觉得你有文化修养。很多时候，客户错了，有时是忘记了，有时是故意刁难，但不管怎样，都要婉转地表达我们的诉求，而这点，恰恰是刚入职的大学生所缺乏的。他们太刚太直接，遇事不会像流水一样，会转弯善变通。

但是哪件事我们逃得掉呢？刚入职，无论是同事还是客户，都多少会理解和包容你的小错，你这时不大胆地挑战自己，克服原有的弊病，尽早适应工作，用单位所需要的工作方式与方法进入工作状态，要等到什么时候呢？一旦试用期过了，成为老员工，就没人包容你了。你必须都得会。

所以，改掉自己的小毛病吧，这些小毛病可能在工作中是大缺点，影响效率、业务拓展和自己的发展。

2019年7月17日

我的九四财四

十几年过去了，第一届每位学生的姓名、相貌和声音都深深地刻在我的脑海，不用说忘记，不可能忘记，只会时常想起。无论是QQ还是电话里，他们还是过去的他们，我还是过去的我；他们在我心中永葆青春活力，我在他们眼中永远爱说爱笑。

小梅问："老师，还记得我吗？"

怎么会忘呢？爱说爱笑泼辣的你。

林旦华说："老师，你以前总是批评我。"

每位同学在那段青葱岁月里，都有一个故事。有的不爱说话，却一直坚持写日记；有的不喜欢学习，却爱运动；有的谈了恋爱，想瞒着我，我却尽收眼里……

那时，我问几位广东的男生："广东人都不高，你们怎么那么高？"他们都有1.8米多的身高。

他们说："因为爱打篮球，天天打，一有时间就打。有时，感觉到骨头在长，骨头长时，腿很痛。"

到现在，我还经常对儿子说这句话："长得太快，骨头会痛。"

刚才，林旦华打电话给我，他说广东四位从事建筑业的同学聚会。每周有三四个晚上，他们会聚在一起。真令人羡慕！

在电话里，我们一起回忆以前的运动会，4×400米，我班全校第一名，张永诚拿了4个第一。他每天早上坚持跑步，从无例外。学生在竞赛时，我一直在跑道外助跑。学校书记说，这样不行，会把孩子跑掉的。那时，我离预产期只有一个多月。书记坚持要我先生把我拉走。4×100米比赛时下着大雨，先生把我拖回家，我站在阳台上看着他们拿了第二。我责怪先生："如果我在，他们看到我这么大肚子还在雨中给他们加油，一定会得第一。"

三年来，各种体育运动项目我班只输过一场篮球赛。输的责任在我，那时，他们刚进校就参加篮球赛。我班太猛了，对方故意让我班同学犯规。我不懂得叫停换人，以致有人被罚下场。

杨庄培说："老师，我们向你辞行时，你眼泪汪汪的。"

是啊，汪立胜第一个向我辞行。我没有办法送他出门，转身在房间里，哭得很伤心。

这班学生，是真心让我爱，不是一般的爱，而是很爱很爱。调换寝室，和别班分重了，学生们拿着所有家当在雨中淋雨，我去找领导，发了一通脾气。学生刚入学时，隔壁高年级班欺负我班学生刚来学校，总是偷我班凳子，我到隔壁班狠狠地和他们学生吵了一架。现在想起来，那时，我真是年轻气盛，不懂处事艰难。再想想，那时，学校领导也真不错，不但没有计较我，还把我当人才培养。

这群孩子到黄冈农校读中专，我那时也刚大学毕业，稚气未脱，不是我教育他们，而是大家一起玩，一起疯和闹。他们把我家当成自己的家，进出自由。我家有好吃的糖、零食，他们毫不客气，吃了还要随手带走一些。

在我结婚的头天晚上，陈水康拿了一只在街上买的野鸡来我家，和他一起来的，还有他的三位老乡，也是我们学校的学生，只是不在我们班。他们要在我家煮野鸡吃。那天晚上我们特别忙，家里来了好几位亲人。可是，我们都很开心地等着他们把野鸡煮着吃完了以后，再忙着办婚礼的事。陈水康是来我家最勤的一位学生，他学习不认真，但是，不惹事，不犯错，像泥鳅一样的滑。他和学校外面那条商业街的小老板们、小摊小贩们混得极熟。现在，他的生意做到了东南亚好几个国家。

别看平时我和学生疯着玩，可是，他们很怕我。只要我布置任务，他们必定保质保量完成；只要我生气，谁也不敢再吭一声。团支书胡云峰后来说："胡老师的高跟鞋'咚咚'地跑来，听到声音，我们就害怕。"但是，他们有什么心里话，都和我说，从来没有把我当成权威，而是朋友。

那时，每天晚上学生要上晚自习，我后来才知道，每晚，总有一位靠窗的学生盯着窗外，看到我的身影，听到我高跟鞋的脚步声，他便马上轻声地对全班同学说："胡老师来了，胡老师来了！"

我最喜欢这群孩子的纯真、质朴、青春、阳光、互助和团结。他们整天无忧无虑，过得很开心。我也基本没有管他们，是他们自己管自己。

其实，这个班很复杂。最初的班主任不是我，是和我同时入职的另一位女老师，她带了几个星期，管不了。学校领导让我接手，我就稀里糊涂地接了。

最初，这个班不是纯粹的财会专业。他们刚入校时，分到九四财四班。新生入学报到的人比原计划少，达不到一个班的规模。学校就把部分经管专业的学生放在这个班里。所以，尽管这个班仍叫九四财四，其实是财会与经管两个专业组成。一年后，经管专业的学生分到经管去了，又把高中升中专的十几个财会专业的学生分到这个班。最后，这个班由初中升上来的学生和高中升上来的学生组成。

那时，学生经常打群架。这个省的学生和那个省的学生打，同一个省的，这个市的学生和那一个市的学生打。我们这个班天生具有一股正能量，大家朝气蓬勃，热血沸腾，在运动场上屡创佳绩，但是，从来没有在外面惹事，没有一个人受过任何处分。分分合合这么多次，大家都能拧成一股绳，团结友好相处，实属不易。

十几位同学分到经管班后，一下课，他们就到我班，找原来的同学玩。我们班有什么活动，他们积极谋划参与，像从来没有离开一样。团支书胡云峰也转到了经管班，毕业时，他爸来向我致谢。胡云峰的管理能力特别强，我感觉比那时的我强很多。我那时，大学刚毕业，做一位教育者和管理者都要从头学起。有一天，他对我说："胡老师，你是急才。"大概是平时我不怎么管，事情急了，管起来也不至于太差。中专学生的事情很多，老师管得很多很细。

他们毕业的前几年，我和他们还有联系。1998年湖北暴发大洪水，有好几位同学打电话给我，问我平安。后来，我屡屡换工作和搬家，才失联。

最近和同学们联系上以后，他们说："老师，好想你啊，想黄冈农校，要回去看看。"

他们开始以为我仍在黄冈，让我拍些母校的照片给他们。我在黄冈农校只待了三年，正好把他们带毕业，他们一毕业，我也离开了。

听说很多学生都有两个三个孩子，还有四个的，真是好！每位同学都过得不错，这是我最高兴的事，很欣慰。

我经常回忆第一届的学生，回忆那段时间，反思自己的教育方式和方法。至今，都很自责，有几件事做得太简单粗暴了，对学生不够有耐心。不过，有一点，我觉得庆幸，那就是真诚地对待每一位学生，真心地爱每一位学生。也是这份真诚和爱心，让这个复杂的班级，三年中不但没有给学校添一点乱，还获得了不少的荣誉。毕业照片前面的奖状，就是证明。

林旦华和张永诚，给我打过好几次电话，要我去广东玩。胡云峰也总是邀请我去他的家乡。我总想，有一天，去看看我的第一届学生，看看他们的另一半和孩子，也想让他们看看当初他们见到的那位小弟弟，现在也有十多岁了。

2010年11月30日

这个班于2015年国庆节在黄冈举行了毕业聚会；2018年我在广东过春节，见到了大部分同学。

你是我永远的痛

亲爱的P同学：

我没有办法写你，但我又没有办法不写你。

三年半过去了，想起你时，我仍然泪湿眼眶。特别是进出校门时，我常常想起你。

那一天，你的班主任老师给我打电话，说你病逝了。我当时在学校报告厅开会，疯了似地冲出去，赶到医院，见了你最后一面。你静静地躺在病床上，俊朗的脸上一片宁静，眼睛微睁着，嘴巴微张着。我曾想去你家见你爸爸，没有想到，在这样的情景下，与你父母相见。白发人送黑发人的悲哀，幸而你没有看到。

你上山的那天，你的班主任和你班的同学去你家送你。我因为有重要的事，没去。请刘老师带点钱，让你爸给你买纸钱。

你走后的第一次在你班上课时，我让同学们站起来，和我一起默默地哀悼你。他们很难过，特别是你们的班长和室友。在你生命的最后时间里，他们一直在医院陪着你。我想通过这种方式，让他们怀念你，也让他们心里放下一点点。我和同学们讲了你，讲了我们的深聊，但没有讲我们之间聊的具体内容。

有一次，你突然找到我，说想和我谈谈。在学校中和楼一楼大厅，我们聊了三个多小时，然后，我请你在教工食堂吃晚饭。你说从初中起，你就对股票感兴趣，那时，亲友还把钱委托给你炒股，最初赚了一些钱。到高中时，你赔了很多钱。因为赔了亲友的钱，你爸觉得对不起他们，又丢了面子，就怨责你，认为你不行。你压力很大，和父亲的关系也降到了冰点。后来，你患了焦虑症、抑郁症和社交恐惧症。到大学后，你没有再和父亲说过一句话，放假也不想回家。在大学，你更深入地钻研股市，在一个比较有影响力的期刊上发表了股评文章。在小范围内，有一点小小的影响力。

在我们谈话之前，宁波有一位老板看上了你，请你当操盘手。你来问我的意见，是不是应该休学一年，去当操盘手。

我说，如果这位老板真的看重你，就会关心你的发展。应该让你把大学读完，再去他那里工作。你休学一年后，很难回到学校。因为整天和K线、数字打交道，你的心不会再在课堂上了，只会在股市里。如果你想把股票做好，在学校的这最后一年里，应该多看一些社科类的书，你看，那些证券市场上的大牛都有一套自己的哲学思想。有社科素养、文化底蕴，有分析思维，你才会走得稳，走得远。你这么年轻，以后机会还是有的。

最后，这位老板考虑到你的学习和前途，没有让你去他那里。

那一天，我们聊得很广很深。聊了你的家庭、学习、交友、爱情与理想。你说曾经有喜欢的女生，开始很喜欢，但是最初她没有感觉，等她有感觉了，你的感情没有那么强烈了，阴差阳错，没能走到一起。

最后，我问："需要我陪你去和你爸聊聊吗？"

你反问："老师，你真的会为我去我家乡找我爸吗？"

我说："这对我最多只要一天的时间，却可能改变你后面的人生。我觉得这件事很值得做。"

你说："12月30日是我爸的生日，我准备在他生日的时候回去，和他和好。我先自己和他谈谈看，需要时再找你。"

我说："你也可以先给你爸爸发一条信息，把心里想说的说出来。"

没想到，在你爸生日的前几天，你永远地离开了他。

那天聊完后，你给我发了一条比较长的短信。我有发微信朋友圈的习惯，很遗憾，当时没有把你的话发出来。只记得你是向我致谢的，并且还说了一句："老师果然很棒！"

你说，你上课都坐在教室后面的角落，我的课你才坐在前面。到教工食堂吃饭，你也说，因为和我在一起，所以才敢坐在第一排的位置上吃饭。

那时，我期盼听到你们父子和好的消息；曾经，我暗喜，我们专业要出一个证券行业的大牛。

从我们聊过后，几乎每次课我们都有几次目光的接触。有时我问你，最近怎么样？你说，挺好。

你们班毕业的时候，付同学抱着我哭得非常伤心。她说，你走后，她过得很不开心。

她在宁波工作了一个暑假后，读专升本去了。她租房的时候，我陪她去看房，帮她搬行李。我想，你肯定希望我这样做。

那段时间，每天下班后，我坐在车上很久很久都不愿意回家。后来，我发了一条微信："正如前两天，车停下来，我坐在车上不想出来。我已经坐了一个多小时。昨晚我一直坐在车上，是先生把我叫回家。小小的车厢可以为我遮风挡雨，却不能为我疗伤止痛；我的家人和朋友无论怎样呵护我，生命中该来的还是会来，谁也挡不住……生命原来如此薄脆，要好好珍惜。"良善可以给人带来温暖，却不能阻挡病魔的从天而降，关爱可以给人治疗心病，却不能阻挡阎王的魔爪。

到现在为止，我都不愿意承认，你已经离我们而去，再也不会出现在我的面前。

从教近三十年，有学生让我烦恼过、郁闷过、头痛过，也受伤过。但是这些，他们自己或其他的同学，很快地帮我治愈了。只有你，是我最深的痛，永远的痛，是我职业生涯中最不愿意想起，却永远也不会忘记的记忆与悲伤。

你的胡平老师

2022年6月21日

第五篇

为了那孩子

一起玩吧，为了那孩子

这部电影很早以前就看过了，再看缘于复旦投毒案二审宣判后。那天冬阳灿烂如春，我带着老爸出去玩，心旷神怡。可是，回来看到新闻后，阵阵寒意袭来，感到无比地心痛和惋惜。

晚上在床上，我像烤咸鱼般翻来覆去，难以入睡。突然想起一部日本电影《菊次郎的夏天》，有很强烈的愿望想起来再看一遍，由于没有熬夜的习惯，还是忍住了。我在脑海中不断地回放这部电脑中菊次郎和正男的形象，心情慢慢地平静了，进入梦乡。

今天重新看这部电影，给我的触动还是一如当初般强烈。

影片首先呈现的是小男孩正男奔跑的画面，这个画面让我一下子想到了儿子小时候，那时，我们住在黄冈市畜牧局里面的小院子里，每天晚上我和儿子在院子里跑步。那个时候我总是叫他“小跑步”。他跑步的姿势不像影片中的正男，他总是憋着一口气想和我一决高低，而正男是向前跑去、向希望跑去，或者更确切地说，是想要跑向母亲怀里的那种神态。影片结尾依然是正男用这样姿势和神态在奔跑，尽管没有找到他想要的妈妈，但是，他心中有了爱，全社会给他的爱，他带着希望之爱、全社会的博爱跑向未来。

每个人心中都有一个孩子，当一个人心中充满爱时，就会重新做回这个孩子。菊次郎，这位小时候遭到母亲抛弃的中年男人，勒索敲诈、蛮横耍赖、投机取巧、偷鸡摸狗，这种种不良恶习，看起来却不可恨可憎，相反，让人觉得他的这些小把戏就是一个不成熟的孩子的所作所为。的确，他心中藏着一个从来没有长大的孩子。当正男帮他在赌博中赢得17000多元时，他买了四串肉串，每只手上两串，一路跑向正男，他奔跑的神态及脸上的神情像极了正男奔跑的样子，一路洒满阳光。他将飙车族的天使之铃（幸运符）抢来送给正男，告诉正男：“这是希望之铃，只要摇响它，妈妈就会出现。”这样一位自私自利的粗俗男人，为了安慰正男，却想出童话般的故事来。只能说明他心中本来就有一个童话故事，像影片开场导入的画面：熟睡的孩子梦到的全是有双大大翅膀的天使妈妈。

出镜很少，却让我备受感动的一个角色是菊次郎的妻子。影片一开始就展示了她是一位善良有爱心的好女人，当她看到几位孩子抽烟时，厉声制止。她要求那总是萎靡不振的丈夫抬起头来看这几位孩子、对这几位孩子打招呼做手势。这一细微情节反映了她的爱真诚又尊重。她给丈夫钱，让他带正男去找妈妈，却对正男的奶奶说菊次郎爱孩子，带正男去海边玩几天。她没有说是去帮正男找妈妈，免得奶奶伤心难过。她也很了解丈夫，知道他爱孩子，不然，她绝对不敢把正男交给这么不靠谱的丈夫。她小时候也很不幸，母亲改嫁三次，也抛弃了她。

菊次郎从小被母亲抛弃，没有得到母爱，他幼稚滑稽可笑的行为说明他一直渴求被关注、一直在寻找爱、寻找母爱。所以，当正男再次失去母亲后，他去养老院偷偷地看了母亲，没有惊动她，他不愿打扰她的晚年生活。然后，他悻悻地坐在长凳上，很久没有离去。而此时肥佬充当了保护他的角色，正如他在正男失去母亲时保护正男一样。爱是会传承的。正男将爱传递给了菊次郎，促使他去看望抛弃他的母亲，促使他变成了有爱心和有责任心的男人。他不再偷鸡摸狗了，还有些搞笑却一本正经地说：“那是农民的血汗钱，你们去偷，永远成不了大人物”。然后，他将爱传递给了肥佬们……

影片中处处都有感人之处：正男帮菊次郎买药治伤，菊次郎表面上不屑于踢踢舞、抛橙桔游戏，背后却偷偷地练习；菊次郎不会游泳却夸下海口，偷偷地练游泳，其动作诙谐可笑；当正男看到妈妈重新拥有新的家庭，绝望地背过去哭泣时，他像父亲般拍着正男的肩：“地点不错，但人错了，你妈妈搬走了”；一对青年情侣为了逗闷闷不乐的正男开心，男的扮洋娃娃，正男每投一个硬币，他便扭动全身表演节目；女的抛橙桔，他们笑得很开心。尽管菊次郎一直威胁一位男服务生，可是这位服务生还是送他们一程，并且给正男钱。正男走后，他眼中旋转的车轮全是正男的身影，寓意他放不下这孩子，心里仍然装着这孩子。

这不是我第一次借这部电影疗伤，只要看到孩子遭到伤害的时候，我就想起这部电影里的一句台词：“一起玩吧，为了那孩子”。为了那孩子，像地痞流氓一样游手好闲的中年男人菊次郎能重新变回一位可爱孩子，诗人、飙车族都甘愿服从原本他们不屑一顾的颓废男人的指挥，扮成印第安人、外星人、八爪鱼、鸡泡鱼……为了那孩子，这些大男人可以表演滑稽戏，可以故意跌进臭水池、可以让屁股挨上一箭，彼此无好感的几个大男人可以一起露营几天、可以那么默契地像孩子般地陪着正男……

第一次看《菊次郎的夏天》这部电影后不久，看了一部科幻片，很遗憾忘记了片名，我也经常回想起这部电影的情节：当孩子受到伤害时，天地万物都来帮助孩子，包括女巫、老鹰和蟒蛇……

作为教育工作者，我希望每一个孩子都有幸福的人生；作为母亲，我希望每一个孩子都有幸福的家庭。胡适说：“你看一个国家的文明，只需考察三件事：第一看他们怎样待小孩子；第二看他们怎样待女人；第三看他们怎样利用闲暇的时间。”热爱每一个孩子，就是热爱我们自己，热爱我们的过去，热爱我们的未来。

“一起玩吧，为了那孩子！”

为了所有的孩子，一起玩吧。

2015年1月11日

有孩子的地方就是天堂

《天堂的孩子》这部电影我看了好几遍，每一遍都受到洗礼，为影片中的孩子们感动，也为他们点赞。

阿里替妹妹修鞋时，不小心把鞋子弄丢了，为了不给劳累的父亲和生病的母亲增加负担，他不让妹妹告诉父母，兄妹俩穿阿里的一双又脏又破的鞋上学。妹妹萨拉先穿去上学，然后，哥哥阿里穿着去赶他的课程。为了让哥哥能按时上学，妹妹每天急着下课，考试提前交卷。哥哥拿到鞋后，以百米冲刺的速度跑去上课，无奈，还是经常迟到，差点被退学。哥哥的鞋，妹妹穿，大了。有一次，她穿着这双鞋，在跑过一条河上面的小石板时，鞋子掉进水里了，阿里也因此迟到。他喘着粗气跑到学校后，老师不听他的解释，武断地认定他在撒谎。最让他伤心的是，因为没有鞋，他不能参加足球赛。

一天，妹妹看到了自己丢失的鞋，它正穿在一位活泼的女孩脚上。她和哥哥决定要回自己的鞋子。但是，看到那位小女孩的爸爸是位盲人时，他们放弃了。后来，那位女孩买了新鞋，把本属于萨拉的鞋子丢了，萨拉很难过，却没有告诉这个小女孩关于那双鞋的真相。这个小女孩走路一蹦一跳的，很可爱，她拾到了阿里送给萨拉的笔，还给了萨拉。

省级长跑比赛，季军奖品是运动鞋。当阿里获知省级长跑比赛的信息时，报名已经截止了。他苦苦哀求老师，终于获得参赛资格。

在比赛中，开跑前期，他跑在最前面，但是，为了得季军，他故意放慢脚步，等后面参赛对手追上来，跑在第三。不料，被后来追上的对手碰倒，他落后了，马上起来，继续跑。最后，他不小心地获得了冠军。在众人的欢呼声中、在镜头前，他低下头哭了。

比赛结束后，阿里沮丧地回到家。萨拉看了看他，知道他心里不痛快，没有说话，让他默默地承受。静静地让伤悲的人独处，默默地承受，这是一种理解、一种默契、一种优雅、一种尊重。

阿里不要冠军，他只要给妹妹一双新鞋。当他和爸爸去城里给人当园丁时，爸爸挣了很多钱，憧憬着美好的生活，要买这买那，还要租住大房子，阿里首先想到的是给妹妹买一双新鞋。而妹妹尽管责怪哥哥弄丢了鞋，在学校羡慕别人漂亮的鞋子，一心想藏住脚上那双又脏又破又大的运动鞋，却一直很积极地配合哥哥，支持哥哥，热爱哥哥。兄妹俩尽管有着做不完的家务事，但那种血浓于水的亲情、那份无声无言的相互鼓励、相互支持的默契，感动得让人落泪。

影片故事情节简单，围绕着兄妹俩的一双鞋展开，却体现了贫苦人民的纯洁、善良、挚爱、勤劳、快乐与乐观。

我叹息导演为什么这么狠心，不让阿里如愿，跑出第三名而不是第一名。可是正是因为如此，更加突出了阿里的纯洁与爱心。在他心里，他欠妹妹的一双鞋，他只想还给妹妹一双鞋，一双崭新的运动鞋，这比冠军的荣誉和价值更高的奖品对他更重要。他是为鞋而跑，为鞋而赛，为鞋而拼搏，为鞋超越自己，他把妹妹的一双新鞋当成他的信仰去追求，是这双鞋鼓励他参赛，给他力量。所以，当没有得到这双鞋时，无论什么样的荣誉和奖品，对于他都没有意义。

所幸，在后面的镜头里，爸爸自行车里有双红色的鞋，只是比较隐蔽。

影片最后，阿里脱掉自己的那双破鞋，把满是水泡的脚浸在水里，红色的金鱼欢快地游向他的双脚，影片以这样一个祥和喜气的场景结束，这是导演给阿里和萨拉的祝福，也是给观众的一种温暖与喜悦。

影视故事不需要很宏大很复杂，只要真情暖人，就能成为经典，影响很多人。《天堂的孩子》就是这样的故事，阿里、萨拉还有那位小女生，都无愧“天堂的孩子”这个称号，尽管生活在贫穷家庭，却如天堂般纯洁和善良。而他们兄妹俩的真诚、关爱与他的家庭教育环境分不开。他父母和邻居都是很有爱心的人，相互分享美食、互帮互助，他们教育孩子要真诚、善良、诚信、分享、互助。爱是有传承的，人品也是。

2016 年 11 月 27 日

乔布斯背后的教育者

大家都知道，乔布斯是苹果品牌的创始人，最伟大的企业家之一。他事业的成功有诸多因素，限于我对他的了解有限、我的能力有限，只能从他的传记里来谈点我对他背后教育者的看法。

乔布斯的养父母没有能满足当初其生母要求的领养条件：领养她孩子的人必须大学毕业，其养父保罗只是退了学的高中生。但是，养父母却十分地爱他，他们很尊重乔布斯的个性发展。我甚至想，如果乔布斯被那个想领养女孩的律师或其他家庭领养，可能最终没有后天的成就。

乔布斯对研究的浓厚兴趣、对事业的执着、对产品完美的追求，受益于其父亲。父亲保罗对机械有着极高的热情，对手工技艺很专注，乔布斯认为他“设计感很好”“喜欢追求完美，即使别人看不到的地方，他也会很关心”。传记中说：“他会向儿子介绍车辆设计的细节……”保罗在车库里的桌子上为乔布斯划出一块工作台。

父亲总是带着乔布斯参与研究和学习，发现其爱好，激发其兴趣。通过研究汽车让乔布斯接触了电子设备，为他展示电子设备的基本原理。“每个周末，我们都会进行一次废品站之旅，寻找发动机、化油器和各种各样的元件。”乔布斯认为他父亲“很擅长讨价还价，因为比卖家更清楚零件的合理价格”。父亲带他到美国国家航空航天局埃姆斯研究中心，他第一次看到计算机终端，他“觉得彻底地爱上它了”。

住在乔布斯家附近的父辈们都在研究很酷的东西，他深受他们的影响，经常向他们请教，问这问那。尽管他“很仰慕父亲的智慧和才能”，但很快，他就意识到自己“比父母更聪明、更敏捷”。当他意识到自己比父母聪明时，并不是感到兴奋、高兴，而是“异常羞愧。”很快他又意识到另一件事：父母知道他很聪明，并且他们“愿意改变自己的生活，来适应这个非常聪明也非常任性的儿子。他们愿意竭尽全力去适应他，给他特别的对待”。他父母想让他学到更多东西，送他到好学校。“他们愿意满足我的需求。”乔布斯说。

乔布斯上小学前，他的父亲主要培养他的兴趣和爱好，通过身教让乔布斯养成专注执着、追求完美的品质；他的母亲则教他阅读。乔布斯上小学后，他的父母主要尊重他的个性发展，提供良好的学校环境。他天性聪明，课堂上的那些知识不够他吃饱，所以在学校很无聊，只能通过恶作剧打发时间。小学三年级前，他就被送回家两三次，但是，他的父亲“已经把他当作特殊的孩子来对待了，他以平静而有力的态度向学校阐明，他希望学校也能这么对待自己的孩子”。他对学校说：“这不是他的错，如果你提不起他的兴趣，那是你的错。”他的父母从来没有因为他在学校犯错而惩罚他，他们“都知道责任在学校，学校没有激发我的学习兴趣，而是让我去背一些没有用的东西”。乔布斯回忆父亲时说：“他父亲的父亲是个酒鬼，还用皮带抽他，可是，我连一巴掌也没挨过。”

当学校对乔布斯测试，发现他智力上特别，允许他连跳两级时，他的父母没有像一些家长拔苗助长，只让他跳一级。他六年级时，在学校“打架天天发生，厕所里敲诈也是如此”。他年龄小，并且不合群，经常受欺负，他要求去别的学校。这对他的父母是一个艰难的选择，因为他家刚过收支平衡。但是，他们还是“倾其所有，在一个更好的社区花21000美元买下了一座房子。”

后来，乔布斯想上里德学院，那是全美最贵的学校之一，这所学校的学费超过了他父母的承受能力，但他们还是满足了乔布斯的愿望。可是，乔布斯没上完一年便退学了。他的父母没有阻止他退学。回家后，他把家里弄成了工厂，父母还是全力支持。他把父亲送给他的汽车卖掉，筹集创业资金，他父亲很幽默地说："这辆破车，跑不了几天了。"

乔布斯的父母对他充满慈爱和包容，相信他是一位特殊的天才，极力满足他的要求和愿望，使得他的个性得到充分发挥。

乔布斯在小学学习期间，遇到了"我生命中的圣人之一"伊莫金·希尔老师。她观察了乔布斯之后，先用超大棒棒糖"收买他"，给他挑战性的数学题，"帮他弄一些小工具，让他可以做些打磨镜头、制作相机之类的事情"。"我从她身上学到的东西比从其他任何老师那儿学到的都要多，如果没有她，我一定会坐牢的。"乔布斯说，全班她只关注他一人。我也深深为这位老师感动，感觉她很了不起，善于发现人才，善于培养特殊人才。遇见她，乔布斯真幸运。

而里德学院也叫人敬佩，竟然允许退学后的乔布斯住在校内，上他想上的课程。教导主任说："他有一颗渴求知识的心，这很让人感兴趣。"这位教导主任允许他旁听课程，可以继续在宿舍和朋友在一起。乔布斯那时就很聪明很有主见，选对了这所崇尚自由精神的学校。

特殊孩子、少年天才，常常不被理解和接受。乔布斯说："自己从未遇到过的另一种形式的权威，他们几乎都要制服我了。差一点儿，他们就把我身上所有的好奇心都赶走了。"如果不是他的父母这么尊重他的个性，把他当作特殊的孩子培养；如果不是希尔老师给他特别的关注和温暖，我想可能这个世界就不会有苹果公司和苹果产品了，甚至监牢里会多一位叛逆的人。正如他自己所说："我想，对于一个被收养者而言，想要知道某些特质从何而来是很自然的事。但我主要是一个环境论者，我认为一个人的成长方式、价值观以及看待世界的多数想法都源自其成长经历。"

他充分地肯定了他的养父母对他的教养，他的小学老师对他的培养，里德学院给予他的成长环境。有谚语说："养育一个孩子，需要全村人的努力"，塑造一个人离不开家庭、学校、老师共同的努力；教育需要家庭、学校、社会和个人协同联动。

2015年9月2日

子不教，父之过

昨晚看完了法国作家普罗斯珀·梅里美的小说选，六篇文章中有四篇是悲剧，其中还有一篇恐怖剧，害得我晚上做恶梦。还是老办法，写出来，以缓解内心的恐惧和伤痛。其中梅里美的处女作、名篇小说《马铁奥仗义斩子》，读后，令我痛心疾首，对作品弘扬的主题思想表示质疑。

小说的主人翁马铁奥是十九世纪科西嘉地区的富人，从事牧业。他是出类拔萃的神枪手，在乡里，他有“上佳的口碑：对朋友义重如山，对敌人嫉恶如仇”“他热心助人，乐善好施”，最初妻子给他生了三个女儿，他十分恼火。终于，妻子给她生了一个儿子，儿子福尔菊纳多成了全家的宝贝和希望。一天，他和妻子外出，儿子独自在家，一个强盗闯进他家，这位十岁的男孩向强盗索要五法郎，以为他提供庇护。后来，抓捕队长用金表收买这位孩子，他出卖了强盗。马铁奥得知情况后，摔碎了金表，含痛枪杀了孩子。

作者通过大义灭亲的故事来歌颂彪悍晓勇的科西嘉人忠诚重义，痛恨背叛，宁可死都不做出卖的事。但我以为作者是一个个人英雄主义崇拜者，却不懂家庭教育。小说的故事违背了教育的理念、违背了孩子成长的规律。

从短短的文中可以看出，被乡邻视为英雄的马铁奥一点也不善良，并且教子无方。首先，他富甲一方，他的儿子却那么贪婪，向强盗索要保护费，那么容易被抓捕队长收买，说明他本人就很贪婪，为了获得财富不择手段；第二，他儿子福尔菊纳多才十岁，却没有孩子的纯真，表现得傲慢无礼、装腔作势、油腔滑调，撒谎像说真话一样顺溜，队长称他为“小无赖”，他连续两次傲慢地对队长说“我的老子是马铁奥·法尔戈内”。他和强盗及队长谈判时，像狡猾的商人那样圆滑老练。这说明马铁奥富有心机、威风凛凛、仗势欺人；第三，马铁奥为了维护自己在乡邻中的信誉和声望，为了忠实自己的信仰：非敌即友，非生即死，杀害了最疼爱的亲生儿子。姑且不说父亲有没有剥夺孩子生命的权力，单从教育角度看，他是无能的，所有的家庭暴力都是无能的表现，在家庭教育里表现为最。他寻求不了一种途径让儿子得到救赎，从而使自己获得救赎。最后他的个人英雄主义、他的虚荣心占了上风，可怜十岁的儿子死在神枪手父亲的枪下。他练就一身武功，只会用武力解决问题，哪怕只是面对一个十岁的孩子，可见他平时为人手段多么残忍。

中国有一句古话“子不教，父之过”，西方认为，不应该对十七岁以下的孩子进行人格评判。福尔菊纳多才十岁，没有明确的是非观。他是父母的一面镜子，父母怎样，他就怎样。如果不是他父亲说话是那种颐指气使、居高临下的态度，如果不是他父亲做事是那种盛气凌人、倨傲不羁的方式，他怎么会以那样的口吻和强盗及队长说话？如果不是他父母贪财爱财，他又怎么会那么容易被收买？

另外，队长为了抓捕强盗，诱孩子说真话，用金表来引诱孩子，这位队长对孩子的死也负有不可推卸的责任。所以，孩子的死是两个因素造成的，一是耀武扬威、贪财敛物、爱面子爱虚荣的父亲；二是坑害孩子健康成长的社会环境。

这个短篇小说以淡淡的几笔描写了马铁奥复杂的心理，突出了科西嘉人即使对一个陌生的强盗也要忠守义气和诚信，嫉恶如仇的性格特征，但是，我以为该小说不可作为正面的形象进行广泛宣扬，不能以屠杀孩子的方式来歌颂个人英雄主义，不能以惩罚孩子的过错来彰显父亲的伟大，不能让孩子来承继父亲的恶，而众人却不认为父亲的恶是恶，反而是善。这样对错不辨、善恶不分、颠倒黑白的故事写得越精彩，越可悲。

父母以身作则，做好孩子的榜样，才是最好的家庭教育。

2016年2月13日

读懂孩子不容易

玛丽亚·蒙台梭利女士是20世纪最伟大的教育家，创立了蒙台梭利教育体系，对发现儿童的秘密，尊重儿童的天性，维护儿童的权利，改善儿童的教育做出了巨大的贡献。

在《童年的秘密》一书中，蒙台梭利从三个方面对其观点进行论证：精神的胚胎、新教育、儿童与社会，其核心思想是“儿童是成人之父”，儿童有自己的不轻易为成人发现的秘密。成人和社会总是以自己的权威、自己的偏见对待儿童，给儿童留下了内在的悲哀，造成了不可治愈的伤害而不觉。

蒙台梭利认为对儿童心理分析的探究有两个层次：第一个层次是肤浅的，来自个人的天赋本能和他必须适应的环境条件之间；第二个层次是深刻的，是关于童年记忆的分析研究。人们总是把心理分析停留在第一个层次，没有注意到第二个层次。她认为“成人们都没有一个很好的童年”，因此，成人都不快乐不幸福。由于成人没有幸福的童年，所以，他们不了解儿童，总是有意无意地给儿童造成伤害。

这本书阐述了很多儿童秘密，给我启示最深的有四点：第一，儿童有敏感期；第二，儿童有自己的节奏；第三，儿童有尊严感，不喜欢被奖励；第四，儿童不是在玩，不是在游戏，而是在工作。

敏感期是儿童最重要的秘密。蒙台梭利认为每个时期儿童都具有不同的敏感性，儿童受生理心理限制，不可能与复杂的世界建立系统的联系，只能在每一个时期从中选择一些对他敏感性的东西，这些敏感性的东西被他内心像光一样照亮，这些被儿童内心照亮的东西构成了儿童的全部世界，促使儿童集中精力从敏感性的东西上吸收知识，发展自身独特的能力。

敏感期也是发现儿童其他秘密的基础。懂得了儿童具有敏感期，也就懂得了儿童对缤纷繁复的世界具有选择性。这种选择性就是儿童的节奏，儿童按照自己的节奏选择敏感性的东西，按照自己的节奏对敏感性的东西进行学习与工作。儿童如果能按自己的节奏对敏感性的东西进行学习与工作，就会爆发出惊人的力量与行动。蒙台梭利认为："儿童内部具有生气勃勃的冲动力"，平时这些力量是隐藏的，一旦它们以一种有规律的运动活跃起来，就会变成一种神圣的力量，使儿童从孤弱无助的状态中解放出来，并用内在精神激发他去创造性地工作。

蒙台梭利认为"儿童是一个工作者和生产者""虽然他不能参与成人的工作，但他有自己的工作，一种伟大的、重要的、困难的工作，那就是造就人的工作。"她不认为儿童是在游戏与玩乐中成长，而是在工作和运动中成长。这是非常了不起的发现。游戏和玩乐一直被成人认为不务正业，是休闲品、奢侈品，可有可无，在生活中无足轻重。所以，成人把儿童的玩乐与游戏当成是没有章法的打发儿童的消遣，是一种成人摆脱儿童吵闹的工具。而工作在成人的世界里是生活的手段和方式，是必须的、重要的，是要尊重的。把儿童成长过程中的玩乐与运动当作工作，就意味着成人必须尊重儿童的工作，重视儿童的工作，发现儿童工作潜能，给儿童提供良好的工作环境，支持与配合儿童的工作。

蒙台梭利通过实验发现，糖果并不能有效地激励儿童，激励儿童的是尊严感。也正是因为儿童内心把成长当作必须的，把工作当作必须的，所以，他们不希望在工作中被奖励，而是希望在工作中获得尊重和价值认同。目前，我国许多幼儿园仍然用红花、红星来激励学生。这也进一步说明，成人不能用自己的世俗偏见来培养孩子，在孩子面前不能过分重视物质，成人只能去发现儿童的秘密，尊重儿童的各个敏感期，并按照孩子的节奏，激发孩子的内在潜能。

读这本书时，我不断地与我儿子成长时期进行对照，发现很多方面都能对号入座。我儿子小时候很喜欢堆积木，不是复杂的积木，而是简单的上面有图案的小小方块积木，他喜欢把积木竖起来，一层层地堆高。非常专注，连续堆几个小时，一点也不觉得累；非常执着，连续堆很多天，也不烦腻。我儿子小时候做事有条不紊，像蒙台梭利说的“有秩序感”。但是，我们总是嫌他慢，总是逼他，他从来没有反抗，只是吃饭做事更拖拉更慢。这就是我们扰乱了他的节奏造成的。

懂了儿童有自己的成长秘密，我们就不会武断地将自己的偏见强加给孩子，而是多观察孩子的成长规律，发现孩子在每一个时期所敏感的东西，踏准孩子工作的节奏，让孩子按照他自己的需要与动力去成长。如果我们能做到这点，甚至都不需要特别去激励孩子，他自身带有不可遏制的强大能量促进自己成长，这就是内驱力。

蒙台梭利的“儿童是成人之父”的思想很智慧。儿童的秘密也是成人成长的秘密，儿童的童年决定了他未来的幸福与快乐。儿童以他内在成长的动能促使成人去发现儿童，尊重儿童，向儿童学习：什么是真人生、什么是快乐、什么是幸福。

读懂孩子的秘密，不是一件容易的事，需要我们成人低下头弯下腰来，和孩子做朋友，和孩子一起成长。

2018年5月7日

每一个孩子都有独特的秘密

每一个孩子都有独特的秘密

这是他们成长的原动力

要是能找到这些秘密
养育孩子不费吹灰之力

每一个孩子都有独特的秘密
切忌和邻家孩子比
他喜欢篮球她却喜欢画笔
每一个孩子都有他的神奇与美丽

每一个孩子都有独特的秘密
不要只看到眼前的学习成绩
要细细观察他的每一个敏感期
踩着他的节律养成好的品习

每一个孩子都有独特的秘密
如果他朝你大发脾气
不要武断地认为他取闹无理
一定是你侵犯了他的某一个领地

每一个孩子都有独特的秘密
他们藏得很深很隐蔽
要想找到他们的蛛丝马迹
必须不断反省我们自己

每一个孩子都有独特的秘密
找到他们的秘密不容易
曾经我们的秘密也被置之不理

我们得蹲下身体，从头学起

每一个孩子都有独特的秘密
如果我们找到了芝麻开门的钥匙
亲子关系和谐又甜蜜，还能助孩子
长出双翼，飞向他的理想高地

2022年7月16日

母爱创造奇迹

电影《阿甘正传》中的阿甘一直被视为励志典范，在土豆网电影中，至今仍然人气最旺。我在看这部电影的时候，感动的是甘的励志，敬佩的是甘母亲的伟大。

甘先天弱智，智商只有75，腿上绑着铁箍，备受同龄人欺负。在唯一的朋友珍妮的鼓励下，他甩掉铁箍，像长了飞毛腿，比自行车和汽车都跑得快。中学时他进入了橄榄球队、成为橄榄球巨星，受到总统接见；大学毕业后，他应征入伍，救了好友布巴，同时救起了多位战友，成为了战地英雄，再次受到总统接见。为了坚守好友的诺言，他到好友的故乡，成为一名捕虾船长。不经意中，成为一位百万富翁。他将赚得的钱大部分捐给了慈善机构。

甘被视为英雄人物。他做了别人认为不可能做的事，做成了想做的所有的事，得到了他想得到的一切。可是，这一切仅仅是他努力得来的吗？影片中并没有特别强调他有多么刻苦练习跑步，而是同龄人一追他，他就会跑，那种突然的双腿解放，那种神速好像是出自内心深处的某种力量的推动。同样，在战火纷飞中，有的战友死了，有的受了重伤，唯有甘安然无恙，皮毛未伤，还一次次从枪林弹雨中救出了战友。他学打乒乓球时，也没有费多少劲，命中率就很高。甘的成功来自他的简单执着，来自一种信念，这个信念是什么呢？就是他的母亲一直对他说的“你和其他任何人是一样的”。

甘的母亲是一位非常坚强、有信念、深爱儿子的智慧母亲。她从不认为甘是弱智，是傻瓜，他一直鼓励甘："你和其他人是一样的，你并没有什么不一样。"她给甘起了个英雄的名字，说他们与英雄有亲戚关系，这对甘成为英雄人物有非常强的心理暗示；她坚持给甘最好的教育，坚持不让甘去特殊学校，认为甘的智力与别人只不过是区区5分的差别，根本不是什么问题；她告诉甘"不要管其他人，说他们比你强""一切都有办法解决"……正是有这样一位睿智的母亲，弱智甘、别人眼中傻瓜甘、被同龄人欺负的甘，成为了一位让人景仰的英雄。

甘成为了英雄，却没有一点功利之心，没有一点居功自傲，他始终如一的真诚、纯洁、简单、执着。他救战友是出于友爱；他信守诺言，遵守好友的遗愿，去看望在战争中去世的好友的亲人，还实现了布巴想到捕虾船上去捕虾的愿望；当没有捕到虾，他向别人请教时，人们告诉他，船要有名字，才会有运气，他马上把船写上名字。还是没有捕到虾时，别人告诉他，要去祈祷，他马上去祈祷；他一直很照顾他在服役期间的上司丹中尉；他对珍妮的爱始终如一，不因珍妮的堕落而嫌弃她。所有的这一切，既来自甘的努力，也来自他母亲给予他深深的爱、单纯的爱、执着的爱，这种爱成为一种信念、一种信仰，支持甘走向人生的每一步。甘一旦做一件事，就充满爱心地去做，将全身的能量聚集到这件事上，他不会患得患失，不会犹豫不决，不会将信将疑，所以他能成功。

甘的母亲得了癌症，快要离开人世时，她微笑着对甘说："我的时间到了，我的时间就这样到了。宝贝，你别害怕。死亡只是人生的一部分，某些事情是命中注定的。我过去不知道，但是，我注定是你妈妈，我已经尽我所能。我相信你也把握了自己的命运，把神给你的恩赐发挥到极致。你要自己去弄清楚，人生就像一盒巧克力，你无法预知会吃到什么口味。"甘的妈妈说得多好："我注定是你妈妈，我已经尽我所能。我相信你也能把握自己的命运，把神给你的恩赐发挥到极致。"甘的神就是他的母亲，他母亲尽其所能了，甘也将这种恩赐发挥到了极致。

这是一个励志的时代，朋友圈中的励志文章数不胜数。有人追捧，有人反感。追捧是因为有人想通过别人的成功经验找到成功的精神动力与启示；有人反感，是因为这些励志文章有许多被光环笼罩，只反映了成功人士成功的表象，而忽略了成功人士的背后因素与内在动力。内在动力主要因为爱。父母亲人的爱，情人爱人的爱，兄弟姐妹朋友的爱，有了这份深沉的爱，才能产生热爱生活、热爱社会的巨大动力，从而做出伟大的创举。《阿甘正传》我以为不是励志片，而是反映爱的主题影片。唯有爱，才能让甘成为英雄人物，才能让甘功成名就后，内心仍然保持纯洁、善良、简单和真挚。

2017年1月19日

凤妈生虎子

看到《人生由我》书单的推荐，马上下单。

又是如饥似渴地一口气读完。

好久没写读后感，这篇想写点什么。因为这是关于女性的回忆录，涉及家庭教育、年龄及女人人生观和价值观。

埃隆·马斯克举世瞩目，他妈妈的成功，却不是人尽皆知，就像我，也是刚刚才知道。当然，这也是因为我没有真正地关注过马斯克的缘故。没关注他，是因为我不懂技术，对技术不感兴趣，还因为他现在炙手可热，我对于当下一些最热的人和事，都有一种本能的排斥。

成功人士的成长之路我一直都很有兴趣，而他们的父母我更有兴趣。我一直以为，仅仅一代人的努力，很难成为伟人，造就一个伟人是好几代人的努力与沉淀，尔后厚积薄发。果然，马斯克的父母都不是普通人。父亲是第一位南非电气工程师，很富有；母亲是营养师、企业家、演说家和名模，而他的外祖父更是传奇的冒险家、探险家。

梅耶，《人生由我》的作者和主角，60岁后成为名模，72岁成为网红。而这时，无论从经济还是社会地位来说，她都没有必要再那么拼。可以依凭子女的成功，静静地品味骄傲与自豪，享受天伦之乐，而她却活出了更为精彩的自己。

她说，她从未感觉到自己在变老，从来没有像现在这样美好美妙，她人生的每一个十年都比前一个十年更美好。

麦克阿瑟将军曾说："老兵永不死，只是渐凋零。"有人说："美人迟暮是女人的最怕。"但是，在梅耶的字典里，却没有"渐凋零"一说，没有"美人迟暮"一词，她越活越精彩，越活越漂亮。她说"活在我这样的年龄太棒了……不要害怕衰老，要和那些不惧变老的朋友在一起""变老是一件好事……我们将变得更加有智慧、更加自信——这真是一种让人惊喜的经历……""……我度过了有史以来最好的时光……我迫不及待地想知道下一步将会发生什么""每一天我都在兴奋中醒来"。

她七十岁了，依然"生活处处有惊喜"，依然憧憬着未来，像个孩子似的盼望着未来发生什么奇迹，这是对生活的无比热爱，对自己的充分自信。很多女人，一退休就全退了。最好还是看看这本书，退休正是自由绽放的最佳时期。

梅耶的成功不容易，她经历了被丈夫家暴、离婚的痛苦，经历了抚养三个孩子的贫穷，但是她不甘心失败，而是坚定地逃离苦难，勇敢地做自己，活成了自己的女王和时尚界的女神。她说如果你没有显贵的出身，就只有靠自己的努力。她总是对生活充满激情，对事业充满韧性与智慧，对前途充满信心，对困难充满挑战的勇气，对新事物充满尝试的热望。为了生活，一次次移居国外，一次次搬家。三十多岁了，重新做模特。她不怕麻烦，不怕折腾，精力旺盛，勇气十足，这些性格与精神都与她那爱冒险的父母分不开。她的父母是顶呱呱的冒险家，凭借指南针开着只用帆布覆盖的小型螺旋桨飞机，飞了六十个国家，多次到沙漠探险寻找古迹。他们家族这种冒险又审慎的生活态度，给梅耶及马斯克播下了专注、冒险、激情与探索的种子。

由此我想到，很多父母不愿意孩子离开身边，短期对孩子的发展不利，中期对家族的发展不利，长期对社会的发展不利。

她热爱孩子，给予孩子事业上极大的支持与帮助。尤其值得妈妈们学习的是，她不干预孩子的选择，尊重孩子的兴趣与爱好，让他们凭借自己的意愿选择和发展自己的事业。许多家庭离婚后，孩子的教育和事业会受到很大的影响，但是，梅耶的三个孩子，都有很好的发展。梅耶是一个很要强的女人，却不是一个强势母亲。这点很难得，她对孩子没有很强的控制欲，所以能培养出天才的马斯克。

无论经历多大风雨，都要逆风而行；无论多大年龄，都要活出青春；无论境遇如何，都要活出价值。

2020 年 7 月 12 日

爱是最好的教育

有部电影叫《放牛班的春天》，我看了好多遍，每看一遍，都被电影里的克莱蒙·马修老师感动得热泪盈眶。

《放牛班的奇迹》这部书与《放牛班的春天》电影，名称只有两字之差，并且同时都有“放牛班”三个字。所以，获知该书的第一时间，我就被深深地吸引。买到这本书后，我争分夺秒地把自己沉浸在书中，晚上看到12点多还不愿意睡去。

这本书比电影《放牛班的春天》更让人震撼，因为这不是一部小说，而是由一位刚入职的艾琳·格鲁维尔老师带着一帮学生写的日记。老师每学期写一篇，共写了八篇，其余的一百多篇均出于自由写手。自由写手是她在班内发起的一个写日记组织。

“放牛班”，顾名思义，是一群不想学习，像放牛娃一样，没有组织纪律、自由散漫、让老师头痛的学生。然而，艾琳·格鲁维尔老师遇到的这些学生比放牛娃更野，吸毒贩毒、酗酒打架、逃课撒谎，无恶不作，是一帮名副其实的小混混。

这些学生都有一个残缺的原生家庭：有的学生从来没有见过父亲，有的学生父亲整天酗酒家暴，有的学生流浪街头，有的学生没有合法的移民身份，有的学生在种族歧视和各种帮派斗争中失去了亲人和朋友……他们普遍缺乏尊重、爱护、关心和关注，他们被贴上“黑鬼”“黑人的国家发言人”“犹太人班”“笨蛋”“无法管教”之类的标签。他们受到别人的歧视和虐待，他们也尽一切可能歧视和虐待别人。他们的内心充满了仇恨、愤怒、郁闷和矛盾。

格鲁维尔老师第一天到这个班上课，这些学生就狠狠地给了她一个下马威，“他们在座位上摇晃，不耐烦地用钢笔发出各种击打的声音，有人查看寻呼机，有人不停地描眼线，有人躺在座位上……”学生把她发下去的课程提纲做成纸飞机扔向她，讥笑她，捉弄她。学生们打赌：“我赌她五天走人”“我要让这位女士在全班面前哭鼻子”。

格鲁维尔老师在实习期没有收入，还得付费，在“付钱的战壕里教书”。不仅学生让她伤心失望，导师和同事的冷漠也让她心寒，他们都不认可她、看不起她。工作一天后，她感觉很失败，想一走了之，像以前的实习老师那样。

可是，她却说服自己坚持下来了。

她想尽各种办法，融入这些学生之中；想尽各种办法，帮助这些孩子建立自信、找回自尊。通过参观容忍博物馆，她让学生意识到歧视与偏见给人类和社会带来的伤害；通过阅读，她让学生们从著名作家、社会学家身上找到身份的认同感和价值感；通过写日记，让学生尽情抒发内心的苦闷；她鼓励学生给《围城日记》的作者莎拉塔写信，与《安妮日记》作者的父亲的秘书见面；让他们意识到作为人，无论何种肤色、宗教、性别都是平等的，都有尊严，内心都有同样的感受；帮助他们敞开心扉、绽放自由的心灵、消除偏见和种族歧视、树立自信、获得尊重和认同。

她为150名被社会和家庭遗弃的差生营造了一个幸福的大家庭，让他们找到自我、认同自我、认同社会、最终有了梦想，他们都成了想帮助社会和他人的优秀学生，获得了社会的认同和支持。这个班的学生获得了“幸运的人”“受欢迎的人”的尊称，受到了教育部部长及多位名人接见；这个班的事迹被多家著名的媒体报道。

学生们通过日记的形式讲述了他们的成长经历、感受，对社会、对家庭、对父母、对朋友、对自我的认识和看法，有力地抨击了种族歧视制度、树立了自己的梦想和愿景。这些日记让我们了解到无论哪个国家、哪个种族的孩子，都有一样的心理特征、感受与渴望：无论面对多少不公平、迎来多少随时飞来的子弹、遭遇多么严重的家庭与社会的暴力，他们都有一颗渴求被尊重、被认同的心。这颗心只要被拥抱、被接纳，总是向着阳光走去，最后总能带给社会阳光。

还有一点值得说明，格鲁维尔老师之所以能这么伟大，与她的父亲有关，她父亲是国会议员，强烈反对种族歧视，给了她很好的正义教育。所以我们也一定要好好地做家长，给孩子树立榜样。

这部日记还真实地向我们展现了西方发达国家的教育现状：不公平现象随处可见，对种族的歧视名正言顺，对弱势孩子的偏见理直气壮。什么是最好的教育？对所有孩子一视同仁的教育，才是最好的教育；什么是最好的社会，把所有孩子当成自己的孩子，才是最好的社会。读这部日记时，幸福感溢满我的胸怀，我国的学校教育从来没有歧视与偏见，我们的社会从来不给孩子贴上“笨蛋”“无法管教”的标签，作为教育工作者，我从来没有格鲁维尔老师那样的孤立无援。

2016年2月2日

每一个人都有一张驴皮

在三亚度假期间，看了巴尔扎克的《驴皮记》，这是看过的几部巴尔扎克小说中最喜欢的一部，可能是这部小说比《高老头》和《欧也妮·葛朗台》更富有哲理吧。

这部小说描述了一位贵族出身的青年拉斐尔注重名誉，发奋图强，却怀才不遇，破产落魄。在过了一段时间的穷奢极欲的生活，准备投河自杀之时，他意外地获得了一张驴皮，这张驴皮能满足他的一切愿望，无论该愿望是善还是恶，都能帮他实现。但是，他的愿望一旦实现，驴皮就收缩一点，他的生命也就缩短一点，直至驴皮收缩至没有，他的生命也就终结了。这张驴皮帮他获得了几百万的财产，让他成为最富有的人，他被人称为国王，人们认为："他不会服从法律，法律倒要服从他。没有为百万富翁而设的断头台，也没有对他们行刑的刽子手。"然而富可敌国的拉斐尔此时却很理性，很智慧，他回答道："他们都是给自己行刑的刽子手。"

小说中的主人翁原是一位正直善良、积极向上的青年，可是经不起生活的挫败，经不住物质和美色的诱惑，极力追求奢华的生活及虚荣的爱情。正如小说所说："意愿焚烧我们，能力毁灭我们，只有知识可以使我们软弱的躯体永远处在平静的状态中。"这里的"意愿"是指欲望，"能力"是指我们有限的能力，意指有限的能力要满足无限的欲望，只会毁了我们，唯有知识和智慧才能让我们得以平静。这是一位102岁的智者对拉斐尔说的话，是他给了拉斐尔这张驴皮。这位智者后来也被物质和美色所诱惑，可见欲望该有多大的魔力和破坏力。

欲望过度，会伤人，会要人命，道理大多数人都明白，可是人们还是想获得这样的一张驴皮，希望自己的愿望通过某种魔力得以实现，所以很多人会去赌博，会去投机。

这张驴皮毕竟只是传说，现实中还是得通过努力去实现自己的愿望，而一旦这种努力超过了人的能力极限，对人的伤害也是非常大的，无异于缩短人的生命。据小说译者介绍，巴尔扎克写这篇小说时，已经在小顶楼上写作了十年。他负债达十万法郎之多，当过“笔和墨水的苦工囚犯”，发誓要用笔来完成拿破仑未竟的事业，每天夜以继日地工作，靠喝咖啡来维持精力。这样的工作强度严重地损害了作者的健康，作者将亲身体会写成了这部小说，揭示欲望与生命之间的矛盾，同时警示世人。

巴尔扎克的愿望是还债致富，可是这位天才般的大师精力也有限。在满足了结婚的愿望后，与世长辞，那年他才49岁。如同巴尔扎克一样，现在一些企业家和成功人士英年早逝，也是因为承受了太大的压力，透支了自身的能量。

尽管有着魔力的驴皮不易得，但是人人还是有一张驴皮，这张驴皮就是每一个人余下的生命。这是人类无法避免的宿命，欲望无限，生命有限；欲望有限，生命仍然有限；有欲无欲，生命都有限；只不过过度的欲会缩短生命，提前终止生命，而碌碌无为，终日无所事事，混一天算一天，过一天怨一天，更像温水煮青蛙，让大好的生命时光就这样一点点无声地落寞而去，甚至慌不择路地逃去。这样的驴皮收缩，往往不会引起人们的重视。

有的人很年轻时就意识到自己有这张驴皮，所以很早就有梦想、有激情，就懂得生活；而有的人终生也不知道自己有这张驴皮，以致这张驴皮最后收缩至没有了，仍未意识到他的人生就这样没有了，人生的意义何在，从来没有去思考过。

在看这部小说时，我很震惊，感到我也有一张驴皮，被我无知地消耗掉了许多。过去的时光怎样流去的，我竟然一点不知道，也不觉得惋惜。而留给我的驴皮也只是巴掌大的一小块了。我该怎样地看着这张驴皮不断地缩小呢？是像小说主人翁一样惶惶不安、逃避现实，还是直面人生，将有限的生命活得无限精彩？而要获得这份精彩，又该如何处理欲望、能力与生命的关系呢？唯有做有智慧的人，才能控制欲望；唯有奋力拼搏，才会增加生命的长度；唯有做对人类有价值的事，才会留住生命。

2017年2月4日

你要成长，无可阻挡

这个周末看了两本书，霍桑的《红字》和海伦·凯勒的《假如给我三天的光明》，前者描写了一位忠诚、坚强的女性，后者是作者的传记。鉴于时间关系，只对后者写篇感想。

像我这个年龄的人，只要上过大学，多在学生时代就看了海伦的这本书，可惜那时的我，除了武打小说外，什么课外书都不看。尽管现在有些遗憾，但是还是原谅了自己，因为那时我没有志向，不想看励志方面的书籍。自己不想时，看了也白看；自己想看时，不需要任何外力，内心的渴求会迫使我去看。这可不是废话，而是我下面要谈的主题。一个人要想成长，无可阻挡。像海伦，又聋又哑又盲，对于常人来说，实在是天大的不幸。然而，她却创造了奇迹，不但战胜了自己的许多缺陷和困难，还帮助了无数的盲人。

海伦的成功因素有很多。首先是大环境，许多人无私地热心地帮助、关心海伦，不能不让人感叹她很幸运，社会上好人很多。第二，海伦有良好的家庭环境，祖辈里有聋哑教育专家，父亲当过上尉，是个很好的猎人和枪手，他热爱家庭、热爱自然、热情好客，是个讲故事的能手。母亲勤劳善良，爱生活会生活，爱美也善于创造美，热爱社会与和平。她家被茂盛的树木、绿藤覆盖包围，是“绿色家园”，是童年时代的天堂，她在这里享受着大自然给她带来的芬芳和心旷神怡。海伦小时候充分享受了父母的爱，生活无忧无虑，家成了她爱的摇篮。这使她尽管身有残疾，内心却充满爱和阳光。第三，全家非常宠爱她，她在家为所欲为，是个小暴君、不羁的小野兽。尽管过分的溺爱让她小时候霸道、倔强，但是充分的爱却给了她强大的自信和安全感，没有让她像有的残疾孩子那样活在阴暗中，她没有自卑心理，从而也就不自暴自弃。她随意地在花园、在门前屋后，像个顽皮的男孩子一样爬树捣乱，她的个性得到了充分的发展。同时，培养了她要强、不服输的个性和品质。第四，她遇上了最好的老师安妮。

尽管小时候海伦顽皮，但是天性聪慧、敏而好学，对大自然、对人、对艺术、对科学、对社会都有强烈的好奇心和深深的热爱。这种好奇心和热爱，就是她强烈求知欲的内驱力。她动不动大发脾气，不是因为秉性乖戾，而是因为她内心陷入了深深的孤独和难以排泄的苦闷，她强烈的求知欲与得不到解答之间产生了严重的冲突。所以当安妮老师教会她“认”字、“读”书，让她感受生活、理解语言文字的奥秘时，她说“水唤醒了我的灵魂，并给予我光明、希望、快乐和自由。”她如饥似渴地学习各种知识，广泛阅读文学、历史、地理、人物传记等方面的名著，参观博物馆、艺术馆。

“就像那些朝生夕死的小昆虫，把一生挤到一天之内。”她无比珍惜生命与时光。她散步、骑马、划船、下棋、编织、爬树、游泳，无所不会；对于花草树木、阳光、歌剧、书籍、人类无所不爱。每进步一点，她就有“像电流一样通遍全身的惊喜若狂的感觉。”她描写大学生活时说：“青春的光辉是如此灿烂，令人不敢逼视，那种天不怕地不怕的冲劲真叫人羡慕。”尽管她也有沮丧的时候，但是，很快又被自己说服，投入到新一轮的激情与学习之中。真的难以想象，她克服了多少困难，读了那么多的书，考上了哈佛，完成了学业，出版了那么多书，创办慈善机构，帮助残疾人。

尽管海伦了解爱的含义非常不容易，当她一旦领悟以后，她“感觉到有无数无形的线条正穿梭在我和其他人的心灵之间。”随着学习的进步，她对知识越来越渴求，学的东西越来越多，她的情感也变得越来越丰富，对自然界充满了爱，我能想象她那纤柔的手抚摸花草、昆虫动物时带着虔诚、敬畏和爱怜的神态，在她的手中，在她的心里，世上每样东西都有生命，很可爱，值得去爱。她对人们充满了爱和感恩，在她的传记中，用大量篇幅感谢给予她关心和帮助的许多朋友，她说朋友们是“一双双托起阳光的手”“朋友们创造了我的一生。他们费尽心思、绞尽脑汁，把我的缺陷转变成美好的特权，使我能够在已造成的缺陷阴影中，安详而快乐地前进”。然而，正是因为她具有的正能量场将当时的伟人贝尔、马克·吐温、卡内基等吸引到她的身边，她的好学精神感染了许多人，大家都以能帮她、支持她的事业为荣为乐。海伦尤其感谢安妮老师，视安妮老师是再塑她生命的人。

安妮·沙莉文老师是海伦的幸运，但我认为这不完全是幸运，如果海伦不能按照安妮的指引和教导去做去学习，安妮即便成为她的老师，也不可能陪伴她几十年，为她放弃婚姻，终身只教这么一位学生。如果海伦自己不好学，就像安妮刚教她时那样，不改正缺点，自暴自弃，安妮可能过不了多久就会放弃她。能将安妮始终留在身边，教育她几十年，是海伦自己努力得来的。海伦和安妮相互成全，是最努力最成功的一对师生。

海伦像春天的小草一样，在阳光的爱抚下快速成长。她热爱知识，认为“知识给人以爱，给人以光明，给人以智慧。”她内心充满了正能量，认为人类有无限的潜能，她说“每个人都有一种潜能，都能理解开天辟地以来，人类所经历的印象和情感。”当她把自己的潜能充分发挥出来时，那巨大的能量像巨大的光，将当时的伟人、名人和许多不知名的人都聚焦在她的周围，帮助她实现梦想，连小狗也热情地欢迎她，对她很亲热，站在她身边一副驯服、乖巧的模样。

当一个人想成长时，就像种子在黑暗潮湿的地里要发芽一样，泥土、碎石、脚步都不能阻挡。相反，各种力量会像江河入海一样汇聚在他的身旁帮助他。这就是爱的力量、正能量的力量、成长的力量。

2016年4月24日

地铁里的小男孩

今天，刚上地铁，就被一位三四岁的小男孩吸引住了。他不胖也不瘦，脸色有些发黄，单眼皮，小嘴巴，穿着黑色棉上衣和棉鞋。

开始的时候，他跪在我对面的座位上，眼睛一直盯着窗外，不时地叫："地铁好快！"然后，又扭头看看坐在我旁边的一位长得高大帅的年轻男士，他的爸爸。

后来，上来的人多了。他从对面走过来，站在爸爸身边，倚靠着爸爸，不停地叫："爸爸，地铁好快！地铁好快哈！"他边说话，边扭头去看他的爸爸。

他爸爸拿着一张名片，一直低头盯着名片，头也没抬。小男孩还是不停地说："爸爸，你看，地铁好快！"

每到一站，他都要叫"爸爸，还有一个地铁""还有一个地铁哈"。他爸爸始终没有抬头看儿子一眼。

我向另一旁挪去，让他坐在他爸爸旁边。他不坐，跪在座位上看窗外。

车停下来时，他说："爸爸，我们的地铁卡住了。"

他爸爸仍然不理他。

这时，我忍不住了，便说："我们的车不是被卡住了，而是刹车停下，让到站的人下去，让到其他地方去的人上来。"

我边说边用手掌当地面，手指当刹车片，向他示范怎么刹车，解释刹车原理。接着又示范，车启动时，刹车片抬起来，车就开走了的过程。

他转过头问我："刹车与起动同时进行怎样，会不会熄火？"

小孩子的思维和成人不一样，提的问题也不一样。

我说："这两个动作不能同时进行。"

他爸大概受了我的感染，淡淡地说："怎么会熄火呢？只是费电些。"

接着，他侧身对我说："他很烦，没有办法和他说清楚。"

我声音很轻，但很不客气："是你不愿意和他说，他很可爱！"

他说："他的问题太多了，一会儿这车是什么颜色？怎么那么长？怎么跑那么快？没办法说。"

我懒得和他说下去，不理他，只是看着孩子。

这孩子又叫"这地铁好长""那边又有个地铁"。

我说："我们这辆车向前面开，把我们载到前边去；对面那辆车向后开，把前面的人载回去。我们要回去时，也坐对面那辆车。"

这孩子挺大方，后来说话时，脸朝向我，眼睛看向我。

大概看车看腻了，小男孩将手上的卡片从座位的靠背上端放下去，任其沿着靠背往下滑。他又不停地叫："爸爸，你看，你看！"意思是纸片滑得快。可惜，他爸还是不理他。

后来，他爸爸让他给妈妈递手机。我才知道，坐在我另一侧的是他妈妈，我坐在他们夫妻之间。估计这位妈妈更不爱和孩子说话，不然这孩子怎么不到妈妈身边去呢？

从宁波工程学院到外滩大桥，这么长的路程和时间，小男孩一直很有激情地和他爸爸说话，他爸爸很少有回应。他爸爸的冷漠竟然没有打击到他，他一直不停地说下去，不停地对爸爸寄予希望。

这大抵是很多父母对待孩子说话的方式吧，认为孩子问题太多，话太多，如果和他接话，会说个没完没了。于是，就干脆不理他。

他们站起来要下车了，我对小男孩说："你下去后，站在站台上，看看两边的车，会知道很多东西的。”

孩子和他父母下车了。我却一直想着他，想着这一对父母，想着家庭教育。

这孩子太可爱了，什么东西在他眼里都是新鲜的，他对什么都好奇，都感兴趣，这个世界上动的静的、有生命的、没生命的，在他眼里都是鲜活的、有生命的、有乐趣的；所有的东西对他都是个谜，他急于求解求证。这是多么的天真！多么可贵的求知探索精神！多么应该受到关注、爱护！

他对父母那么的热情，那么愿意分享他的新发现、他的快乐，那么期待他父母与他一起探究这个有趣的世界。可惜，他的父母不懂他。我是多么地害怕，他父母的这种冷漠，这种不经意会在潜意识里伤害到他。

一些父母认为爱孩子，就是给他最好的吃、穿、用、玩及最好的学校教育。其实，真正的爱是满足孩子内心的求知欲望和情感诉求。孩子不停地问问题，是他探索自然和社会非常重要的过程和方式；孩子不停地和父母说话，是他希望得到父母的认同、理解和尊重，希望在父母那里获得存在感。他在与父母沟通时，不管说的是什么，都是爱的表达，爱的流淌。

遗憾的是，一些父母不懂孩子。他们不是拒绝回答孩子的问题，而是拒绝孩子对他们的热情与期待，拒绝了孩子与他们之间的情感链接，拒绝了孩子探索世界的热望。有研究表明：沉默、冷漠对亲密关系的破坏最为严重，甚至超过脾气暴躁的父母对孩子的伤害。因为爱得不到回应，会让人产生遗弃感和绝望感。孩子表面上没有反应，但这种伤害在他内心深处，会影响人格的形成，影响他将来与父母的亲密关系，还会影响他长大后和最亲密人之间的关系，从而影响他的幸福。

每一位孩子来到人间，都是天使，需要父母用心去向孩子学习。爱孩子是本能，科学地爱孩子，需要耐心，需要理性，需要不断地学习。

2016 年 2 月 17 日

火车上的两位妈妈

暑假去了一趟长白山，从安图到哈尔滨要坐一晚上的火车。上火车时，是晚上10：00。由于旅途疲劳，一上车，我便睡了。

一位妈妈用命令的口气说："快睡！"

随后，一位小女孩的声音传来："你怎么不睡？"

一会儿，这位妈妈又催小女孩快睡。

小女孩嘟哝着说："你怎么不睡？"

这位妈妈说："我在睡。"

小女孩抗议道："我看到你在玩手机。"

她妈妈说："快睡，再不睡，我捏死你！"

小女孩没再吱声了。

我心里想："好厉害的妈妈啊！"

过了一会儿，另一个轻柔的声音问："你睡了吗？"

"我睡了。"一个小女孩柔声柔气地答道。

这位妈妈又柔声说："把被子拉上来，盖好，Good night！"

"Good night！"小女孩轻声地回应。

然后，车厢安静下来了。

早上，天才蒙蒙亮，一群七嘴八舌的女人把我吵醒了。一位年迈的老太太被四五位中年女人围在中央。她抱怨儿子如何不孝。她说，她南下打工做生意，买了几套房，儿子一心想要她的房和钱，却从不去看她。她丈夫死得早，她非常不容易。她恨恨地说："我死后要将房子留给福利院，决不给儿子！"

一圈围着她的女人们，有的附和她，谴责她的儿子不孝；有的替她儿子说话，说是因为她太厉害了，儿子怕她，不敢来看她。

我一向对这些言谈不感兴趣，大致明白是什么事情后，就不再去听她们讲什么。起床后，刻意寻找昨晚那两对母女。

一位漂亮的女人坐在这群女人中间，时不时插上一句话。她的女儿站在她的旁边，瞪大眼睛饶有兴致地看着这一群热闹的女人。她不时地用小手指着其中一位女人，不停地问她妈妈问题。她妈妈不让她站在那儿，她不听。后来，当她再次用手指指向别人时，她妈妈使劲地打她的手，凶狠狠地说："你的国学老师是怎么教你的？小孩子不要听大人说话！"

小女孩悻悻地安静了一会儿，把脸扭向一边，却没有离开妈妈身边。没过一会儿，又把脸凑近这群女人中间。这位妈妈始终坐在那里，兴致勃勃地听着这一群女人的闲言碎语，不时地发表一两句看法，给那位怨天尤人的老太太提一两句建议。

这位年轻的妈妈让我吃了一惊。

她和我们一起游长白山，我们在同一辆旅游车上。她很会穿衣服，上穿一件宽松黑色长衫，下穿一条紧身长裤，梳着一条长辫子，很有些大家闺秀的气质。她的女儿大约五六岁，穿着公主裙，一条紧身打底裤，很漂亮很活泼。女儿靠窗坐着，她坐在过道边。我恰好也坐在过道边，和她们同一排。她一直在不停地打电话，要把三日游改为两日游。她声音很小，语气很温柔很平和。当时，我对她颇有好感，感觉她是一位很有教养的女人。

另一位妈妈，睡在我的对面。她穿着很朴素，一直在安安静静地看手机，她女儿在上铺自己玩。就在几位女人围着老太太说话的时候，我和她聊起来了，她是哈尔滨人，在深圳工作了11年。她认为东北人的观念落后僵化，无论是城市治理，还是景区管理，都有很多要改进的地方。

不用我说明，你就能区分昨晚这两位妈妈分别是哪一个。

2014年9月5日

高铁上的一家人

去年国庆，从北京回宁波的高铁上，我们斜对面的座位上坐着一家三口，女儿靠窗户坐着，爸爸坐中间，妈妈——一位面色苍白的年轻女人坐在靠过道的座位上。最初，我没有把他们当成一家人。

我一直看窗外风景、听音乐。不时地听到那边传来年轻爸爸教女儿做数学的声音，他说这个角、那个角怎样怎样，后来又读作文。小女孩非常配合爸爸，很认真地和爸爸一起学习。爸爸和女儿在几个小时里没有停息地学习、交流。我没有听到这位妈妈说一句话。

我起身倒水或上洗手间时，偶尔瞥一眼，只见她右手撑着头，眼睛无神地看着过道，几乎没有换姿势。

我以为她只是独自出门。我先生对我说："这位妈妈太奇怪了，竟然从前到后不说一句话，也不看孩子。"他坐在过道旁，看得更清楚。

我说："他们不是一家人。"

他说："他们是一家人，刚才这个妈妈帮他们父女俩泡方便面。"

我感到太不可思议了，几个小时过去了，就没有听到她的声音。这引起了我的好奇，我偷偷地观察她。她面无表情，眼睛无神，冷漠地看着过道前方，没有看父女一眼，也没有说一句话。父女俩也没有看她，没有和她交流，仿佛她不存在似的。

我先生也是一个很关心家庭教育的人，寻机问了一下这位妈妈，他们是哪里人。她说，他们是余姚的。

车到站了，人们都开始起身整理行李，他们仍坐着不动。我想看看他们是怎么回事，可是，他们仍然没有起身。我等不及，下车了。

我来宁波的第二天就有人告诉我：宁波的女人在家里很有地位。我也的确了解到宁波女人在家庭中的地位比我们内地要高很多。然而，在宁波生活差不多十年了，我还是第一次看到这样冷漠的妈妈。我身边的宁波妈妈们，都特别地爱孩子。

在亲密关系中，冷漠比喋喋不休、婆婆妈妈更伤人。冷漠表示你对她不存在，你不在她的眼里、心里和世界里，她不在乎你，不关心你，她的一切与你无关，你的一切也与她无关，你是路人、陌生人，甚至不如路人和陌生人，路人与陌生人还可能会成为朋友，你们之间永远绝缘。而喋喋不休甚至粗暴都表明了他对你敞开内心世界，对你的行为与情感有反应与回应，这也是一种沟通方式，尽管不科学，但是，最少有沟通与回应，有爱在传递，有情在流动，通过双方努力还可以改善。而冷漠却让人看不到改进关系的希望，每一次你发出的声音及每次的热望都会石沉大海，所以，你也就没有信心、勇气和热情再次发出信息。于是，冷漠成了一种最可怕最伤人的关系方式。

这位母亲脸上没有一点热情与活力，她的情感如同她那张苍白的脸；她的内心世界也必定如同她那双失神的眼睛，没有希望没有温情。我不知道她经历了怎样的人生，才会如此苍白。

半年多过去了，当时的情景一直历历在目，在欣赏这位爸爸的同时，为这位小女孩感到不幸。我想，她内心是不是很伤心很孤独很无奈，她长大后会不会步妈妈后尘，冷漠面对人生和社会。同时，也对这位母亲产生了同情，究竟是什么让她失去了与生俱来的母爱？是什么让她失去了对生活的热情与活力？我想无论是什么，都不应该漠视做母亲的责任和义务，都不应该让幼小的孩子为她承担不快乐。一位母亲，如果不能对孩子笑颜以对，温婉以爱，又怎么会对生活充满热爱与激情？同样，如果一位母亲不能对生活充满热爱与激情，又怎么能教会孩子去爱生活、爱社会、爱这个世界？

希望全社会都来关注母亲的内心世界，关注母亲的素养；也希望天下所有的母亲，无论经历了怎样的坎坷人生，都能从困境中走出来，活得阳光明媚，照亮自己，也照亮孩子。

2015年4月29日

高铁上的母子

寒假伊始，我和两位好朋友去厦门玩了三天。在回宁波的高铁上，我坐在靠过道的位子。前面斜对面发生的一连串事，让我很好奇。当我不明白真相时，还以为是小伙伴们逗趣的乐事。一位壮实高大的“小伙子”从靠窗座位出来，坐在过道边的这位小伙子身体没有动，也没有把腿收缩一下，当那位高大的“小伙子”好不容易挤出来，站在过道时，他用右脚去踢“他”。其实，他只是做出使劲踢的动作，马上收回来了，并没有真的去踢。我想，这两个活泼的小伙子真逗！连起身这点小事，都会找点乐趣。

过了一会儿，那位“小伙子”回来了，突然连珠炮似地训斥坐着的这位小伙子：“你把你身上穿的衣服脱下来还给我，你身上的所有东西都还给我，那全是我花钱买的，没有我，看你身上还有什么……”听声音，不像小伙子。我抬头观察“他”，惊讶地发现，这是位中年女人，四十多岁的样子，一米七的身高，腰圆臂阔，嗓音很粗，像男声。她上衣穿着红色的运动衫，下身穿着橄榄绿的肥大裤子。她的言谈举止，她的穿着打扮，活生生地是一位彪形大汉。

原来他们是母子关系！

她咄咄逼人的眼光和尖锐犀利的语气，丝毫没有影响她的儿子。他像磐石一样纹丝不动，戴着白色耳麦，没有任何表情，没有看她一眼，也没有说一个字。

她还在不停地唠叨："把你养这么大，叫你让个路，你都不让……"她儿子仍然像雕像般不动不看不言不语不气不恼。

我第一感觉："天呀，还有这样的老妈？"转瞬，我马上意识到，我曾经也对儿子说过："我把你养这么大，多么不容易，你怎么一点也不体谅我？"此时，我真后悔对儿子说过这种话，更后悔曾经有这种想法。

这位强悍的老妈站在过道上，对儿子训话好几分钟。见儿子仍然无动于衷，她不再说话，双眼逼视着儿子。

这位孩子仍然没有搭理她。

突然，这位妈妈坐在儿子的腿上，把整个身子都压在儿子身上，还使劲地揉揉压压。

儿子仍然没有任何反应，就好像一切都没有发生在他身上。

这节闹剧完全是妈妈一个人在唱独角戏。

晚上，车厢空了。不知什么时候，他坐到后面去了。

这位妈妈脱下鞋子，把座位放到最低，把脚踏在对面的座位上，半躺着身子。后来，一直坐在我正对面的女人走到她的对面，脱下鞋子，如同她的姿势，躺在她的对面。这位女人一躺下来，她们就热聊起来，一直聊到宁波站。

我听不懂她们说什么，我的好友能听懂。她说，她们是老师，舟山人。

我想，这样的妈妈怎么可以当老师呢？不过，也不一定，很多人做不好父母，却是相当不错的老师。

后来，这位儿子走到他妈妈身边，手里拿着东西，不知是什么，我看不清楚，也不好意思直盯着。他笑嘻嘻地对他妈妈说："有一条好消息和一条坏消息，你想先听哪条消息？"仿佛刚才他老妈对他的恶劣态度从来没有发生过。

他妈妈如同之前他对她的态度一般，也完全不理他，继续和女友热聊。

我和好友交换了一下眼神。

火车快到站了。

这位妈妈站起来穿衣服，一条黑色的长围巾，她系了三四分钟，挂在脖子上取下来，又放在脖子上绕了一圈又一圈，再取下来，再挂上。她又开始不停地数落她儿子，这不好那不行，还不听话。

她的同伴说："你不要这样说了，他会不高兴的。"

她不屑地大声地说："他才不会呢，他不是我生的，你看他像我生的样子吗？他是外面生的，外面长大的，外面老王家的孩子。"

她的同伴长得温婉纤柔，说话声音很轻。下车前，大家都站在一起，我和她聊了几句。她说，她们带孩子去厦门玩，她的儿子上初二，那位孩子上初三。她和她的儿子没有什么互动与交流，他们之间静静的。

这两位孩子才上初中，看起来有大学生的块头了。我心里颇为同情初三的那位孩子，如果这位妈妈能懂儿子的沉默与忍让就好了，能理解儿子逗她的那份心情与童真童趣就好了。

在火车上、地铁上的见闻，我已经写了好几篇家庭教育的文章，经常出去走走，总能看到许多在家里、在单位看不到的现象。写出来的，都是家庭教育有缺失的，需要我们去关注与帮助。见到更多的是美好的温暖的亲子关系，没有写出来，这些是社会的主流，是孩子的幸福之源。

正在写这篇文章时，儿子在首都机场打来电话，说他提前39分钟办理登机手续，被告知提前40分钟机舱已关，为了1分钟，只能掏900元改签。他说，去机场还是很早，只是春节到了，排队人太多了。年底了，就算给国家多交一点税吧。只是还得搭进6小时。我说："不要沮丧，找个咖啡厅坐坐。"

另外一句话，我没有说出来：1分钟，900元6小时，得开心地过，否则，才是真正赔了。

昨晚，我和他老爸说，今天早上应该提醒儿子起床，不要睡过头了。

他爸说：“你不要这样细致管着他，让他自己去安排。”

写到这里时，又一想：儿子没经验，本来可以找旁边的值班经理说明情况，在紧急窗口办理登机。再一想，吃一堑长一智，也挺好，成长是要交学费的。

总之，人生每一步都在学习。

2017年1月25日

妈妈，送我上学吧

很少出去吃早餐，在先生、儿子的敦促下，决定从本学期起把自己照顾好。8：00整出门。经过小区幼儿园，看到好多孩子，有的背着书包，有的怀里抱着小席子小枕头；有的和父母一起，有的是爷爷奶奶送来的。

早餐店在小区对面，开了好几年，生意火爆。老板夫妻俩忙得不可开交，他们的孩子大约三岁多，我进去时，他在玩弄小书包，一会儿挂在胸前，一会儿背在背上。挂好后，上下左右看看，再调整；背上后，前后看看，再调整，反复多次。来用餐的多是三十岁左右的男人，一位用餐者逗孩子："这是新买的书包哦，今天开学了。"

孩子的妈妈送早餐给他，他问："怎么不把孩子送上学？"

她说："没有时间，反正上幼儿园，没有关系。"

孩子背上书包，不停地叫"妈妈""妈妈"。

他妈妈说："去换衣服，快！"

孩子走进里面的房间。随后，楼梯的吱呀声和楼板的踩踏声传来。孩子把衣服拿下来了，是一件黄色的T恤。他妈妈说："不是这一件，这是昨天穿过的。"

孩子又去了里面的房间，楼梯和楼板的踩踏声再次传来。这次孩子手里拿着一件红色的T恤。他妈妈说："就是这一件。"

孩子拿着衣服，围着妈妈转来转去。又一位男士说："钱挣不完，先送孩子去幼儿园吧。"

这位妈妈好像没有听见，继续忙她的生意。

我吃饭慢，小店差不多换了一拨吃早餐的客人。

孩子背着书包，手里还是拿着那件衣服，过一会儿就叫一声“妈妈”，那声音里有乖巧、有哀求。

又有一位年轻的男士说：“孩子，上学去吧。”

另一位男士说：“我送你去吧。”

孩子听到这句话，马上躲开了他。旁边有人说：“孩子怕坏人带走他。”

还有一位男士说：“这孩子真乖，我女儿可没有这么乖，不上幼儿园，早早起床；一上幼儿园，就赖床。”他的话语里没有一点女儿调皮让人烦的感觉，而是满满的幸福。

我吃完了，眼睛也要离开这位孩子了。我付钱时，对他妈妈说：“送孩子上学去吧，就耽误三分钟时间。从上幼儿园第一天起，养成按时上学的好习惯，以后读书习惯就会好。”

他妈妈淡淡地说：“会送的。”

来用餐的都是这里的常客。我在想，下次要不要在这里吃早餐。来这里吃早餐，会不会让孩子妈妈更忙，更没有时间送他上幼儿园。

2012年9月3日

妈妈不让我回家

听饱了歌，洗去了一天的疲惫，快7：00了，下楼去散步。一个小女孩怯怯地走过来，怯声地说：“阿姨，你有手机吗？”

散步时，我没有带手机的习惯。

我问她：“你为什么要手机？”

她说：“我找不到妈妈了。”

我问她，住哪儿。

她说：“我住六幢。”

六幢离这里有一点距离。它靠近前门，这里靠近后门。

我说：“我送你回去吧。”

她用要哭的声调说：“我妈妈不让我回去，她说我在外面玩的时间长了。”

我看了看周围，岑寂一片。没有遇到我之前，小女孩孤身一人在这片空寥的寂静中。

一会儿，有两位女生走过来。我借用其中一位女生的手机。这位女生帮孩子拨通了电话，小女孩对着电话，“哇”地哭了，哭着叫“妈妈，妈妈”。

那头电话“啪”地挂断了。

这位女生重新拨通了电话。

我正在安慰小女孩，没有听到她们在讲什么，只听见其中一句：“在外面不安全。”这位妈妈仍然没有让她女儿和她通电话。

我牵着小女孩的手，带她到六幢楼门，小女孩不停地高声喊：“妈妈，妈妈。”她妈妈及家人都没有出来理会她。我们按门楼上的数控“保安”，门还是没有打开。

我详细地了解情况后，对小女孩说：“无论你妈妈怎样骂你，甚至打你，你要记着，以后也要记着，一定不要在晚上离开这个小区，你就在这幢房子附近，不要走远了，不然，妈妈下来找不到你。如果出小区，外面可能有坏人把你带走了。”

她不停地点头。她的手袖上有两道红杠，我说：“很不错的小女生哦，都两杠了。”

她说：“我是三年级的学生了。”

看起来好小，就有三年级了，我还以为是一年级呢。她说“阿姨，你带我见我妈妈吧？”她的眼里满是恳求与期待。我们在楼门处等了一会，楼上有开门声，小女孩有些欣喜地说：“我妈妈下来了。”

却没有人下楼。

她一直透着楼门的栅栏向上看，侧耳倾听楼上的声音。我搂着她，轻轻地拍着她的手臂。

她妈妈终于下来了。

我先说话了：“孩子妈妈，对不起，我多事了。但是，不能在晚上把孩子关在外面，太不安全了”。

她很有礼貌地向我说：“谢谢！”

接着又说：“这孩子太不听话了，让她玩半小时就回家。可是，总是玩得不知道回家。”

我说：“想怎样惩罚她，都应该在家里。把她一个人锁在外面，她会有恐惧感和被抛弃感，也的确很不安全。”

小女孩见妈妈来了，眼泪"哗哗"地流。她可怜巴巴地用哀求的眼神看着妈妈，观察她妈妈的反应。

我蹲下来，对小女孩说："妈妈是为你好，以后，要记着按时回家。不要玩过头了，惹妈妈生气。"她不停地点头。

然后，我走了。

这位妈妈站在原地，吼叫着责骂孩子。

我散步的心情也没有了。心里想："唉，半小时，玩什么玩啊，还没有进入玩的状态呢。再说了，孩子不玩叫孩子吗？把孩子关在外面能解决问题吗？想当初，我儿子不出门玩，我和他老爸想尽了办法。"

昨晚散步回来。一个孩子吵着要画画，我顺着声音看去，一位妈妈牵着一个孩子的手，妈妈不耐烦地说："怎么天天要画画？我们买……"

我没有听清楚她后面的话。

画画能培养孩子的架构、系统观、模仿力、想象力、立体感、美感，这位妈妈知道吗？

我为这位孩子叹惜惋惜！

前几天，在马路上，一位家长训孩子不好好学习，把那孩子骂得头低低的。更有甚者，前年的冬天，一个周末的早晨不到7点，寒风刺骨（这个时间我记得很清楚，因为我从来没有从这件事情中释怀），一位妈妈骑着电瓶车，后面拖着哭哭啼啼的孩子，妈妈一路不断地骂孩子不用功，作业不认真做。语气凶狠，孩子哭得非常伤心。我在寒风中站着，目送他们远去。

当然，也遇到过很懂教育的妈妈。不久前散步的时候，一个小孩子骑车从小区出来，在减速板上摔倒了。没有人紧跟着他。我走过去，弯着腰对他说："你好勇敢啊！"

年轻的妈妈很快跑过来，急急地对我说："不要扶他。"她很担心我去扶孩子。

我没有扶他的意思，只是想鼓励他。

他慢慢地爬起来，笨手笨脚地把车子扶起来。我用欣赏的眼光看着孩子，用欣赏的心情为这位妈妈点赞。

有的孩子是幸运的，能遇上懂教育的妈妈，而有的却不那么幸运。希望幸运的孩子多一些，世界就美好了。若要如此，唯有提高父母的综合素养，提高全民对家庭教育的重视。

2013年9月12日

听话等于爱吗

一位刚毕业的大学生，总是不按公司的规范做事。领导找她谈话，问她为什么什么都不问，什么都不说，不按公司的规矩规范处事，一意孤行。让她好好向同事学习。

她说，她的父母和姐姐会教她。

她的父母在一个工厂打工，她的姐姐在一家酒店当服务员。他们的企业性质与她所在单位完全不一样。

领导说："你怎么能让他们教你在我们公司做事呢？他们又不懂我们这个行业。我们有自己的制度、自己的标准、自己的流程，你得学习并遵守。"

第二天，她就提出辞职了。理由是领导不该让她不要听父母的话。

她不能接受领导不让她听父母的话，估计她的父母更不能接受：我的孩子，你怎么能不让她听我们的呢？这不是逆天了？

这件事，让我马上想到：听父母的话等于爱父母吗？爱孩子的听话等于爱孩子吗？

很多家长说，孩子不听话，主意很大，管不了。

我却认为，现在的很多孩子太听话了。

一些大学生，每天和家长打电话，尤其是女生；学校一放小长假，很多学生就回家。平时周末，父母让回家就回家；毕业后，父母让回家工作，就回家工作；一些女生写的随笔中，很多都是写想家的主题。当然，这也让我特别感动，他们与父母关系那么亲密，这也是父母的成功之处，也是子女的幸福源泉。尽管如此，我依然不鼓励学生什么事都向父母汇报，听从父母的意见，顺从父母的决定。

不可否认，父母阅历丰富、经验丰富，能给孩子一些指导。但是，一些父母思想保守，并且父母为孩子考虑问题时，有可能感性重于理性，不是为孩子的成长考虑，不是为孩子的长远着想，而是怕孩子吃苦受累，想把孩子留在身边。

孩子是独立的个体。就像孩子一岁后，要脱离父母的怀抱独立行走一样。父母不要想把孩子窝在怀里一辈子。事实上，也没有办法把孩子的一辈子揽在怀里。总有一天，需要孩子来照顾父母，需要孩子关爱他自己的孩子。父母给予孩子的只能是无条件的爱与关心，不能要求孩子有任何回报。一旦要求孩子有回报，最基本的要求就是要求孩子听话，顺从父母的意愿，符合父母的期待。

孩子是社会人。孩子有自己的时代，有自己的社会，要把孩子推向社会，让他独自去摸索、去碰撞、去试错。跌倒了，让他学会自己爬起来；累了，让他学会自己去调养；伤了，让他自己学会去疗伤；错了，让他学会独吞苦果。有的父母说，社会竞争太激烈了，自己这大半辈子太累太苦，不想让孩子这么累和苦。可是，哪一个人，能逃遁于社会的激烈竞争，逃脱掉人生的跌宕起伏？谁不是在伤痕累累中一路向前？正是因为社会竞争太激烈了，就要早点培养孩子的吃苦精神，培养孩子承受挫折的品质，让孩子尽早走向社会、适应社会，进而为社会发展作出贡献。

一位女生刚工作时，总是什么事都和爸爸讲。我很婉转地对她说，我四十岁之前，什么事都不和父母说，谈恋爱、结婚、找工作、换工作，都是定了之后，通知他们，不让他们干预我。现在，我经常和妈妈讲我自己，是因为她老了，有孤独感了，我让她接听我的电话后，有我的画面感。这位女生很崇拜我，听我这么一说，不再总是拿她老爸的意见说事。

事实证明，她的选择比她老爸的要高明得多。可以断定，她的发展空间会非常大。因为她有主见、因为她敢于决断，还因为她听得进别人的意见，懂得调整自己。

父母有父母的时代，孩子有孩子的时代。父母一定要相信，孩子的时代优越于父母的时代，孩子很多方面优越于父母，孩子作出的抉择优于父母做出的抉择。要求孩子听话的父母，不能否认他们爱孩子，但是也不能不质疑，他们不懂怎么爱孩子，他们的爱还有一些自私。

作为年轻人，要有足够的勇气，对父母说“不”，并且用实际行动向父母证明：我行！

纪伯伦说：“你的孩子，其实不是你的孩子，他们是生命对于自身渴望而诞生的孩子；他们藉助你来到这个世界，却非因你而来；他们在你身旁，却并不属于你；你可以给予他们的是你的爱，却不是你的想法，因为他们有自己的思想；你可以庇护的是他们的身体，却不是他们的灵魂，因为他们的灵魂属于明天，属于你做梦也无法达到的明天……不要让他们变得和你一样，因为生命不会后退，也不在过去停留；你是弓，儿女是从你那里射出的箭……”请不要把爱与听话划等号，请不要把对孩子的爱与对孩子的控制划等号，请不要以爱的名义干预孩子的发展。把孩子还给孩子，把孩子推向社会。

2021年12月16日

做孩子可拼的娘

今天是母亲节，我想写篇关于母亲的文章。

前天，一位年轻的妈妈对我说，她想做点自己喜欢做的事，自己可以做主的事情。

我问她，准备做什么。

她现有的工作不轻松，还有两个儿子要照顾，一个小学一年级，一个才1岁多，怎么安排时间?

她说做微商。她还举例说谁微商做得挺好的，她感觉有意思，也想做。

和以前一样，每次和她谈到做母亲，我都说:“你现在做什么都不重要，最重要的是把两个孩子培养好，那比什么都重要。”她知道这是我一贯坚持的。

这句话，我和好多年轻妈妈讲过:“你做什么不重要，做好母亲最重要；别人赚多少钱都没有什么，你把孩子教育好了，比什么都值。”

有人说:“你自己不是也在折腾吗？为什么总说女人最重要的是做好母亲，你不也没有做好母亲吗？”

我是儿子上大学后才开始做自己想做的事。正是因为以前很多方面没有做好，我才觉得很遗憾，才希望年轻妈妈要以我为戒。

两个孩子那么小，你总是在电脑、手机前做微商，孩子不受影响吗?要知道，手机和电脑对孩子的吸引力很大，伤害也很大。不要把自己的业余时间弄得零零碎碎，要用完整的时间来陪孩子，不说别的，多陪孩子读书、做游戏、看风景，孩子的学习习惯都要好很多。

正如我深深地感知到教师越来越不好做了一样，我也感知到母亲越来越难做了。做母亲越来越难与做教师越来越难，道理大致差不多，只不过，母亲这个角色一向比教师更难，因为有着最为亲密的亲情在里面，有着更为复杂的家庭家族情感在里面，就很难保持理性、不带情绪地面对孩子和教育孩子。

基本上所有的父母都感叹：孩子越来越难管了，孩子越来越难教育了。不说别的，仅仅让孩子远离电脑、手机游戏，就够很多家长头痛劳心的。更何况信息化时代，很多孩子获取知识、信息的技能比父母还强，父母不再是孩子的权威，不再是孩子崇拜、学习、模仿的最重要对象。因而，父母的权威性受到了极大的挑战。没有自己的教育理念与教育自信的父母，不但在教育方面会感到力不从心，还会有强烈的失落感和挫败感。

而过去许多母亲因为各种原因，不太关注社会，把精力主要放在工作、家务及照顾孩子上。现在这样做，恐怕远远不够。孩子一出生，就进入了开放的社会，母亲必须充分认识到这点，在一个封闭的家庭环境里，没有学习意识与开放思维的母亲，没有办法培养一位具有开放意识和思维的现代孩子。很多人都奇怪：我的孩子在高中以前都是好好的，为什么一上大学就陷入游戏里了，人生没有任何方向与目标了。其实这与父母的教养有很大关系。在开放时代，在信息化时代，在多变多选择的时代，你是否教会了孩子自律自控、自我管理能力、甄别和选择的能力？如果没有，孩子一旦离开了父母，离开了监管严格的基础教育，就很容易失控。

父母的教养是孩子的根，根系发达（开放），根正（科学的育儿理念与方法），外界的各种诱惑都不能让孩子真正陷入泥潭。一旦父母没有把孩子的根培育好，孩子在外面开出再漂亮的花，都只是一现的昙花。更何况，现在社会各种信息、各种物质利益对孩子诱惑很大，没有接受过良好教育的孩子，很容易迷失自己。过去那种把孩子吃饱穿暖，让孩子接受最好学校教育的教养方式，是当今社会培养优秀孩子的必要条件，不是充分条件。要让孩子走得远飞得高，还必须塑造孩子健全的人格，培养他积极向上的人生观和价值观。

网络上有人说，现在孩子是拼爹的一代。但我却认为，现在是孩子拼娘的时代。母亲对孩子的养育，比任何人都更重要。法兰西第一帝国皇帝拿破仑问贡庞夫人：“传统的教育体制似乎一无是处，要让人们受到良好的教育，我们缺少什么呢？”贡庞夫人回答道：“母亲。”做一位让孩子随时能找到的母亲，比做一位让别人敬仰的女人，要有意义得多；做一位孩子认可的母亲，比获得任何社会荣誉的女人，要有价值得多；做一个让孩子精神富有的母亲，比做一位事业成功的女人，要伟大得多。当然，你也可以什么都做，只是你的时间和精力有限，只能有所取舍。从对孩子、对自己、对家庭、对社会、对国家长远来看，做“推动摇篮的手”，就是“推动地球的手”“推动世界的手”，最有价值；做孩子可拼的娘，更有意义。

2019年母亲节

孩子的问题更是我们的问题

刚刚，在写“做孩子可拼的娘”这篇文章时，一位要好的姐妹向我哭诉了她的孩子。

她的孩子从早上8：00到下午5：00，才做了语文作业的半页纸。她看到这个，怒不可遏，恨不得拿把刀把孩子砍了，然后再自己了断。她说，她把这句话对孩子说了。她感觉很无助，已经尽了所有的努力，晚上和周末所有能挤出的时间都给了孩子，一直陪着孩子。只要她陪着，孩子就认真做作业；不陪，孩子就玩，又不知玩些什么。而她有自己的事，总有偶尔忙得没有时间陪孩子的时候。孩子成绩很不好，马上要小升初了，还是这种学习状态，让她很揪心。

她边说边哭。

我说：“要相信孩子今天这样，是你们家庭教育的结果，责任不在孩子，在于你们，没准是你婆婆宠坏了孩子，没让孩子从小养成好习惯；没准是他做作业时，你陪他，他已经养成了依赖的习惯。”

她说：“我婆婆怪我管孩子太松，我老公一回来就玩游戏，我一说他，他就和我吵架。后来，我让他到房间里去关上房门玩。我真是法子想尽了，没有办法了。”

我说：“怎么教育孩子，你们大人之间要取得共识，教育理念要一致，要有明确分工，谁主导学习方面的教育，谁主导生活和娱乐，大家要明确要遵守。不要这个这样，那个那样，弄得孩子不知道应该听谁的，应该怎么做。家庭中的教育氛围要好，不让孩子玩游戏，大人就不能玩；不让孩子看电视，大人就不能看。在家里不能有两套标准，大人可以做，孩子不可以做；孩子必须学，大人可以不学。孩子学习时，你们也要学习。不要陪他做作业，做作业是他的责任与义务，让他独立完成。他做作业时，你们在另一间房看书就可以了。对孩子要有信心，要相信自己的孩子，是聪明的，是有学习能力的，缺点是可以改变的，好习惯是能够养成的。不然，你怎么努力都没有用。”

前苏联著名教育学家马卡连柯说：“培养人，就是培养他对前途的希望。”不管孩子现状如何，不管孩子让我们多么失望，父母始终要有强烈的心理暗示：只要教育方法得当，孩子的好习惯一定会养成；只要大家共同努力，孩子成绩一定会好起来。要相信自己的孩子是可塑之材，这是自信所在，是希望所在。哪怕孩子目前考倒数第一，相信他有一天一定会进入前十名。如果不相信孩子，不仅自己会沮丧抓狂，也会使孩子失去自信心，自我放逐、自我放弃。

最重要的是，孩子的现状是家庭环境和父母的教育理念及方法造成的。我们不能一味地压制孩子，一心想要改变孩子，希望孩子努力达到我们想要的目标；我们也不能把所有责任都推给家人，而忽略了自我的反思与学习。如果家庭不和谐，父母关系不融洽，婆媳关系不好，孩子就会有很大的心理压力，不能集中精力学习。

孩子是一面镜子，照映了他所在家庭的一切。孩子的问题，是父母的问题，更是家庭教育的问题。教育孩子的过程，也是教育自己的过程；孩子成长的过程，也是父母成长的过程；孩子要学习，父母更要努力学习；孩子要进步，父母更要先行进步。

2019年母亲节

科学沟通是成功教育的基础

今年三月，小草刚吐芽，我带儿子和住在对门的小朋友去踏青。因为不久前雅戈尔收购了美国五大服装巨头之一KELLWOOD公司旗下男装业务——新马集团，使雅戈尔成为世界上最大的男装生产企业，所以这次的目的地是雅戈尔公司。在去雅戈尔的路上，我有意无意地说“你们看，这儿草还是黄的，前面那一块却是绿的。”“风吹到脸上痒痒的。”听了我的话，两个孩子兴致勃勃地找绿色，他们抢着说“看，那儿更绿”“前面的树都长着嫩芽，这里的树还是光秃秃的”“快看，这棵树还没长叶子，就有花蕾了”。到了雅戈尔后，我让他们绕着雅戈尔转了一圈。在回来的路上，我向他们讲述雅戈尔的这次服装并购案，讲述纺织业的现状和在社会发展中的重要作用，进而讲到国家经济发展的四个目标；美国次级债危机爆发后，人民币升值，纺织业出口遇到的困境；回来经过万科开发的金色水岸，我告诉他们王石是怎么把万科做成最大的房地产公司。接着，从房价谈土地出让政策、财政收入、房地产在我国的重要作用。

讲的时候，我儿子偶尔向我提问，那位小朋友一句话都没有说。只是快到家的时候，他突然把脸朝向我，目不转睛地看了我好一会儿，好像以前不认识我似的。

晚上，他妈妈来对我说：“我儿子很喜欢听你说话，他把你讲的东西对我说了一遍，我让他要认真学习，读很多书，然后像你一样。”

我们习惯让孩子去学习，而忽略了正是我们自己需要学习。

我对母亲素养的认识既来自培养孩子中的不断总结，也来自教书育人中的不断反思。在大学，很多学生是阳光的、健康的、积极向上的，但是，也有不少学生存在这样或那样的问题。比如：厌学、性格孤僻、沉迷网络、沉迷小说，还有个别的学生患有严重的心理疾病。通过与这些学生的沟通和交流，通过与他们家长的谈话，无一例外地发现他们家庭教育中存在着一些问题。

家庭教育的内容博大精深，最重要的是和孩子进行科学有效的沟通。沟通是了解孩子的前提，是赢得孩子信任的基础。借母亲节来临之际，作为一位普通的妈妈，一名普通的教育工作者，我谈谈沟通必备的几个要素。

第一，了解自己，不断反思。

为什么有些母亲不能很好地和孩子进行有效的沟通呢？我认为首要原因是母亲没有充分了解自己，以为自己爱孩子，一切为孩子好就够了。为什么要和孩子进行沟通，采取哪些方式和方法进行沟通，沟通要达到什么目的，都没有一个明确的概念。

母亲的性格、接受教育的程度、所处的工作环境、为人处世的态度、对现代教育理念的认知等等构成了特定的家庭教育方式。了解自己的性格、对生活的态度、处世的方式、思考问题的方式；了解自己有哪些优点、缺点、偏好、在家庭教育中所持的立场和观念，以及在家庭教育中的长处与不足；同时，不断反思这种教育理念和方法是否适合自己的孩子，在实施教育过程中，针对出现的新问题新情况不断地反思这种理念和方法，从而改进和完善，对做好母亲特别重要。

第二，了解孩子，发现孩子。

作为母亲，既要了解孩子在不同年龄阶段不同的心理特征和行为特征这些共性，也要根据孩子的日常表现，发现孩子的性格和人格类型的个性特征。发现孩子的优点，发现孩子的不足，了解孩子对待生活的态度，掌握孩子处世的方式。值得注意的是，孩子的行为方式、人生态度甚至性格都是动态的发展过程。母亲要仔细观察，用心揣摩，根据这些变化及时调整沟通方式。有些妈妈想，我天天和孩子厮守在一起，对他的一举一动，一颦一笑了如指掌。其实不然，当孩子知道你要去超市，他不停地问你去哪儿，买什么，要多长时间。有的父母就不明白孩子怎么这么烦，其实，孩子关心的不是这些，而是他想和父母一起去。只是，他在保护他那敏感的自尊，怕遭到拒绝，不直接说出来。同样，有些父母不明白孩子为什么故意摔跤，为什么故意搞破坏。了解孩子应该是全方位的，通过孩子在家里的表现，了解孩子的行为习惯；通过和孩子一起做游戏、看电影电视、一起交流问题的看法，了解孩子的内心世界；通过老师，了解孩子的学习能力；通过孩子与朋友一起娱乐，了解孩子的人格。

第三，加强自身修养，提高沟通能力。

沟通不需要妈妈的絮絮叨叨，而是要妈妈上懂天文、下懂地理、中间懂人情。现在是开放社会、信息化社会，孩子接受新事物，无论是渠道还是能力，都比我们强，如果我们不去学习，就会跟不上孩子成长的脚步。一些父母在学习方面存在几个偏差：第一，重孩子、轻家长；第二，重学校、轻家庭；第三，重结果、轻过程。由于父母忽略了自身的学习，因此在教育孩子过程中，存在一种心理定势，即用权威用经验来教育孩子，实则是压制甚至是残害孩子，以致不少孩子评价妈妈很烦、老土。列夫·托尔斯泰说："教育孩子的实质在于教育自己"。没有天生的成功母亲，也没有不需要学习的母亲。

我们对孩子的教育建立在自己的世界观、人生观、价值观基础之上的，我们的人生观、价值观与世界观对孩子起着潜移默化的作用，并且指导我们的教育理念、方式和方法。因此，我们要不断加强自身修养，不断学习。不仅要学习科学文化知识，还要学习社会生活方面的种种知识，如社会交往、自我保护、独立生活、承受挫折、合理消费、休闲娱乐、心理保健、审美等。有的母亲说，我本身就没有受过良好的教育，怎么学习？还有的母亲说，社会竞争激烈，工作压力很大，没有时间没有精力学习。

其实，学习没有这么难。大家都是天生的美容师吗？当然不是。无论多忙、多累，只要你觉得提高自身修养、加强内涵，就如同每天早上起来我们总要花几分钟的时间来梳妆打扮一样是必须的，就会养成学习的习惯。日常生活、影视新闻、书本、朋友，都是我们学习的渠道，只要我们愿意学，随时随地都可以学习。

第四，赋予真爱，奠定沟通基石。

爱把家庭成员凝聚为一个整体，因为爱，家庭成员享受着特殊的关怀与信赖。母亲对孩子真爱，才能使母亲在沟通时平等地对待孩子，尊重孩子，才能在言行举止中以孩子的感受与孩子的健康成长为标准。有一些家长对我说，他们在家里谈话，尽管不是每一句话都考虑到对孩子成长的影响，最少有80%的谈话内容和方式都考虑到了孩子的感受。真爱，也是赢得孩子信任的基础。孩子凭什么相信你说的话，认可你做的事，接受你的教育，服从你的管教，是因为他知道你比所有的人都爱他，关心他。因此，在任何时候都要让孩子知道父母是爱他（她）的。成功了，让他知道你在爱他（她）；失败了，更要让他知道你爱他（她）。我经常对我儿子说“我爱你，儿子。”有一次，他问我：“是不是因为我成绩好，你才这么爱我？”我说：“我爱你没有任何理由，只因为你是我的儿子。”

爱有许多种。有大爱小爱，真爱假爱。孩子欣赏的爱是一种大爱，是一种博爱。岳飞、歌德、爱迪生、乔丹等杰出人物都有一位伟大的母亲，而这些母亲赋予他们的是一种伟大的爱，这种爱超越了家庭，甚至超越了国界。如果我们时时提醒孩子不要吃亏，却要求孩子长大后恩惠天下；我们随地吐痰，却要求孩子文明卫生；我们带孩子闯红灯，却强迫孩子恪守规则；我们连向孩子承认错误、向孩子道歉的勇气都没有，却要求孩子胸怀祖国、胸怀天下。这是在教育方式上的小爱与期望中的大爱的矛盾，当然不可能实现。还会让孩子觉得母亲自私、狭隘、虚假，甚至看不起母亲。如果我们想孩子幸福快乐地生活，我们必须赋予不要求任何回报、不需要任何理由的真爱。如果我们想孩子能成为杰出的人、社会精英，我们必须放眼祖国，放眼世界。

通过与孩子亲密接触，科学沟通，通过我们的身体力行，使孩子不但享受着母爱的恩泽，还传承着爱的使命。一个母亲不但要施小爱给孩子、给家庭，还应该把目光投向社会，以真正提高民族素质为己任。社会也应该充分认识到母亲的教育是奠定一个民族整体素质的基石，提高全民族的整体素质必须高度重视母亲素养工程。

2008年母亲节

这是在宁波市妇联及少工委主办的母亲节献礼上的讲稿，稍有改动。